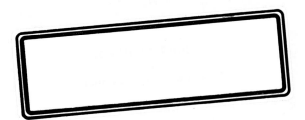

DIANE HÉBERT

Un second souffle

Couverture
- Photo de la page couverture:
  CARL VALIQUET
- Conception graphique:
  ANNE BÉRUBÉ

Maquette intérieure
- Conception graphique:
  LAURENT TRUDEL
- Montage et photocomposition:
  COMPOTECH INC.
- Photos:
  Sauf indication contraire, les photos proviennent de l'album personnel de Diane Hébert et ont été prises, pour la plupart, par Yves Kochenburger.

Équipe de révision
Anne Benoit, Jean Bernier, Patricia Juste,
Marie-Hélène Leblanc, Jean-Pierre Leroux, Linda Nantel,
Paule Noyart, Robert Pellerin, Jacqueline Vandycke

DISTRIBUTEURS EXCLUSIFS:

- Pour le Canada:
  AGENCE DE DISTRIBUTION POPULAIRE INC.*
  955, rue Amherst, Montréal H2L 3K4 (tél.: 514-523-1182)
  * Filiale de Sogides Ltée

- Pour la France et l'Afrique:
  INTER-FORUM
  13, rue de la Glacière, 75013 Paris (tél.: (1) 43-37-11-80)

- Pour la Belgique et autres pays:
  S. A. VANDER
  Avenue des Volontaires, 321, 1150 Bruxelles
  (tél.: (32-2) 762.98.04)

DIANE HÉBERT

Avec la collaboration de
Rachel Fontaine

Un
second
souffle

LES ÉDITIONS DE L'HOMME*
CANADA: 955, rue Amherst, Montréal H2L 3K4

*Division de Sogides Ltée

Données de catalogage avant publication (Canada)

Hébert, Diane

  Un second souffle

  2-7619-0629-2

  1. Hébert, Diane. 2. Greffés du coeur - Québec
(Province) - Biographies. 3. Poumons - Greffe -
Patients - Québec (Province) - Biographies. I.
Fontaine, Rachel, 1946- . II. Titre.

RD598.H42 1986   362.1'974120592'0924 C86-096403-5

Bibliothèque nationale du Québec
Dépôt légal — 4ᵉ trimestre 1986

ISBN 2-7619-0624-2

Remerciements

Je tiens à remercier chaleureusement les personnes suivantes qui m'ont soutenue tout au long de cette dure épreuve.

Ma mère, Cécile, mon père, Robert, ma soeur Claudette, son mari et ses enfants ainsi que toute ma famille, Sylvie, François, Fernande et Yves Kochenburger, Hélène Gravel et Jean Kochenburger, Mᵉ Daniel Kochenburger.

Charlotte Byrne du Château d'Aujourd'hui, Chuck Walker, Huguette et Jimmy Dewavrin, Dorthy et Kenneth Pelphrey, Claudette et Jean-Paul Théorêt, Gaétane Bergman, Christiane Cantin, M. et Mme Savoie, Simone et Jean-Claude Durantet.

Le docteur Marc Frenette, Suzanne Cabana-Martel, Yvon Royal, tous les membres du Club Optimiste de Laval et tout particulièrement le docteur Michel Dallaire, Pierre Francoeur, Guy Crevier, Raymond Lussier et Jean-François Martel.

Le docteur Cooper et son équipe, le personnel hospitalier des soins intensifs Sud.

Air Canada, les Caisses Populaires Desjardins, André Montmorency, les policiers de Laval, les journalistes de tous les médias.

Charles Morais de Desmeules Automobiles, Yves Simard de Sinutab, J.-Guy Guimond des Entreprises Guimond et Associés, Claude Joyal de Gestion Delpro Ltée, Michel Saint-Pierre de G. Lebeau Ltée, Édouard Mercho de Chomedey Radio, M. Audet de Abris Tempo, Serge Loriaux et Nicole Demers de Garantie Universelle.

Radio Mutuel, Simon Bédard de CJRP, Réal D'Amour, Richard Tremblay, Jacqueline Vézina et le Salon de la femme, M. Terzini du restaurant Le Café de la paix à Québec, le Château Frontenac, Marcel Aubus du Colisée de Québec, Ronald Corey et François X. Seigneur du Forum de Montréal.

Tous ceux et celles qui m'ont écrit et qui m'ont aidé moralement ou financièrement.

À mes deux amours,
Isabelle et Yves.

Et à toi que je ne connais pas
et qui m'a légué la vie en héritage;
mille mercis à toi et à ta famille
pour ce cadeau d'amour.

Vous resterez toujours gravés dans mon coeur.

1

Le verdict

8 avril 1983. Je suis à bout de souffle. Assise dans le bureau du cardiologue, j'aperçois par la fenêtre le ciel impeccablement bleu.

— C'est si grave que ça, docteur?

Le temps qu'il prend pour me répondre m'avertit aussitôt du verdict. Il hésite, me regarde, hésite encore, puis me dit doucement:

— Oui, Diane, je vous l'ai déjà dit la dernière fois, il faut cesser toute activité.

— Qu'est-ce que j'ai au juste?

— Hypertension pulmonaire primitive...

Cela ne me dit rien qui vaille; le dernier mot pourtant me paraît plutôt bizarre. Plus tard, j'apprendrai qu'en jargon médical, il désigne une maladie dont on ignore la cause. Pour l'instant c'est du chinois. Ce que je désire savoir, c'est:

— Est-ce que je pourrais en mourir?

— Oui.

Cette réponse qui devrait me glacer d'effroi me stimule. J'aime les situations nettes. Je demande sans manifester le moindre signe d'émotion:

— J'en ai pour combien de temps? Combien de temps me reste-t-il à vivre?

Il me regarde, hésitant encore, mais c'est moi qui prends la parole.

13

— Cinq ans?

Il ne dit pas un mot mais hoche lentement la tête, de droite à gauche.

— Quatre ans?

Il refait le même geste d'impuissance et je décide d'arrêter moi-même le décompte.

— Deux ans, n'est-ce pas?

Il ne me dément pas.

— Ce n'est guère facile de le déterminer précisément... Ni d'annoncer à une patiente si jeune qu'il ne lui reste que peu de temps à vivre.

Je reste un instant silencieuse, je réfléchis. Deux ans de sursis! Ce délai me paraît si raisonnable que j'annonce avec une incroyable insouciance:

— Bon, je vendrai ma maison, mes meubles et j'irai faire le tour du monde!

L'air navré, il m'explique que mon état de santé ne me permettrait pas de voyager. Il a raison. Depuis trois ans, depuis la naissance de ma fille, je ne suis plus la même. J'ai de fréquents étourdissements et, constamment à bout de souffle, je n'arrive plus à travailler normalement. Le cardiologue que j'avais vu alors m'avait rassurée: fatigue nerveuse, stress; un peu de repos, disait-il, et je serais tout à fait rétablie. Or, en janvier dernier, la gérante du magasin où je travaille, souvent témoin de mes indispositions, s'inquiéta. Elle me conseilla vivement de rencontrer un autre spécialiste. Dès que ce dernier eut pris connaissance des résultats d'examens, il me recommanda de cesser mes occupations, de prendre de l'oxygène et de me reposer. Mais je n'en fais jamais qu'à ma tête et je refusai carrément de me plier à un tel régime de passivité. Il aura fallu que ma santé se détériore vraiment pour que j'arrive à admettre que je suis malade.

Dans le petit bureau du cardiologue, nous continuons de parler durant quelques minutes. Le rectangle du ciel, par la fenêtre, est toujours impeccablement bleu. Moi, je suis ailleurs. Il me semble qu'une autre personne a pris ma place devant le docteur, l'écoute et le questionne sans s'occuper de moi. Enfin, l'entretien terminé, je sors comme une somnambule et me dirige vers ma voiture. Il fait beau aujourd'hui. Les trottoirs sont secs, l'hiver a fondu. Les oiseaux chantent dans les arbres. J'ouvre la portière et m'affale lourdement sur la banquette. Dehors c'est le printemps, j'ai vingt-cinq ans et je vais mourir. Le bleu du ciel se ternit soudain et pendant plusieurs minutes, je ne peux distinguer que le brouillard de mes larmes. On prétend que ceux qui vont mourir revoient, l'espace de quelques secondes, les faits saillants de leur vie. Sur l'écran noir de mes paupières closes, je vois défiler les scènes colorées de mon enfance. L'été à la campagne, le contact de l'herbe sous mes pieds, le sifflement des oiseaux dans les arbres, les cabanes que je construis avec mon grand copain de cinq ans, la petite chatte que je trouve, que j'adopte, que j'assiste quand elle met au monde ses premiers chatons; images désuètes des petits bonheurs ordinaires. Je pleure encore mais ne m'attendris pas longtemps.

Dehors, sur le boulevard Saint-Martin, les voitures et les passants circulent, indifférents. Combien sont-ils à redouter l'échéance fatale? Combien sont-ils surtout à connaître la durée de leur sursis? Car tous sont condamnés. Tout le monde meurt un jour ou l'autre. Leur seule chance, c'est d'ignorer encore quand prendra fin leur existence. Moi, je sais. Deux ans! Je n'ai plus une minute à perdre de cette vie qui s'enfuit de moi au compte-gouttes. Et j'ai déjà l'instinct de fuir ma solitude stérile et d'aller vers les autres. D'abord, retourner à mon travail, rejoindre mes compagnes.

Ce n'est pourtant pas facile d'annoncer à ceux qui vous aiment qu'il ne vous reste que peu de temps à les aimer. À travers leurs élans de pitié et de compassion je perçois aussi leur crainte de leur propre mort. Et en les voyant pleurer avec moi et s'apitoyer, je suis presque tentée de les consoler, de les rassurer. Partager sa peine, c'est la diluer et l'amoindrir. Cela me fait du bien. Pourtant, ces manifestations émues me fatiguent. Madame Byrne, ma patronne, en femme sensible et pratique, s'en aperçoit et me permet de m'isoler dans le bureau de la comptable pour commander les bombonnes d'oxygène qui me suivront désormais dans tous mes déplacements. Puis, elle me prie gentiment, tendrement, de rentrer chez moi. Pour me reposer.

Me reposer? Comment le pourrais-je alors qu'il me reste à accomplir la tâche la plus pénible et la plus redoutable: annoncer la nouvelle à Yves. Il n'est là, dans ma vie, que depuis quatre mois et déjà il prend toute la place. En janvier, à l'époque même où le cardiologue diagnostiquait mon mal, nous décidions de vivre ensemble alors que nous nous connaissions depuis une semaine à peine. Le coup de foudre? Sans doute, mais qui n'aura d'autre issue que de se transformer en feu de paille. Un amour sans avenir, sans lendemain. Nous devons tout de suite mettre un terme à notre aventure. Je ne peux honnêtement lui imposer une existence faite d'incertitude. À quoi lui servirait de s'enfoncer un peu plus dans une passion dont l'échéance est fixée d'avance? Non. Il doit me quitter et vivre sa vie.

À cette pensée, ma vue s'embrouille à nouveau. Pourquoi moi? Pourquoi cela m'arrive-t-il juste au moment où je me sens démarrer et prendre un nouvel élan? Mon mariage n'est plus qu'un épisode terminé, classé, dont le meilleur souvenir reste la présence d'Isabelle. Sans doute mon état de santé a-t-il été la première cause de cette séparation. Mais la perspective de travailler, de redevenir autonome m'a donné des ailes et pendant quelque temps, j'ai retrouvé l'énergie de mes vingt ans. Je suis repartie du bon pied, convaincue que la vie de couple est encore désirable même après un échec. Yves acceptait tout: mon divorce, les visites de ma fille qu'il aimait déjà comme un père. Je présume qu'il consentirait sûrement à vivre aux côtés d'une mourante. Mais, moi, je ne veux pas! Pendant que je roule vers ma petite maison de Fabreville, j'essaie de trouver les mots qui sauront le convaincre que nous devons nous quitter sans larmes.

Chez moi, tout est en ordre. La vaisselle du déjeuner

qui traînait ce matin sur le comptoir a été lavée et rangée. Des piles de linge propre se dressent sur la table, la cour a été nettoyée. Mes parents sont encore venus pendant mon absence. Depuis quelque temps, ils ont pris l'habitude de s'occuper de ma maison. Depuis combien de temps au fait? Trois mois? Quatre? Tout à coup je comprends la raison de leur sollicitude. Ils savent. Les dates coïncident: les résultats d'examens et leurs premiers coups de pouce discrets. À présent tout s'éclaire, leurs gestes de générosité, leurs soins attentifs; ils savaient. Ils savent.

En fait, ils m'ont toujours couvée. J'étais et je suis toujours leur bébé, leur petite dernière. Maman a fait six fausses couches avant ma naissance. Ma sœur est de douze ans et demi mon aînée. J'étais cajolée, choyée; on satisfaisait mes moindres désirs. J'étais une enfant gâtée; tout ce que je voulais, je l'obtenais à force de volonté et de patience. Mes parents se moquaient gentiment de moi: «Tu as la tête dure», disaient-ils en riant. Il est vrai qu'ils avaient eu très peur de me perdre lorsque, à l'âge de six ans, j'avais dû subir une opération à l'aorte. À ce moment, ils m'avaient surprotégée. Mais l'intervention s'était admirablement bien passée et j'avais pu rentrer à l'école comme toutes les petites filles de mon âge. J'étais active, sportive même. Tout danger était écarté, rien ne laissait redouter d'autres problèmes. J'imagine leur peine de me voir à nouveau menacée. Impuissants à détourner le destin, ils n'ont trouvé que ces visites «ménagères» pour me manifester leur tendresse. Ce que je désire le plus à présent, ils sont incapables de me l'offrir. Ce que je désire, c'est vivre. Je ne VEUX pas mourir!

Yves est là. Je ne l'ai pas entendu rentrer, je ne l'ai pas vu s'approcher. Il me regarde, perplexe. J'ai encore des larmes plein les yeux, je ne suis pas prête. En moi les mots, les phrases soigneusement mijotées se bousculent. Impossible de les mettre en ordre, de parler calmement. Les mots sortent tout seuls, n'importe comment. Il paraît bouleversé. Il s'assoit près de moi sur le divan, incapable de parler, et ensemble nous pleurons un long moment. Enfin, je réussis à lui expliquer que nous n'avons d'autre choix que celui de nous quitter. Il proteste, demande à réfléchir, puis, incrédule, m'affirme qu'il doit bien y avoir un moyen, un quelconque espoir...

— Cette affection est-elle vraiment incurable?

Alors, progressivement me reviennent en mémoire les paroles du cardiologue.

— Attends, tout est tellement confus. Au début, je n'y ai pas attaché d'importance. Il a parlé de la Californie, de transplantation coeur-poumons, c'est le seul traitement de l'hypertension pulmonaire. Plusieurs opérations ont été tentées dans cette ville dont j'oublie le nom. Certaines ont été réussies. Seulement la liste d'attente est longue: cinquante mille demandes par année. Et les interventions, les soins sont extrêmement coûteux.

Yves m'écoute attentivement. J'ai cessé de pleurer. Lui aussi. On dirait qu'il est moins triste à présent. Tout à l'heure, il m'a demandé une journée pour réfléchir mais quand il me dit doucement: «Nous allons tout essayer, Diane», je sais que sa décision est déjà prise.

2.

L'alerte

26 avril 1983. Aujourd'hui c'est mon anniversaire, j'ai vingt-six ans. En principe, ce sera mon année chanceuse et j'ai dit à tous ceux qui voulaient bien l'entendre que je ne la commencerai pas à l'hôpital. Car il y a une semaine que je suis ici à perdre le petit peu de temps qu'il me reste à vivre. Tout a commencé par une nuit blanche.

J'étouffais et dans mon corps, c'était la tempête. On aurait dit que j'allais accoucher de cinquante petits diables. Des contractions sauvages me labouraient le ventre. J'ai pensé que ça devait être un mauvais rêve, que j'allais me réveiller... Mais non! Je n'avais pas fermé l'oeil de la nuit. Près de moi, Yves sommeillait, il faisait sombre encore. Moi, assise sur le lit, incapable de m'allonger, je cherchais une position moins douloureuse. Je cherchais sans trouver. Les oreillers et les coussins dont je m'étais entourée ne m'étaient d'aucune utilité. J'avais déployé tous les trésors de mon imagination en mouvements et contorsions ridicules sans trouver d'apaisement. J'étouffais. Vite, de l'air, me lever pour mieux respirer. Même ma canule d'oxygène ne suffisait plus à alimenter mes poumons. Mes jambes étaient molles comme de la guimauve et, une fois sur mes pieds, j'ai vu la chambre tourner autour de moi à toute vitesse. En m'appuyant aux murs, j'ai réussi à me rendre jusqu'aux toilettes où j'ai vomi encore en me demandant ce qu'il pouvait bien rester dans mon estomac. Je pensais absurdement que si je régurgitais mes poumons et mon coeur, ce serait une bonne chose de faite. J'étais exaspérée, au bout du rouleau, au bout du fil qui me retenait à la vie.

Je ne sais plus comment le jour a fini par se lever ni comment je me suis retrouvée assise dans la cuisine. En me voyant pliée en deux, Yves s'est inquiété:

— Tu veux que je t'emmène voir un médecin?

— Non... pars travailler. Si ça ne va pas mieux tantôt, j'appellerai papa. J'irai à l'hôpital avec lui.

— Tu es sûre?

Je l'ai embrassé, j'ai essayé de sourire.

— Ne t'en fais pas, j'en ai seulement pour deux ans...

Il n'a pas eu l'air d'apprécier mon humour. Je n'avais pourtant pas le coeur à plaisanter. J'avais une peur épouvantable. Je pensais: ça y est, je vais mourir, c'est fini. Yves parti, j'ai aussitôt téléphoné à mon père et en l'attendant je me suis assise par terre, roulée en boule. Mais la douleur ne voulait pas lâcher prise; aucune position n'arrivait à me soulager. Je crois qu'en cet instant, j'ai désiré mourir afin de tuer le mal avec moi. Quand papa est arrivé enfin, je pleurais, recroquevillée dans un coin. Il ne m'avait jamais vue dans un tel état. Je ne suis ni douillette ni geignarde; en vraie sportive, j'ai toujours été très dure avec mon corps. Mais là, j'étais à bout de forces, incapable de me tenir sur mes jambes. Il m'a soutenue jusqu'à sa voiture et nous avons roulé jusqu'à l'hôpital du Sacré-Coeur.

Ensuite tout est plus confus; on a dû me donner des calmants. Il me semble avoir attendu des heures avant qu'on s'occupe de moi. Des médecins m'ont auscultée, tâtée, questionnée. Je les ai vus discuter autour de moi. J'ai entendu les mots qu'ils prononçaient: kyste sur l'ovaire, foetus dans l'utérus, appendicite aiguë. Aucun d'eux ne paraissait certain de son diagnostic. J'ai demandé:

— Est-ce que vous allez m'opérer?

— C'est possible... De cette manière, nous pourrions voir exactement ce que vous avez...

Énervée, j'ai presque crié:

— Je ne veux pas!... Il faut avertir Yves. Je veux le voir d'abord... Il ne faut pas qu'on m'endorme.

J'étais affolée. Papa me rassurait. Il allait prévenir Yves tout de suite. Après j'ai dû m'endormir; pourtant j'ai lutté pour combattre le sommeil parce que j'avais peur de ne plus jamais pouvoir me réveiller. Quand j'ai rouvert les yeux, j'étais dans une autre pièce et Yves était là. Il s'excusait d'être arrivé si tard. Il avait eu toutes les malchances possibles, deux embouteillages, des problèmes pour garer la voiture et pour trouver la bonne porte d'entrée. De plus, on l'avait mal renseigné; il s'était trompé d'étage, de couloir, de salle et on l'avait renvoyé de chambre en chambre.

Mais son retard était en quelque sorte providentiel. Pendant ce temps, les médecins avaient eu tout le loisir d'examiner mon dossier. Ils s'étaient ravisés; à cause de mon hypertension pulmonaire, une opération sous anesthésie aurait pu m'être fatale. Ils avaient par ailleurs écarté les deux autres hypothèses, j'avais bel et bien un kyste sur l'ovaire dont il fallait attendre la résorption. Je devais toutefois rester sous surveillance à l'hôpital. J'avais protesté.

— À l'hôpital? Mais pour combien de jours?

— Deux semaines peut-être... le temps de contrôler l'évolution de la maladie.

— Mais je ne peux pas. Je ne veux pas! C'est mon anniversaire mercredi prochain, je ne VEUX pas le fêter à l'hôpital.

Les médecins s'étaient regardés en souriant. Ils me prenaient pour une enfant gâtée et capricieuse. Papa et Yves se lançaient des coups d'oeil complices pendant que je continuais obstinément à répéter à voix basse: «Je ne fêterai pas mes vingt-six ans à l'hôpital.»

Je crois volontiers que cette façon de tenir à mes toquades ou à mes caprices du moment m'a permis de survivre. En m'accrochant désespérément à une date, à un moment d'existence qui me paraissait désirable et bénéfique, il me semblait faire reculer la mort. J'avais hâte au lendemain; je conservais, entretenais, alimentais ce goût de vivre qui ne m'a quittée qu'en de rares instants. En prévoyant ce jour de mon anniversaire, je me fixais à la fois un but et un nouveau délai. Inconsciemment je m'entourais d'ondes positives, je faisais tout ce qui était en mon pouvoir pour atteindre cette nouvelle bouée de sauvetage comme l'aurait fait un nageur prévoyant.

Peu après, mes convictions qui n'étaient alors que très intuitives allaient être renforcées. C'est au cours d'une réunion au Club des femmes d'aujourd'hui de Laval que j'ai fait la connaissance de Céline Bastien. J'ai été impressionnée par son calme, son assurance, cette sérénité que dégage chacun de ses gestes. Elle est professeur de relaxation. Nous avions eu quelques conversations qui dépassaient la banalité; elle a l'art d'écouter et celui de dire l'essentiel en peu de mots. Nous n'étions pourtant pas intimes; aussi c'est sans savoir si elle accepterait que je lui ai téléphoné pour l'inviter à me rendre visite. Elle est venue à l'hôpital l'après-midi même et deux autres fois au cours de la semaine. Elle m'a appris à me détendre et à faire silence en dedans de moi. J'en avais besoin, j'avais les nerfs en boule, j'étais une proie toute désignée pour la douleur. Elle me l'a fait comprendre, elle m'a appris à préserver mes énergies, à ne pas les dépenser en crispations inutiles et en crises de rage. Elle m'a fait des massages en me parlant doucement. Nous avons discuté de la mort, de mon sursis de deux ans. Elle m'a dit: «Tu as en toi des pouvoirs que tu ignores. Si tu le désires, si tu le veux vraiment, tu peux donner des ordres à ton corps. Ton corps est une enveloppe, un instrument au service de ta volonté. C'est ta volonté et elle seule qui pourra te guérir.» Elle m'a apporté des cassettes, m'a suggéré des titres de livres. Quand elle repartait, j'étais reposée et la douleur s'engourdissait peu à peu.

Le soir, dans ma chambre d'hôpital, quand tout le monde était parti, je m'exerçais à me détendre avant de m'endormir. Je répétais des phrases auxquelles je m'efforçais de croire: «Je veux guérir, je peux guérir, je vais vivre.» Et puis d'autres plus naïves: «Je veux fêter mon an-

24

niversaire à la maison.» Tous les matins, je me coiffais et me maquillais longuement. Je ne voulais en aucun cas avoir l'air malade. Il fallait que mon miroir me renvoie une image saine et agréable. Pour les autres mais surtout pour moi. Chaque jour, j'ai prolongé un peu plus mes balades dans les couloirs, j'ai bavardé avec les patients et avec les membres du personnel.

Aujourd'hui, j'ai vingt-six ans. Tout à l'heure, des infirmières sont venues me porter un gâteau en riant. Je l'ai glissé dans une petite boîte en carton à côté de ma valise, et j'ai remis du rose sur mes joues. Dans quelques minutes, Yves sera là et nous irons chercher Isabelle chez son père. Ensuite nous rentrerons tous ensemble à la maison où mes parents nous rejoindront. Je sais que dehors il y a des bourgeons dans les arbres. Aujourd'hui j'ai vingt-six ans et rien ne m'empêchera d'en avoir vingt-sept l'année prochaine. Si je le veux...

Choquet, Frenette, Hamel, Noël et Sestier

CARDIOLOGUES

1435 OUEST, BOULEVARD ST-MARTIN,
SUITE 403,
LAVAL, QUÉBEC H7S 2C6

TÉL. 667-2770

Laval, le 29 avril 1983

RE: HEBERT-TETREAULT, Diane
751 Guillemette
Fabreville
26-04-1957

A QUI DE DROIT,

Ceci pour confirmer que Mme Diane Hébert-Tétreault est porteuse d'une hypertension pulmonaire primaire sévère et confirmée par un cathétérisme cardiaque gauche et droit.

La patiente présente une incapacité de III à IV/IV NYHA secondaire à une dyspnée.

La seule thérapeutique qui peut lui être administrée est des bloqueurs calciques qu'elle reçoit déjà et de l'oxygène de façon plus ou moins permanente dans le but d'améliorer cette symptomatologie dyspnéique et de ralentir l'évolution de sa maladie. Il s'agit là d'un traitement important pour sa qualité de vie, sa survie et c'est le seul existant.

Elle se véhicule maintenant à l'aide d'une chaise roulante pour éviter d'augmenter sa dyspnée.

Bien à vous,

MARC FRENETTE, M.D.
Cardiologue

par: FRANCOIS SESTIER, M.D.
Cardiologue

MF/ml

MEMBRES ACTIFS À L'HÔPITAL DU SACRÉ-COEUR DE MONTRÉAL

26

3

Premier espoir

31 mai 1983. Ma semaine d'hospitalisation n'a rien à voir avec mon hypertension pulmonaire. Ce n'est qu'un accident de parcours. Mon cardiologue me l'a confirmé et m'a expliqué plus en détail pourquoi j'ai tant de mal à respirer. Mes artères, celles qui transportent le sang de la partie droite du coeur à la partie gauche, sont bloquées. Ce sont elles qui passent à travers les poumons, là où l'oxygène est ajouté. Ouf! J'ai dû me remettre le nez dans un livre d'école pour rafraîchir mes souvenirs sur le fonctionnement du corps humain. C'est toujours étonnant de constater comment ce petit monde qui habite en nous en échappant le plus souvent à nos connaissances, continue de s'activer sans que nous n'en sachions rien. Il y a là quelque chose qui me dépasse comme me fascine le fonctionnement de mon ordinateur.

Mais justement, autre chose m'a échappé. Comment pouvais-je être certaine du diagnostic de mon cardiologue alors qu'un autre expert n'avait vu que fatigue nerveuse dans mon état de santé? Et cela durant deux ans! De toute évidence, l'un des deux s'était trompé, mais lequel? Je n'allais tout de même pas me soumettre au dernier verdict sans essayer de le contester... À l'insu des deux autres médecins, j'en ai donc rencontré un troisième, spécialiste des maladies cardiaques. Je verrais bien quelle conclusion ferait le mieux mon affaire. Car on préfère toujours croire aux pronostics les plus rassurants...

29

— Nous allons vous faire un cathétérisme, m'a-t-il annoncé après m'avoir auscultée.

— Pas la peine, c'est déjà fait. J'ai les résultats avec moi. Les voici.

Il m'a regardée longuement avant d'examiner mon dossier, puis il s'est un peu emporté:

— Pourquoi venir me voir alors? Les conclusions sont claires et votre cardiologue est un médecin éclairé en la matière. D'ailleurs, je le connais personnellement. En outre il a pris l'avis de ses confrères avant de se prononcer. Regardez les signatures. Sachez qu'on ne porte pas un verdict aussi grave à la légère. Je regrette, je ne peux rien de plus pour vous.

Il m'a ensuite répété ce que je savais déjà. Il est généralement difficile de déterminer les causes de cette affection; dans mon cas, cependant, il est possible qu'elle soit due à une embolie pulmonaire que j'ai faite lors de la naissance d'Isabelle. Cela expliquerait pourquoi je ne me suis jamais remise après l'accouchement. De toute façon, les causes m'importent peu; le mal est là et aucun médicament ne peut le guérir. La seule manière de m'en sortir vivante est d'accepter une transplantation coeur-poumons, ce type d'opération qu'on ne pratique pas encore au Canada. Conséquemment, je devrai m'exiler aux États-Unis, le temps de trouver un donneur.

Même si le fait de partir au loin me contrarie un peu, l'idée de recourir à des organes de rechange ne me déplaît pas. Cela me paraît aussi simple et mécanique que de changer le moteur d'une automobile. Je n'aurais pas voulu d'une maladie lente ou insidieuse et je suis presque rassurée par la perspective de mourir en bonne santé.

Un peu honteuse, je suis retournée à la polyclinique Saint-Martin. Mon cardiologue a entamé des démarches, rédigé et expédié des lettres à Stanford en Californie, là où on compte bon nombre de réussites de doubles transplantations. Une chance sur cinquante mille, m'a-t-il répété. Et si c'était la mienne?

— Il vous faudra beaucoup d'argent.

— Je vendrai ma maison et mes meubles.

— J'ai dit *beaucoup* d'argent, Diane...

— Et l'Assurance-maladie?

— J'ai adressé une demande au gouvernement. Il assumerait probablement les coûts de l'intervention et de l'hospitalisation. Mais là-bas, il vous faudra attendre un donneur et assurer vous-même vos moyens de subsistance. Vivre en Californie coûte très cher...

— Je pourrais peut-être emprunter une petite somme.

— Vous pourriez aussi faire appel à des organismes publics et lancer une campagne de soutien financier.

Cette phrase n'est pas tombée dans l'oreille d'une sourde. Je n'ai pas perdu de temps. Avec Yves, j'ai dressé une liste des groupes les plus susceptibles de m'aider et j'ai téléphoné. Pierre Francoeur, directeur du journal *L'Hebdo de Laval*, m'a écoutée avec attention; il est membre actif du Club Optimiste de Laval, un organisme qui apporte son soutien aux plus démunis.

— Si vous êtes admise à Stanford, m'a-t-il dit, nous promettons de vous venir en aide.

— Mais pourquoi ne pas commencer à amasser des fonds tout de suite?

— Il est inutile de se hâter. Attendez d'être acceptée en Californie.

J'étais déçue; je croyais qu'on voulait se débarrasser de moi ou, en tout cas, qu'on ne me prenait pas au sérieux. Il ne me restait plus qu'à prendre mon mal en patience. Et attendre! Spontanément, j'aurais souhaité que le temps passe plus vite. Or mes jours sont comptés, je n'ai donc pas intérêt à précipiter leur course.

Mais je déteste attendre à ne rien faire. Abandonner toute activité, ce serait me laisser mourir. Je ne veux pas. En dépit des avertissements du médecin, je continue d'enseigner la musique. Avec ma canule et mes bombonnes d'oxygène, cet air en bouteille dont je ne peux plus me passer. J'en consomme deux litres par minute. Yves a in-

31

stallé au centre de la maison un concentrateur d'oxygène, cette «machine à air» dont le tube de vingt-cinq pieds me permet de circuler dans toutes les pièces. Mes élèves me trouvent courageuse... Mais que feriez-vous si on vous annonçait que vous allez mourir? Vous coucheriez-vous? Vous laisseriez-vous partir doucement sans protester? Moi, je suis vivante et rien ne m'empêchera d'y croire et d'agir comme si je l'étais. Si c'est ça le courage, alors oui, je suis courageuse!

Je refuse de rester toute seule à broyer du noir. Je sors et, dans ma chaise roulante électrique, je fais le tour de quelques pâtés de maisons. Les enfants m'envient ce moyen de transport inhabituel. «Chanceuse!» Je ris avec eux. À quoi bon leur dire que je préférerais marcher, que j'aimerais cent fois mieux m'occuper moi-même de ma maison. Une aide ménagère vient m'assister dans mes tâches domestiques. J'avoue que cette situation ne me plaît pas. Ce n'est pas facile pour une femme naturellement indépendante d'avoir besoin des autres et de devoir compter sur eux. Je pile sur mon orgueil en rouspétant. J'ai parfois mauvais caractère. Le ménage n'est pas fait à mon goût, mais la cuisine est variée et délicieuse; j'essaie de voir le bon côté des choses.

Je continue mes activités au C.F.A.L. (Club des femmes d'aujourd'hui de Laval). Je prends des cours de peinture, j'assiste à des réunions, je fréquente la bibliothèque. J'ai emprunté un des livres que Céline m'avait conseillés à l'hôpital. Le titre m'avait paru un peu rébarbatif: *La Puissance de votre subconscient*. Était-ce un livre à décoder avec un dictionnaire? Je l'ai feuilleté quelques minutes, ce n'est pas le genre de lecture que j'affectionne. Je préfère les romans et les intrigues policières. De plus, on semblait y parler beaucoup de Foi. Je suis croyante et pratiquante mais je ne m'embarrasse pas de prières toutes faites. J'aime mieux les inventer selon mes propres besoins. J'ai donc pris le livre sans grand enthousiasme et l'ai laissé traîner quelque temps sur ma table de chevet. Puis un soir ennuyeux comme la pluie, un soir d'éliminatoires de hockey, je me suis décidée à l'ouvrir, un peu comme on examine un médicament avant de l'avaler, en sous-estimant ses effets bénéfiques. J'ai lu les premières lignes avec scepticisme, mais au fur et à mesure que j'ai tourné les pages, mes préjugés se sont enfuis les uns après les autres. En langage simple, presque enfantin à force de répétitions, le docteur Murphy vante les mérites de l'autosuggestion. Il explique comment le subconscient, cette force qui assume le fonctionnement de l'organisme jusque dans le sommeil, est influencé par un oui ou par un non. En bref, cela signifie que chaque organe de l'individu réagit favorablement à une suggestion positive et, inversement, accepte les effets néfastes d'un conseil négatif. Autrement dit, si je me répète continuellement que mon coeur et mes poumons sont malades, mon subconscient entreprendra un processus de détérioration conforme aux ordres reçus; tandis que si j'affirme le contraire, que mes poumons sont sains et mon coeur, normal, la bonne pâte qu'est mon subconscient leur fournira les moyens d'améliorer leur état. Un jeu d'enfant quoi!

Je suis consciente de simplifier la pensée de l'auteur. Je prends dans son livre ce qui fait mon affaire, je ne peux négliger aucun moyen utile à ma survie. Après une lecture hâtive des premiers chapitres, j'ai pris l'habitude de ne pas m'endormir avant d'avoir dorloté mon petit intérieur. Je prononce les formules magiques. À mon coeur je dis: «Reprends ta forme et tes couleurs», à mes poumons: «Purifiez-vous et redevenez roses.» Je n'ai pas une foi démesurée en mes humbles méthodes mais qu'est-ce que je risque? Je n'ai rien à perdre à essayer de «gagner ma vie»! D'ailleurs, j'ai découvert au fil des pages que cette Foi dont témoigne le docteur Murphy est d'abord une confiance infinie dans les pouvoirs de la volonté. Si le Créateur, qu'on l'appelle Krishna, Bouddha, Dieu, Jéhovah ou Vishnou, a conçu l'homme à son image, l'être humain a donc en lui des ressources encore inexplorées; la volonté est l'une de ces vertus méconnues.

Chaque individu a certainement eu l'occasion de mettre à l'épreuve cette petite phrase dictée par la sagesse populaire: «Quand on veut, on peut.» Pour ma part, j'ai bien des fois satisfait des désirs à force d'obstination. Je jugeais souvent après coup ces entêtements puérils, car ils n'étaient pas sans conséquence sur mon entourage. Or voilà qu'un honnête américain, docteur en plus, vient encourager mes comportements d'enfant gâtée. Je suis contente de constater que les défauts ont un envers et qu'on peut les utiliser comme une arme à double tranchant. Yves n'a pas l'air d'apprécier ma nouvelle philosophie. Il est vrai qu'elle ne diffère pas beaucoup de l'ancienne et qu'elle justifie tous mes caprices. Par exemple quand je lui dis:

— Je veux assister à cette soirée, Yves.

Il me répond immanquablement.

— Arrête-toi, tu te fatigues, tu te démènes comme un diable dans l'eau bénite. Repose-toi un peu.

— Mais j'y tiens. Si tu ne veux pas venir, j'irai sans toi.

— Tête de mule!

Il me regarde avec impatience mais je sais qu'il va flancher parce qu'il a lui-même envie d'y aller. Je ne le mène pourtant pas par le bout du nez. Il a parfois le dernier mot et s'il décide de ne pas céder je dois abandonner pour un temps mes supplications. Pour un temps seulement car je suis bien incapable de renoncer à certains désirs. Par chance, nos désaccords ne nous opposent pas souvent, même si nous ne partageons pas tous nos goûts. Ainsi il peut s'installer devant le téléviseur pendant que je me rends à mes réunions «entre femmes» et je n'ai pas à endurer ses concerts rock quand je branche mes écouteurs sur une autre musique. Nous cohabitons avec nos différences et nous avons, bien entendu, d'autres plaisirs en commun. Au fond, je crois qu'il tient à moi à cause de mes entêtements et de cette détermination qui m'ouvre toutes les portes.

Ce matin, pendant le déjeuner, j'ai ressenti des douleurs très fortes à la poitrine. Les larmes m'en montaient aux yeux. Avec une sorte de rage, j'ai dit:

— J'en ai assez... Je veux vivre!

Yves n'a pas bronché, n'a rien ajouté; il m'a simplement regardée. Et j'ai vu dans ses yeux non pas de la pitié ni de la sympathie, mais une sorte de confiance, je n'ose penser de l'admiration, un peu comme s'il me disait: «De toute manière, ce que tu veux, tu l'as toujours...» Ensuite il est parti travailler comme d'habitude.

À présent je tourne en rond dans toutes les pièces. La douleur a fini par se calmer. J'ai arrosé les plantes, effleuré l'orgue du bout des doigts. Pas le goût de jouer ce matin. Pas le goût de sortir non plus. Je n'ai rien de prévu aujourd'hui, je me sens morose comme si j'attendais quelque chose qui ne viendra jamais. Pourtant, dehors, c'est presque l'été. Le voisin tond son gazon, il y a des pissenlits sur le nôtre. En face, sur l'autoroute, les voitures défilent à toute allure dans les deux sens, comme s'il y avait une fête à chaque bout. Moi, je reste là à les regarder platement s'enfuir je ne sais où. Je suis attachée, reliée à ma canule d'oxygène comme à un boulet. Comment ne pas me sentir prisonnière de mon mal? Dans mon nez, l'air est frais, presque froid. Pompe mon coeur, rosissez mes poumons!

Dans la rue, des enfants se poursuivent en tricycle. Le facteur s'arrête à la porte d'à côté. S'arrêtera-t-il ici? Est-ce que j'aurai enfin des nouvelles? J'ai beau m'efforcer de ne pas y penser, je trépigne en dedans. J'attends désespérément que ma chienne aboie comme elle le fait chaque fois qu'elle entend des pas dans l'escalier. Allez, Gigi, jappe, cours après le facteur et va lui mordre les jambes s'il n'y a pas de lettres pour moi. Ça y est, elle grogne, j'entends du bruit et, là, elle jappe carrément. Le facteur passe devant la fenêtre et, quand il me voit, quand il entend Gigi, il fait mine de courir, comme s'il était poursuivi par un chien méchant. Il me sourit et me salue gentiment. J'éclate de rire, cette petite scène m'a réjouie.

En me rendant à la boîte aux lettres, je fais des plans pour la journée. Penser à court terme, vivre ma vie au jour le jour. Chaque minute compte, je dois la savourer comme si c'était la dernière. Dans le courrier, en dessous d'un dépliant de pizzeria, une grande enveloppe de la Régie de l'assurance-maladie du Québec. Je la tiens un moment entre les doigts sans l'ouvrir, des doutes me rongent. Et si c'était non? Est-ce que j'ai le pouvoir de changer leur décision? Je lis mon nom sur l'enveloppe. Quelqu'un m'a écrit que je ne connais pas, qui ne me connaît pas. Il a étudié mon dossier, classé mon cas, décidé pour moi. Quel sera son verdict? Est-ce que, selon lui, je mérite de vivre? Je décachette fébrilement l'enveloppe et en lisant les premières lignes, je suis tout de suite fixée. Ils acceptent de payer les coûts de l'intervention et de l'hospitalisation, mais aux taux du Québec. Si je suis admise à Stanford, précisent-ils.

Tiens, ils semblent sceptiques eux aussi. On dirait que tout le monde doute de mes chances de guérir... Moi, pas! Vite partager ma joie, téléphoner à mes parents, à Yves, à mes amis. Car dans mon esprit, il n'y a aucun doute, je serai admise!

4

Vivre au présent

26 septembre 1983. L'été a filé sans s'occuper de moi. Pas de lettre californienne dans le courrier. À chacune de mes visites, j'ai questionné mon cardiologue et chaque fois il m'a répondu sans impatience: «Je vous téléphonerai quand j'aurai des nouvelles.» J'ai mis mon espoir en veilleuse et, en oubliant que chaque jour me rapproche de la cruelle échéance, j'ai choisi de vivre heureuse les deux années qu'il me reste. Je ne m'occupe pas du compte à rebours,; tous les matins je me répète: «Il me reste deux ans», comme si je cherchais à sauver du temps, comme si je pouvais gagner cette course contre la montre. Il m'arrive de penser qu'à force de me mentir ainsi, je réussirai à tromper le destin et à brouiller tous ses calculs. Je suis présomptueuse, c'est vrai, mais n'est-ce pas le seul privilège du condamné? Croire qu'au moment ultime, la corde du pendu se dénouera et que tous les bourreaux se démasqueront et éclateront de rire en se frappant les cuisses... Ah! La bonne blague! Qui n'en a pas rêvé? Quel prisonnier ne s'est pas envolé par la fenêtre de sa cellule? Quel paralysé ne s'est pas réveillé en croyant qu'il allait marcher doucement jusqu'à la porte? S'éveiller et chasser le cauchemar. Pour moi, il a la forme de cette canule qui m'empêche d'oublier que je suis malade. Malade? Si je ne peux courir ou marcher comme je le voudrais, je peux quand même parler, rire et chanter.

Quand rien ne va plus parce que ma pensée tourne au noir, quand la colère s'empare de moi, je m'enferme dans la petite chambre où l'orgue prend toute la place. Dès que je pose les doigts sur le clavier, que j'appuie sur les touches, le son me ravit et me transporte. Ma voix monte, claire et sûre, et s'élève au-dessus des notes graves; il me semble que tout mon être se fond et s'enroule autour d'un long ruban sonore. Je ne pense plus, ne souffre plus, je suis une voix. Mes hantises, mes peurs, mes rages, mes désirs s'infiltrent mystérieusement dans ma gorge et s'écoulent en une longue prière. Je me souviens de la panique qui m'avait envahie quand le curé de la paroisse m'avait demandé de remplacer son organiste. J'avais douze ans et la timidité toute rose de l'adolescence. Je n'avais jamais joué à l'église, ne connaissais aucun chant religieux. «Ça ne fait rien, avait-il dit, vous jouerez *L'Eau vive* et d'autres mélodies populaires, venez!» J'avais frémi en touchant les premières notes, l'écho me renvoyait mes hésitations. Mais peu à peu, je m'étais si bien accoutumée à ce son tellement solennel que j'étais devenue une habituée des messes du dimanche. Des mariages aussi mais pas des funérailles que je trouvais trop sinistres. C'est ainsi que j'avais déniché mon premier emploi rémunéré. C'était une chance de découvrir à douze ans qu'un travail peut être agréable et valorisant à la fois. En plus d'avoir un petit salaire, je bénéficiais d'un auditoire qui m'écoutait, c'est le moins qu'on puisse dire, religieusement. J'aime bien partager ma passion pour la musique. Ma voisine me dit souvent en riant: «Laisse ta fenêtre ouverte, j'adore t'entendre chanter.» Je le fais avec plaisir, je peux passer des heures à m'évader ainsi.

Qu'importe si Yves n'apprécie pas mon répertoire, s'il préfère le rock et les chansons bien rythmées. Il me trouve ancienne, vieux jeu. C'est vrai. J'ai grandi au milieu des rengaines des années quarante: romances, chansonnettes et orchestres de danse. C'est mon petit côté romantique, celui qui m'empêche d'être un vrai «garçon manqué», celui qui me rapproche des gens d'un certain âge avec qui je communique sans problèmes grâce à cette complicité. Nous éprouvons eux et moi une semblable nostalgie en entendant ces airs démodés. J'aime les jeunes aussi, bien sûr, en fait j'aime être entourée. Je suis sociable alors qu'Yves est plutôt du genre solitaire, c'est là notre différence essentielle. Je n'en vois pas d'autres qui menaceraient de nous désunir. Jusqu'à maintenant, Yves a appuyé toutes mes démarches et celles du cardiologue. Il ne manifeste pas d'impatience même si je le sens parfois anxieux et tendu. Souvent j'ai peur de le voir me suivre dans cette aventure: et s'il perdait deux ans de sa vie?

Je chasse aussitôt ces idées noires. Yves est bien assez grand pour savoir ce qu'il fait. Il me dépasse d'ailleurs d'une bonne tête. J'en étais à peine surprise quand je l'ai rencontré la première fois, il avait la même taille que mon mari. Était-ce un signe du destin? Nous avions bavardé quelques heures dans cette salle de danse, mi-piano-bar, mi-discothèque, où je m'étais rendue pour fuir l'ennui. Je travaillais depuis peu et ma liberté toute neuve me stimulait et m'effrayait en même temps. Je sortais de ma solitude avec prudence, je n'avais pas envie de m'engager dans une vie de couple. Pourtant Yves m'avait plu immédiatement; il était tout ce que je n'étais pas, calme, réfléchi, imperturbable. Pour moi, la miniature, il me faisait l'effet d'un doux géant. Quand je refusai de lui donner mon numéro de téléphone, je vis avec soulagement qu'il griffonnait le sien sur un bout de papier. «À bientôt», me dit-il ensuite. Et dans sa voix ne perçait aucun doute, nous allions nous revoir.

Une semaine plus tard, j'hésitais devant le téléphone, le papier au bout des doigts. Je n'avais parlé à Yves ni de mon divorce ni de ma fille. Il fallait le mettre à l'épreuve. Je composai le numéro — il habitait chez ses parents —, j'attendis de longues minutes avant qu'on ne me le passe. Dès que j'entendis sa voix, je proposai d'un seul souffle «une balade à trois en voiture avec ma fille». Il ne parut pas étonné par ce chaperonnage. Il n'avait rien à faire, il viendrait tout de suite. Pour moi, il avait passé l'épreuve avec succès. Mes parents arrivèrent inopinément au moment où je partais chercher Isabelle chez son père. Je leur demandai d'accueillir mon invité pendant mon absence. C'est donc ma mère qui ouvrit la porte à ma place quand Yves se présenta chez moi. Maman, encore secouée par ma séparation toute récente, ne parut pas enchantée de faire la connaissance d'un probable soupirant. Les premiers contacts furent froids, pour ne pas dire glacés. Moi, sans le savoir, j'avais fait d'une pierre deux coups. La fille, la famille, tous y étaient; Yves connaissait tout le monde dès le départ. J'avais évité les cérémonies auxquelles on a habituellement recours pour présenter ses parents. Non pas que les miens ne soient pas présentables, mais comme ils ont tendance à devenir méfiants aussitôt qu'une autre personne me prête attention, je n'aurais pas osé préméditer une rencontre aussi hâtive.

Cela eut-il pour effet de précipiter les événements? Après cette journée d'air pur et de soleil où Yves et Isabelle s'amusèrent comme des fous dans la neige, j'étais prête, pour ma part, à reformer le trio n'importe quand. J'invitai carrément Yves à venir habiter à la maison. Il ne répondit ni oui ni non. Mais à chacune de ses visites, il transporta un peu de ses affaires, très discrètement, comme s'il craignait de m'encombrer avec un seul déménagement. En réalité, il ne voulait pas choquer ses parents par un départ trop brusque; je fus sensible à cette délicatesse. Un jour, vers la fin de janvier, il m'apprit qu'il n'avait plus rien dans sa chambre de célibataire; il décida de rester pour de bon.

Voilà huit mois qu'il est entré dans ma vie, sur la pointe des pieds, avec la discrétion d'un chat. Pour lui aussi, ce sursis de deux ans est une menace et comme moi il le reporte sans cesse. Ma vie est-elle plus belle parce que je sais qu'elle sera plus courte? Je ressens parfois si fort cette sensation d'exister que je crois absurdement à certains avantages de connaître mon sort à l'avance. Ce plaisir d'être vivante, la fraîcheur de la pluie sur mon front, le goût du fruit sur ma langue, l'odeur puissante qui monte de la terre en ce début d'automne, tout cela que je n'appréciais que par habitude et qui prend une valeur accrue parce que je risque de le perdre. «Vivons chaque journée, chaque heure, chaque minute comme si c'était la dernière», me dit Yves. J'ajoute: «Réalisons nos rêves les plus fous.»

Ensemble nous faisons des projets. L'idée d'un voyage autour du monde m'a peu à peu quittée. J'ai des ambitions très modérées pour quelqu'un qui va mourir. Je rêve d'une maison sur un vaste terrain rempli de pommiers et de cerisiers. Avec des pièces aérées, une salle de jeu pour Isabelle, un foyer au sous-sol, des chats ronronnant sur tous les coussins. Des plantes vertes grimpant le long des larges fenêtres, des fleurs devant la maison. Rien de somptueux ni de déraisonnable, juste une demeure accueillante et ensoleillée. Yves et moi avons passé les premiers mois de l'été à visiter des maisons et, comme aucune ne nous plaisait assez, j'ai dessiné des plans, les ai portés chez un architecte. Nous achèterons un terrain à la campagne, pas trop loin d'Isabelle et nous y ferons construire notre modeste château. C'est décidé, Yves est d'accord. Il a même devancé mes désirs et, pour le plaisir de nos yeux, a aménagé ici même une rocaille derrière la maison, de grosses pierres grises et noires entourées d'une profusion de fleurs aux couleurs de pastel.

Mis à part ces projets à court terme, je m'interdis de regarder en avant. Si je ne pense pas à demain, j'en arrive à être parfaitement heureuse. Enfin presque! Je m'ennuie seulement d'Isabelle. Yves et moi ne la gardons qu'un week-end sur deux. Ce n'est pas assez; je sens que ma fille m'échappe, que nous nous éloignons l'une de l'autre. Je m'en veux alors de ma faiblesse, de mon incapacité à m'occuper d'elle. Chaque fois que je la vois, il me semble qu'elle a grandi, qu'elle rattrape en vigueur tout ce que je perds en énergie et en forme physique. Comme s'il fallait que pour que l'une de nous deux vive, l'autre doive obligatoirement en payer le prix. C'est peut-être naturel pour une vieille femme de voir sa fille prendre peu à peu sa place alors qu'elle s'éteint doucement... Mais j'ai vingt-six ans et Isabelle est encore une enfant. Elle a besoin de moi, je le sens, je le sais.

43

C'est le genre de pensées sur lesquelles je ne dois surtout pas m'attarder. Dans quatre jours, elle aura trois ans. Je suis tentée de la gâter, de prévenir ses moindres désirs comme l'ont fait mes parents durant mon enfance. Mais est-ce que je serais déterminée et confiante s'ils n'avaient pas agi ainsi? Si j'ai en moi cette volonté de vivre, c'est bien à eux que je le dois! Ma fille me ressemblera-t-elle? Aura-t-elle mes fameux caprices et mon mauvais caractère? Je suis presque tentée de le souhaiter...

Pour sa fête, je lui ai acheté plusieurs cadeaux que j'emballerai tout à l'heure. J'aime bien les anniversaires, ce sont des rites qui nous renvoient au passé et dans lesquels sont inscrites plein de promesses. Je rêvasse: Comment sera Isabelle à quatre ans? Et à cinq? Je m'arrête pudiquement. Il ne faut pas regarder si loin, cela m'est interdit. Vendredi sera le plus beau jour du monde. Je vais faire en sorte que cette fête soit inoubliable. J'ai acheté des ballons de toutes les couleurs et des papiers amusants. Je vais soigner les emballages, décorer les paquets de rubans.

J'ai étalé mes achats sur la table de la cuisine: le jeu de «légo», la poupée, la plasticine, les bonbons. Mais qu'est-ce que c'est? Un papier que je n'avais pas vu en rentrant vient de glisser sous la table. C'est un message laissé par la femme de ménage: «Le docteur F. vous demande de le rappeler à son bureau.» En dessous, le numéro de téléphone de mon cardiologue. Cinq heures moins dix, j'ai juste le temps. C'est étrange comme mon coeur bat plus vite tout à coup. Mon médecin ne m'a-t-il pas dit hier pendant l'examen de routine: «Je vous téléphonerai dès que j'aurai des nouvelles...»

5

Passeport pour Stanford

1ᵉʳ-10 octobre 1983. Comment ne pas attirer l'attention avec cette canule qui me pend au bout du nez? Dans le *Lockheed 1011*, cet avion de près de trois cents places, les passagers me regardent de biais; je lis l'étonnement sur leur visage; je les entends chuchoter: «Elle n'a pas l'air malade... qu'est-ce qu'elle peut bien avoir? si jeune et si mignonne... et lui, si prévenant... on voit qu'ils sont amoureux...» Un peu plus et je me croirais en voyage de noces. Drôle de lune de miel! Il est vrai que nous n'avons jamais pris l'avion ensemble, Yves et moi, et, malgré les circonstances, nous dissimulons mal notre excitation. Je lève les yeux vers lui:

— Tu n'as rien oublié?

— Non. Et toi?

— Non. (Je me palpe l'estomac.) J'ai mon vieux coeur, mes vieux poumons, c'est le principal; ce sont eux que les médecins veulent examiner.

Je ris. Mon réalisme le déconcerte. Il me prend la main.

— Écoute Diane, je pense que j'ai oublié quelque chose...

— Quoi?

— De te dire que je t'aime...

Je l'embrasse sur la moustache. Que c'est bon d'être deux! De planer sans effort, comme des oiseaux mécaniques, seuls au monde... Enfin, pas vraiment, puisque de tous côtés des paires d'yeux ne cessent de nous épier. J'essaie de cacher ma joie et je repense aux paroles de mon cardiologue: «Attention, Diane, ce ne sont que des examens préliminaires, vous n'êtes pas encore admise. Cela peut être long encore...» Pourtant j'ai l'impression que ce voyage de dix jours en Californie est le début d'une aventure. C'est un pressentiment très fort qui me pousse à le voir ainsi. Je me sens confiante, comme à l'école quand je passais mes examens de fin d'année. Je n'ai pas le temps de poursuivre mes réflexions. Un homme en uniforme s'approche de nous et nous questionne.

— Attendez-moi, je reviens, nous dit-il.

— Nous n'allons sûrement pas nous envoler!

Rassurez-vous, monsieur le chef de cabine, nous n'avons aucune envie de sortir par la porte. Voyez-vous, je risquerais de manquer d'oxygène! Mais, qu'est-ce qu'il mijote? Il réapparaît et nous demande de le suivre.

— L'avion n'est pas plein, nous dit-il, il reste encore des places en classe affaires, veuillez me suivre, vous y serez plus à votre aise.

En effet, c'est plus confortable, les sièges sont spacieux, l'atmosphère, moins étouffante, les voisins, plus discrets. Durant tout ce voyage, gracieusement offert par la compagnie Air Canada, nous bénéficierons d'égards princiers auxquels nous ne sommes ni l'un ni l'autre habitués. Et quelque part en plein ciel, entre Montréal et San Francisco, moi, la petite fille de Ville Saint-Michel, je dégusterai des tranches de rôti et des légumes tendres servis dans des assiettes de porcelaine avec des couverts en argent. Dans une coupe de cristal, je boirai quelques gorgées de vin, juste pour trinquer en lançant joyeusement: Santé!

Je me demande si je dois ce traitement de faveur à ma canule ou à mon sourire. Sans doute n'est-on pas habitué à associer les signes de la maladie et de la bonne humeur... Pourtant il me semble que les plaisirs de manger, de rire et de parler me font oublier le pire, je crois que je suis douée pour le bonheur. Est-ce le fait de planer si haut? Je me sens, pendant le trajet, insouciante et très très légère.

Mais je suis faite des mêmes peurs que tout le monde et quand l'avion ralentit et pique du nez vers une piste d'*eau*, je retiens mon souffle comme tout le monde... Même Yves, l'imperturbable, paraît effrayé. Par les hublots, on voit la mer se rapprocher, nous plongeons tout droit vers l'océan! Je ferme les yeux, c'est la panique, je sais que je suis incapable de nager, que je ne sortirais pas vivante d'un tel accident. Je pense stupidement que ce serait trop bête de mourir ainsi puisque je suis déjà condamnée. Je fais une petite prière: «Hé! là-haut, pas si vite, il me reste encore deux ans.» On doit m'avoir entendue. Je reconnais la légère secousse que fait l'avion en se posant avant de rouler sur le sol raboteux. Terre! Nous voici enfin arrivés et avec tous nos morceaux! Ouf! C'est alors seulement qu'on m'explique que l'aéroport est tout à côté de la baie de San Francisco et la piste, à proximité de l'eau. Pas la peine, j'avais compris.

Ce palpitant atterrissage nous ramène brusquement à la réalité. Quelqu'un nous attend à l'aéroport. Des amis québécois, Nicole et Bernard Beaumier, ont prévenu le mystérieux personnage de notre arrivée. Nicole a fait un séjour à Stanford où elle a reçu un nouveau coeur. Elle nous a recommandé de la compagnie durant notre séjour en Californie: «Vous vous sentirez très déroutés en arrivant. Chuck Walker est l'homme qu'il vous faut.» Elle nous a remis une photo qui montre un jeune homme barbu et souriant. C'est comme si nous vivions un roman policier. Je fouille avidement tous les visages. J'ai d'autant plus hâte de faire sa connaissance que je sais qu'il a subi une transplantation du même type que celle que j'attends. Je suis curieuse de voir comment il se porte. Enfin je le reconnais, même sourire, même regard pétillant. Il s'approche, il a dû voir ma canule, il nous serre chaudement la main. Ce qui me frappe en premier lieu, c'est justement cette main qu'il nous a tendue, elle n'a pas de pouce mais cinq doigts presque d'égale longueur. Il n'a pas l'air de s'en soucier. Il nous parle déjà comme si nous étions de vieux amis, nous prend par le bras, s'occupe de nos bagages. Je n'ai jamais vu un homme doté d'une telle énergie. Je comprends maintenant pourquoi Nicole a tant insisté; Chuck Walker est le deuxième transplanté coeur-poumons en Californie et, depuis deux ans, il a repris toutes ses activités, mène deux emplois de front, conduit sa voiture, cabotine, prend un verre et même plus et court la galipote. C'est la plus remarquable réussite de Stanford, et aussi la plus volubile. Un vrai moulin à paroles.

Yves me lance des coups d'oeil navrés. Comme moi, il ne comprend pas deux mots sur trois. Nous prenons soudainement conscience que nous sommes dans une ville anglophone avec pour seules ressources nos minces connaissances de «l'autre langue» glanées à la petite école. Je traduis tant bien que mal: «motel, beau, bon, pas cher» et, tout en nous transportant vers cette perle rare, Chuck continue *to speak fast*. Dommage car ses blagues à double sens perdent tout leur effet, nous n'en comprenons que la moitié. Pourtant à voir ses yeux malicieux me sourire dans le rétroviseur, je sens que je rate le meilleur et je me jure d'apprendre l'anglais au plus vite.

Yves reste silencieux et contemple le paysage. Il a l'air étonné d'un enfant. Il n'a jamais vu la Californie et pour lui le rêve prend la forme de cette végétation touffue, de cette circulation dense et de cette présence invisible de la mer, presque palpable dans l'air et la lumière. Mes souvenirs de petite fille s'embrouillent: palmiers et baignades, c'est à peu près tout ce qu'il me reste d'un voyage avec mes parents. Je regarde moi aussi de tous mes yeux le campus de l'Université de Stanford que nous traversons rapidement. Puis notre sympathique et incompréhensible pilote nous laisse à la porte d'un motel dont le confort est bien en dessous du prix.

Pendant tout notre séjour, Chuck sera notre chauffeur infatigable, nous servant tantôt de guide, tantôt d'interprète — mais avec quelle difficulté! — et surtout il se montrera notre plus joyeux complice. «Il est si drôle, me dit Yves, qu'est-ce que ce serait si nous le comprenions.» Je lui

50

réponds: «Un jour, nous ne raterons plus une de ses blagues.» Mais c'est déjà trop présumer du destin. En effet un mauvais sort nous empêchera toujours de réellement communiquer avec Chuck. Mais je ne veux pas anticiper et je reviens au lendemain de notre arrivée où nous nous rendons tous trois à l'hôpital pour la première fois. Chuck nous reconduit jusqu'à la réception et nous lance un sonore *good luck*. Juste comme nous commencions à nous accoutumer à son accent, en voilà d'autres, du sud, du centre, de l'est qui nous rendent aussi muets que des poissons rouges. Je finis tout de même par comprendre que ces examens qui ne sont que préliminaires ne requièrent aucune hospitalisation. Nous aurons donc tout le loisir de visiter les environs entre ces rendez-vous imposés. Prises de sang, rayons X, tests pulmonaires, électro-cardiogrammes, échographies, tous ces examens ne me font pas peur, j'en connais le rituel pour les avoir déjà tous subis à Montréal. Mais j'avoue que le fait d'avoir à traduire en anglais ce que je ressens au moment de souffler dans un tube ou quand on me palpe les côtes ajoute à la difficulté de ne pas rire. Surtout quand le médecin devant moi est un représentant de la vieille Angleterre dont il a conservé la parlure et l'humour très particuliers. Bref, quand ces examens ordinairement ennuyeux et longs prennent l'allure d'une partie de plaisir, ils confèrent à notre séjour un climat d'insouciance. Sauf peut-être quand une échographie qui ne dure généralement pas plus d'une demi-heure s'éternise jusqu'à trois heures et demi parce que les médecins n'en reviennent pas de m'entendre battre le coeur. Ils n'ont jamais entendu un pareil martèlement. J'ai envie de leur dire que j'en ai l'habitude et que, ma foi, je suis précisément venue pour changer de coeur et de poumons. Enfin, pas tout de suite puisque cette batterie de tests n'est qu'un contrôle nécessaire à mon acceptation à Stanford. Aussi quand on me laisse entendre que je ne saurai pas immédiatement si je suis admise, je proteste et j'insiste. Je trouve les mots qu'il faut; nous avons, Yves et moi, délibérément étiré notre voyage afin d'être fixés avant notre retour.

«Nous ferons tout notre possible», ajoutent-ils devant mon air déterminé.

Mais j'ai confiance. L'hôpital est aussi petit qu'est grande sa réputation. Son allure résolument moderne, l'efficacité démontrée par le personnel entretiennent mes pensées positives. Et puis, je sais que mon dossier est bon. Tous mes organes, excepté mon coeur et mes poumons, sont sains, condition indispensable à une transplantation. En outre je suis assurée d'un support moral durant les différentes étapes de l'intervention. Peu avant mon départ de Montréal, une psychologue a rencontré tous les membres de ma famille, mon père, ma mère et ma fille Isabelle. Yves n'a pas échappé à ses investigations; bien entendu, ce dernier est prêt à me suivre tout au long de mon aventure. Ce que je ne sais pas encore, c'est si je serai suffisamment différente des autres personnes qui attendent une transplantation coeur-poumons. Car l'équipe médicale de Stanford choisit soigneusement les receveurs en fonction de leurs besoins précis. Cela veut dire que mon groupe sanguin, la morphologie de mes tissus, la taille de ma cage thoracique joueront un rôle déterminant lors de ma sélection; ils devront différer de ceux des quinze autres patients qui sont atteints comme moi d'une maladie incurable. Cette condition vise à obtenir un échantillonnage varié coïncidant le plus possible avec la constitution des donneurs éventuels. Je compte sur ma petite taille et sur ma bonne étoile.

En attendant la réponse après les quatre jours de tests, Yves et moi prenons du bon temps près de la piscine d'un deuxième motel «beau, bon, pas cher» mais plus confortable que celui du premier soir. Le temps est au beau fixe et, à la grande surprise des Californiens, nous n'hésitons pas à nous baigner en plein début d'octobre. Eux ont déjà plié chaises longues et parasols comme si leurs trottoirs étaient jonchés de feuilles mortes. Pour nous ici c'est encore l'été. Yves nage comme un poisson alors que je n'ai droit qu'à de petites trempettes, mon coeur et mes poumons se refusant à toute immersion. Qu'importe? Je sens que le climat me réussit; à proximité, de grands eucalyptus balancent leurs feuillages odorants, on dirait qu'ils m'aident à respirer. Avec Chuck, nous explorons les environs; nous visitons la petite ville de Palo Alto entourant le campus de Stanford et nous descendons jusqu'à Santa Cruz au bord du Pacifique. Sur le quai, quelques pêcheurs taquinent le poisson tandis que des lions de mer s'ébrouent près d'eux. Sur fond bleu, des mouettes s'amusent. Quelle paix! Quelle musique!

— Oh! Yves, est-ce que le temps s'est arrêté?

— Non. Il est quatre heures. Nous avons juste le temps de passer nous changer avant d'aller souper chez Jimmy et Huguette.

— C'est vrai. J'avais oublié.

Jimmy et Huguette Dewavrin sont originaires du Nord de la France. Il y a un an, Jimmy est venu séjourner à Stanford dans l'espoir de recevoir un coeur tout neuf. Or des traitements et des médicaments ont progressivement amélioré son état de santé. Maintenant il est guéri, nous assure-t-il, mais lui et Huguette se sont entichés du mode de vie californien. Ils ont acheté une vaste maison à Menlo Park, une banlieue cossue de Palo Alto, et vivent avec leur fille leur rêve américain. Ils sont fort sympathiques et ont adopté en toute simplicité l'allure peu conformiste de leurs nouveaux compatriotes: pantalons à carreaux et T-shirts. C'est presque étonnant de les entendre parler français, mais, plus encore que leur langage, c'est leur cuisine qui vous ravit, Yves et moi. Manger français devient pour nous une aventure gastronomique; de l'entrée jusqu'à la mousse au chocolat, en passant par les fromages, c'est un délice que nos papilles n'oublieront pas. Il serait difficile, après ce repas mémorable, de refuser leur gentille invitation à venir nous installer chez eux en attendant de trouver un appartement. «Si vous êtes admise...», précise Jimmy.

— Je serai admise!

— Vous avez l'air si sûre de vous...

— Sûre, pas vraiment, mais je sens que j'ai une chance et je m'accroche solidement à elle. J'y crois.

— De toute façon, ajoute Yves, si Diane n'est pas acceptée ici, nous irons frapper ailleurs. Il y a d'autres villes où l'on pratique ce genre d'intervention.

— Peut-être, mais le taux de réussites est très élevé à Stanford.

— C'est pour ça que nous sommes là, que je suis là. Et moi je sais qu'on ne me refusera pas.

— Je n'en doute pas, dit Huguette. Vous avez l'air si résolue à vivre, un peu comme l'était Jimmy avant son admission ici. Je suis certaine que tout se passera bien pour vous.

— Moi aussi, j'en suis convaincu, me dit Yves quand nous quittons le couple un peu plus tard. Il me semble que nous rencontrons toujours les bonnes personnes au bon moment.

En effet quoi de plus encourageant que le cas de Jimmy qui s'est lui-même guéri avec un tout petit coup de pouce médical! Je n'ai pas renoncé à ma méthode d'autosuggestion. Mais histoire de ne pas mettre tous mes oeufs dans le même panier, je ne perds pas de vue l'exemple de Chuck Walker qui vit depuis deux ans — et combien gaillardement — avec un coeur et des poumons transplantés. C'est donc un double souhait que je fais ce soir-là avant de m'endormir, celui de guérir et celui de revenir bientôt en Californie pour attendre un donneur. Pourtant deux jours passent encore sans nouvelles. Ce n'est que le neuvième jour, la veille de notre retour à Montréal, que le téléphone sonne enfin dans la petite chambre du motel *El Rancho*.

— Mrs Hébert?

— Oui... euh... Yes.

— That's O.K. You can come back in ten days.

— Dix jours... comment dix jours? Pas si vite, il faut que nous vendions la maison, que nous préparions nos affaires. Et la campagne de financement, vous croyez que nous aurons le temps en dix jours? Vous n'êtes pas sérieux, non?

— What do you say?

Je m'efforce de traduire et le médecin compatissant ou simplement lassé de mes explications confuses accepte d'allonger le délai.

— De combien? me demande Yves.

— Je dois être ici dans deux semaines. Ça n'a pas de sens, Yves. Nous n'y arriverons jamais!

— T'inquiète pas, me dit-il en se frottant les mains, moi j'y arriverai!

6

Héroïne ou victime?

20 octobre 1983. Comme toutes les petites filles, je suppose, j'ai souvent rêvé de devenir célèbre; avoir ma photo dans les journaux, être reconnue, respectée, aimée par des gens que je ne connaîtrais pas et pour qui je représenterais une sorte d'idéal. Et comme bien des petites filles, j'y rêvais sans y croire. Comment aurais-je pu prévoir que je me retrouverais un jour en première page de mon journal du matin à cause d'une maladie incurable?

Ils sont là autour de moi, photographes et reporters, perchistes et preneurs de son, caméramen et journalistes. J'ai dans la gorge ce noeud qu'on appelle le trac, quelque chose d'indéfinissable entre la peur et le plaisir. La peur de ne pas trouver les mots, de n'être pas comprise ou d'être mal interprétée, mais le plaisir d'être écoutée et entendue. Pourtant, progressivement, à mesure que je parle, ma voix reprend sa netteté et moi, mon assurance. Je n'ai pas à inventer une histoire; la mienne est là et je la raconte dans mes mots, avec simplicité, en prenant soin toutefois d'être précise. Car on m'a prévenue; le véhicule de l'information est souvent comme une locomotive qui perd ses wagons en cours de route et, pour éviter toute dispersion, je m'efforce de répondre à toutes les questions et ne crains pas de répéter et de reprendre tel ou tel détail. Je n'ai plus peur; derrière leurs micros ou leurs projecteurs, des êtres humains écoutent et s'émeuvent. Mon message passe: pour vivre, j'ai besoin du support financier de toute la population du Québec.

59

Parce que, en plus des coûts d'intervention et d'hospitalisation partiellement payés par la Régie de l'assurance-maladie du Québec, on évalue à quarante ou cinquante mille dollars canadiens les frais de mon séjour en Californie.

Cette conférence de presse est le coup d'envoi de la campagne de financement. Durant cet été où je me suis efforcée de vivre au présent, une équipe a commencé dans l'ombre à s'occuper de mon avenir. Sitôt après mon appel au secours lancé en mai dernier, monsieur Pierre Francoeur a alerté le docteur Michel Dallaire, président du Club Optimiste de Laval. Sensible à mes besoins, ce dernier a aussitôt réuni autour de lui une équipe solide et dynamique composée d'hommes aux formations diverses. Chacun collaborera selon ses compétences: maître Jean-François Martel sera chargé des questions légales, mon cardiologue, des aspects médicaux et monsieur Pierre Francoeur veillera à contacter les médias. Avant même de savoir si je serais admise à Stanford, on avait donc soigneusement planifié la campagne. Ce point de vue résolument optimiste a certainement contribué à la réussite de mon ambitieuse entreprise; sans le savoir, j'étais déjà entourée d'ondes positives. Quand je leur ai annoncé la bonne nouvelle, tous ces gens étaient déjà prêts. La grosse machine s'est mise en branle. Restait toutefois une question épineuse à régler; à cause de trop longues procédures, il s'avérait impossible de mettre sur pied une fondation en si peu de temps. La Fondation de l'hôpital du Sacré-Coeur a accepté de prêter secrétariat et trésorier, on pouvait donc émettre des reçus pour fins d'impôt à toute personne désirant fournir une contribution. Ensuite, en l'espace de quelques jours, des centaines d'organismes oeuvrant au Québec ont été informés et plusieurs d'entre eux, dont le Regroupement des policiers de Laval, ont décidé de me venir en aide.

Aujourd'hui, la plupart des représentants des médias, journaux, postes de radio et de télévision ont été convoqués. Ils sont arrivés par petits groupes, ont déplié leurs trépieds, posé leurs appareils.

Assise sur mes genoux, Isabelle est timide et effarouchée. Elle ne comprend pas pourquoi tant de gens s'intéressent soudain au vieux coeur de sa maman. Je lui ai expliqué que le mien n'est plus bon et que je devrais partir très loin pour le faire remplacer. Elle est d'accord, à condition que je revienne bien vite auprès d'elle. Moi aussi je le souhaite, cela pourrait être l'affaire de quelques mois, quoi qu'en dise mon cardiologue. Lui, il multiplie par six les trois mois que je compte passer en Californie... Enfin, nous verrons bien!

Yves se tient légèrement en retrait. Les organisateurs de la campagne de financement lui ont recommandé la discrétion; un duo mère-enfant serait mieux perçu à travers les médias. Yves n'a aucune objection à demeurer dans les coulisses. Je crois même qu'il préfère cette situation d'observateur privilégié. Comme un chat, il écoute et regarde, gardant pour lui ses réflexions. Mais je sais combien il vit cette aventure de l'intérieur. D'ailleurs il paraît fatigué. C'est vrai qu'il n'a guère chômé depuis qu'il a quitté son travail de technicien en réfrigération. Dès notre retour de Stanford, il a entrepris de multiples démarches, n'a pas craint de raconter «notre histoire». Il en a parlé avec le gérant de sa caisse populaire; toutes les succursales diffuseront bientôt ma photo. D'autre part, il lui a fallu vider rapidement la maison de Fabreville. Nous avons eu la chance de trouver rapidement un acheteur, un voisin qui la convoitait depuis plusieurs années. En moins d'une semaine, Yves a trié et rassemblé dans deux pièces différentes ce qui doit nous suivre en Californie et ce qui devra rester ici. Bien entendu nous n'emporterons que le minimum, un peu de vêtements, des draps et des couvertures (est-ce qu'il fait toujours chaud là-bas?), de la vaisselle, des ustensiles, des appareils ménagers, quelques livres, mon ordinateur (il faut bien se divertir, non?) et le téléviseur qui nous servira obligatoirement à apprendre l'anglais. Est-ce que tout cela entrera dans la voiture? Il le faudra bien. Yves partira dans deux jours, le 22 octobre, et transportera tout ce bagage jusqu'à

Palo Alto. Quand il arrivera, je serai déjà sur place puisque, moi, je pars en avion dans quatre jours.

Tout ce qui reste, y compris le mobilier et l'orgue, a été déménagé chez mes parents qui ont gentiment accepté d'encombrer leur sous-sol en plus de quelques pièces et recoins de leur maison. Ma chienne Gigi sera hébergée chez eux ou chez mon parrain et ma marraine, mon chat ira chez les parents d'Yves et mes plantes continueront de pousser chez des amis. Les gens qui m'entourent cherchent à me rendre service, il s'installe autour de moi un climat de solidarité réconfortant.

Mes parents n'ont pas hésité à perturber leurs habitudes; en attendant nos départs respectifs à Yves et à moi, ils nous accueillent sous leur toit. Malgré tout le remue-ménage occasionné par le déménagement, ils ont même consenti à ce que la conférence de presse ait lieu ici même, au domicile familial. Ils sont là eux aussi, embarrassés par cette trentaine d'envahisseurs qui me questionnent sans répit. Papa, discret et, comme toujours, économe de paroles, me lance des coups d'oeil complices et encourageants derrière ses lunettes tandis que maman répond de son côté aux questions des journalistes. Je sais combien elle est mal à l'aise de recevoir tant de gens dans une maison surchargée d'un deuxième ameublement; en femme soigneuse et ordonnée elle a le souci de sa réputation. Je suis tentée de lui dire: «Ne t'inquiète pas maman, ils ne voient qu'Isabelle et moi.»

Car c'est sur nous deux que sont pointés tous les objectifs des caméras dont on tirera ensuite ces photos qui toucheront tant de cordes sensibles. Moi, penchée sur ma fille avec, entre nous, ma canule d'oxygène, ce double symbole de mon lien avec la vie et avec la mort. Je me passerais volontiers de cet air artificiel pendant quelques minutes, le temps de projeter une image plus conforme à celle que je me fais de moi. Je l'ai dit, je suis coquette, je déteste avoir l'air malade, je refuse d'inspirer la pitié. Plus que mon état de santé, c'est l'idée de ma mort prochaine qui semble hanter les journalistes. Je réponds à leurs questions le plus sincèrement possible: «Si j'ai peur de mourir? Oui comme tout le monde, je pense... Mais ce voyage en Californie, c'est une chance de survie pour moi et j'y crois.» Est-ce un effet de mon imagination? Ils me paraissent sceptiques et incrédules... Alors, autant pour me rassurer que pour les convaincre, j'ajoute: «Quand je serai revenue, je danserai pour vous.»

C'est cette petite phrase lancée comme un défi qui me plaira le plus quand je parcourrai les journaux les jours suivants. Devant les photos publiées, manifestement choisies pour émouvoir, je n'éprouverai pas cette fierté rêvée durant l'enfance: l'héroïne aura pour moi l'air triste et résigné d'une victime. C'est pourtant grâce à ces images que la campagne de financement atteindra son but. Grâce à ces images mais surtout grâce à cette petite phrase poussée comme un cri d'espoir.

7

La vie devant soi

24-28 octobre 1983. Le temps s'est mis à filer très vite. Yves parti, je suis laissée à moi-même: préparer mes bagages, boucler mes valises, répondre aux multiples coups de téléphone, rencontrer famille et amis avant le départ. Planifier enfin tous les détails de dernière minute qui prennent toujours des heures à se régler. Je n'ai plus le temps de penser, un grand tourbillon m'emporte.

Dans les couloirs de l'aéroport, des journalistes me suivent ou me précèdent; j'en reconnais plusieurs, je mets des noms sur leur visage. Déjà se tisse entre nous une sorte de complicité. Certains feront même partie du voyage, alors autant sympathiser. Ils sont prévenants, attentifs comme le sont tous les gens qui se retournent sur mon passage. On a lu les journaux, on m'a vue à la télévision, mon histoire est désormais connue par des milliers de personnes. Je ne me doutais pas, il y a quatre jours, quand j'ai demandé le soutien financier des Québécois, qu'ils m'accorderaient aussi généreusement leur support moral. Car je vois bien à travers leur regard et leurs paroles d'encouragement qu'ils m'accompagnent en pensée dans ce périple.

Mes parents supportent difficilement cette intrusion dans notre intimité. Les larmes de maman sont vraies, la douleur de papa est sincère; ils n'aiment ni l'un ni l'autre étaler leurs sentiments au grand jour. Surtout quand des caméras indiscrètes s'attardent sur leur peine. Même si ce voyage est pour moi rempli d'espoirs, ils ne peuvent s'empêcher d'en redouter les conséquences: c'est si loin la Californie. Je devine qu'ils pensent, sans oser le dire, que partir c'est mourir un peu.

Bien au contraire, j'entreprends ce voyage dans le but de renaître et, malgré la peine que j'ai à les quitter, eux et Isabelle, je n'éprouve pas de véritable tristesse. Les égards dont on m'entoure me distraient de toute réflexion morbide. J'apprends à vivre avec l'intérêt que je suscite, je ne sais pas encore de quel secours il me sera. En contentant la curiosité des autres, je me libère de mes craintes; en les rassurant, je me rassure moi-même. Parler est pour moi une véritable thérapie.

Je ne m'en prive d'ailleurs pas tout au long du trajet de Montréal à San Francisco, j'ai une compagne toute désignée pour me donner la réplique. Suzanne Martel est présidente de la section santé et des services communautaires de la Croix-Rouge à Laval. Avec moi, elle insiste pour garder son seul titre d'infirmière, mais elle sera davantage pendant la semaine suivante mon ange-gardien, mon interprète, mon attachée de presse et ma confidente. Je suis contente de voyager avec elle. Ensemble nous bavardons comme deux vieilles amies, sans nous priver d'oublier pourquoi nous sommes là. L'illusion est parfaite: elle n'est pas plus mon infirmière que je ne suis sa malade, nous sommes deux femmes en vacances filant vers la Californie. Comme la première fois, le personnel de l'avion me comble d'égards et je me sens à nouveau la vedette d'une petite fête. Comment dans ces conditions pourrais-je me sentir seulement inquiète ou un peu angoissée? On ne m'en laisse pas le temps. Tout est si agréable, tout va si vite que je m'aperçois à peine de l'atterrissage.

Pendant les quatre jours qui suivent, je me retrouve en pays de connaissances. Comme prévu, Huguette et Jimmy nous hébergent, Suzanne et moi, avec leur délicieuse hospitalité française. Avec, en prime, piscine et palmiers californiens. Les séances de bronzage sont toutefois écourtées par de nombreuses activités. En compagnie de

Suzanne, je continue mon exploration commencée avec Yves. Nous fouillons les magasins, nous contentant de regarder sagement la marchandise. J'aurais besoin d'une foule d'objets ou de vêtements, mais je suis prudente: combien de temps me serviraient-ils?

Une simple visite à l'hôpital de Stanford me ramène à la réalité; on m'y remet sans cérémonie un petit appareil que j'agrafe à ma ceinture et qui devra me suivre partout. C'est mon *beeper*, en français un télé-avertisseur destiné à me prévenir rapidement de l'éventuelle présence d'un donneur. Aussitôt que j'en entendrai le signal, je devrai téléphoner à l'hôpital et me préparer à y venir en vitesse. En cette occasion je reçois donc le titre officiel de «récipient», comme se baptisent, non sans humour, les personnes en attente d'une transplantation. Me voici enfin sur la liste des patients dans les deux sens du terme. Pas d'autres recommandations de la part des médecins, traduit Suzanne, une visite par mois suffira pour vérifier mon état de santé. Nous pourrons donc tout à loisir chercher un appartement à proximité du centre hospitalier.

Malheureusement, cela n'est pas facile en cette saison. Les étudiants ont repris les cours depuis un bon moment et occupent la majorité des logements qui se trouvent aux alentours du campus. Les pages jaunes de l'annuaire et les petites annonces des journaux sont de maigres ressources; avec Chuck, notre amusant chauffeur d'occasion, munies de nos listes d'adresses, nous sillonnons l'une après l'autre les rues de Palo Alto, la petite ville entourant les bâtiments de l'université. C'est Suzanne, partie en solitaire, qui, après des visites décevantes, logements trop petits ou très malpropres — eh oui! même en Californie —, trouve notre premier *home*.

— Écoute, ce n'est pas un château en Espagne mais l'appartement est moderne, propre et ensoleillé.

— C'est grand?

— Eh bien! pour deux tourtereaux, cela me paraît convenable.

— Combien de pièces?

— C'est un studio, Diane, une seule pièce donc, avec un coin cuisinette et un coin repos. Et bien sûr une salle de bains.

— C'est cher?

— Oui, très cher, comme tout ce que nous avons vu depuis le début. Mais j'ai bien peur que tu n'aies pas le choix.

— Combien?

— Sept cent soixante-quinze dollars américains.

— Quoi?

— Oui, et ce n'est pas meublé à part la cuisinière et le frigo.

Suzanne a l'air aussi désolée que moi. Pourtant quand je me rends le lendemain au 1380 Oak Creek Drive, je n'hésite plus. Le quartier est invitant, parsemé de vastes complexes d'habitation enfouis dans la verdure. Devant l'immeuble, un grand saule et tout près une forêt de chênes traversée par un ruisseau. Du petit balcon, une belle vue sur Willow Road et surtout sur l'hôpital. Quoi demander de plus? De l'espace? Oui bien sûr, mais comment le meublerions-nous avec notre si mince bagage? Un appartement plus grand ressemblerait à un désert. Et puis, nous ne resterons ici que quelques mois...

Je le prends, c'est décidé. La vue est plaisante, la pièce bien aérée. Il suffira de quelques photos d'Isabelle sur les murs pour rafraîchir et colorer le tout. Je n'ai d'ailleurs pas le temps d'hésiter. Une équipe de Radio-Canada m'attend tout près de là pour une entrevue avec Chuck. Micro et caméra en main, Réal et Pierre ont suivi plusieurs de mes déplacements. Grâce à eux, mes parents, assis devant leur petit écran, sont témoins de mes faits et gestes. Si je me dépêche un peu, peut-être pourront-ils filmer notre nouvelle installation avant de repartir pour Montréal. Hâte-toi, Yves, arrive vite, j'ai besoin de tes grands bras de déménageur.

De retour chez Jimmy et Huguette, je dresse la liste des

achats indispensables: un lit, une table, des chaises et un fauteuil, c'est le minimum. Huguette me regarde faire en souriant. «J'ai tout ce qu'il vous faut, me dit-elle, j'ai même une causeuse qui ne sert plus.» Que c'est bon d'avoir des amis! Comme tout semble facile avec eux. Depuis mon départ, je vais de surprise en surprise, je me sens comme dans un rêve heureux, étonnée et reconnaissante.

Quand Yves arrive enfin le 28 octobre, je lui montre fièrement mes acquisitions. Je suis parfois d'une cruelle inconscience, je l'avoue. Je m'attends à ce qu'il me félicite d'avoir trouvé un logement et de quoi le meubler. Je ne me rends pas compte que le voyage qui n'a duré pour moi que le temps d'une conversation s'est déroulé pour lui en rubans ininterrompus de routes monotones. Et dans la plus totale solitude. Le regard creusé par la fatigue, Yves a vieilli de cinq jours et de cinq mille kilomètres. Ses yeux sont usés comme ceux des cow-boys et il a le calme souverain des chauffeurs de camion. Il parle lentement, sa voix est engourdie par le silence.

Son voyage a mal débuté. Déjà exténué par les deux déménagements, il est parti en mauvaise forme. Et sur l'autoroute 40, en approchant de Toronto, ses nerfs ont lâché. Comme pour une panne de moteur, Yves a rangé sa voiture sur l'accotement. Son corps, soumis aux dures épreuves des derniers jours, n'en pouvait plus, sa tête non plus. Il fallait laisser sortir le désespoir. Il était fait de toutes sortes de peurs inavouées et d'exaspérations contenues. Il fallait tout remettre en question: l'amour, la tendresse et l'aventure californienne. Tout à coup, la perspective d'aller jouer le garde-malade sous les palmiers devenait ridicule et le voyage, grotesque. Sachant que les raisonnements ne tiennent plus en état de crise, comme si la logique fonctionnait à l'envers, Yves a laissé l'abcès se vider. Jusqu'au bout. Jusqu'à ce qu'il ne reste plus de larmes. Ensuite, il a pu remettre la voiture en marche et continuer d'avancer. À ce point du trajet, il aurait été aussi absurde de faire demi-tour. On ne sait jamais pourquoi on fait ce choix d'aller vers l'inconnu. Peut-être après tout est-on poussé malgré soi vers le bout du tunnel, là où le paysage est neuf.

Il a donc poursuivi sa route, ne s'arrêtant que pour dormir et manger. Mais là encore il se heurtait aux subtilités de la langue. Cela paraît facile de demander une chambre pour la nuit: *A room to let? A bed to sleep?* On le détaillait longuement avant de lui ouvrir la porte d'un motel. Il n'avait ni la tournure de phrase ni l'allure d'un commis voyageur. Même au *Mc Donald's* familier, on se moquait gentiment de son *hamburger with fromage*. Lui aussi finissait par en rire et par trouver les mots justes. Mais quand on voyage à raison de douze heures par jour, sans passager parce qu'il n'y a pas de place même pour ouvrir la fenêtre voisine, on continue de se parler tout seul *in french*. Et c'est en français qu'on passe aux douanes. Encore heureux qu'un ancien de Lacolle comprenne que vous avez manqué le poste frontière canadien où vous auriez dû faire enregistrer votre précieux chargement. Car vous risquez au retour de payer l'amende sur le système de son, le téléviseur, la caméra, le grille-pain, tout cet attirail *made in U.S.A.* que vous vous êtes pourtant procuré chez vous. Mais le douanier est sympathique, il se brosse les dents avec un dentifrice pareil au vôtre et l'Amérique devient ce vaste pays où tout le monde se comprend par le sourire. «Ne vous bâdrez pas et puis *good luck.*»

Mais déjà, à mesure que la voiture avance, des panneaux magiques s'allument sur la route, des noms aux consonnances sportives, Détroit, Chicago, ou d'autres disons plus folkloriques, Dubuque, Des Moines, Cheyenne. Et entre les villes, la solitude des champs à perte de vue avec ici et là des maisons poussées comme des champignons. Et près de chaque agglomération, le même éventail de *fast food*. Les mêmes affiches... Où est le dépaysement?

L'exotisme c'est pour plus tard, après la «mormonisante» Salt Lake City, là où le paysage change subitement et s'étend de tout son long comme une mer plate et dorée. Alors seulement la tête se vide de toutes les questions.

72

La destination n'a plus d'importance ou plutôt elle est inscrite dans chaque tour de roue. La voiture paraît téléguidée, aimantée par la présence de l'océan invisible. La fatigue aidant, la route a exercé son effet euphorique. Le corps ne fonctionne plus que par réflexes. C'est la fin du voyage.

J'ai écouté mon homme sans l'interrompre. Il a parlé longtemps, ivre de fatigue, mais incapable de suspendre le flot de paroles comprimé en lui pendant presque une semaine. À présent il dort. Je suppose que dans son sommeil, il continue de rouler vers un point indistinct. Je ne sais pas. Entre nous le mystère s'épaissit. Je comprends que nos différences vont bien au-delà de la disparité de nos voyages. Yves intériorise toutes ses émotions alors que je vis les miennes de l'extérieur comme si je craignais de les laisser pénétrer. C'est ma façon à moi de survivre. Mon instinct me dicte de ne pas m'attarder. Tel un papillon, je butine de fleur en fleur, d'idée en idée. Je n'explore pas, je reste à la surface des choses. En réfléchissant, je risque la déprime. Cela m'est interdit. C'est Yves qui pense pour moi. Tant mieux s'il a choisi de continuer à le faire. En son absence, je n'ai pas pensé à lui, j'ai cherché à m'étourdir. Si depuis mon départ, je n'ai pas réclamé une seule minute de solitude, c'est aussi par instinct de survie. Je m'efforçais de retrouver chez les autres ce qui me plaît tant en lui: ce calme, cette assurance, cette manière de réfléchir en parlant. En réalité, je l'attendais impatiemment et, pour que le temps passe plus vite, je m'éparpillais à gauche et à droite. Je n'ai pas raté une seule occasion d'oublier cette attente trop longue.

Maintenant je suis bien, il est là, je peux cesser de m'agiter, me caler contre son épaule et me reposer. Je vais accorder ma respiration à la sienne, retrouver le rythme qui nous est propre, celui qui le stimule, celui qui m'apaise. Demain, nous emménagerons dans notre petit studio d'amoureux. Demain je ferai comme si nous avions toute la vie devant nous.

8

Acclimatation

10 novembre 1983. Avant onze heures, impossible d'être sûr qu'il va faire beau. Un brouillard épais transforme notre appartement en cabine de pilotage. Par la fenêtre, la verdure ennuagée nous transporte en plein ciel; le décor extérieur est absent, comme effacé, dissimulé sous la brume. Le suspense dure toute la matinée. Et puis, tout doucement, c'est le miracle; le soleil apparaît tout à coup, déjà haut, bien réveillé et, comme un peintre pas pressé, il s'amuse à colorer le paysage. D'abord le tronc noir des arbres, le vert du feuillage et ensuite les voitures rouges et bleues qui défilent comme des jouets sur le grand boulevard. C'est pourquoi nous avons tout naturellement décidé de nous lever à onze heures, au moment où le brouillard se dissipe. Depuis notre arrivée, le temps est au beau fixe, c'est un cadeau du ciel auquel deux Québécois ne s'habituent pas facilement. Nous n'en croyons pas nos yeux. Tout de suite après le déjeuner, nous déplions les chaises sur la galerie.

Comme pour faire contrepoids à cette générosité californienne, les gens de chez nous nous ont offert eux aussi un cadeau. Une grosse boîte, emballée et ficelée pour braver toutes les intempéries, nous attendait hier à la conciergerie. Excitée comme une enfant, j'ai quand même fait durer le plaisir jusqu'à la maison avant d'ouvrir le mystérieux paquet. Une véritable boîte à surprises. Non pas un cadeau mais des centaines — Yves m'affirme qu'il en a compté plus de trois cents — et qui viennent de tous les coins du Québec. Non non, ce ne sont ni des chocolats ni des paparmanes; chaque présent est lisiblement signé. Avec ce dernier indice, c'est facile à deviner, non? Ce sont des lettres. Sur papier blanc ou bleu, quadrillé, ligné ou uni, des centaines d'inconnus se sont donné la peine de m'écrire. Des mots doux, des mots tendres, des mots d'encouragement, des mots pieux, des mots d'admiration, de vraies lettres d'amour. C'est le plus beau cadeau que j'aie reçu jusqu'à ce jour.

Assis sur le balcon, Yves et moi déplions religieusement les feuillets. Sur tous les tons et sur chacune des feuilles, c'est la même supplique: «Ne lâchez pas et revenez-nous en pleine forme!» Justement, je me sens mieux depuis quelques jours. Est-ce le climat si confortable d'ici ou ce grand vent d'amitié venu d'ailleurs? Je l'ignore. Je peux en tout cas me passer durant quelques heures d'affilée de ma canule d'oxygène. Il est vrai que je continue mes suggestions positives en vue de renforcer mon coeur et mes poumons.

D'autre part, Yves assure à plein temps l'entretien de la maison. Il a rapidement défait et rangé nos bagages et a installé les meubles prêtés par Huguette et Jimmy. Notre espace vital en a été considérablement rapetissé, nous arrivons tout juste à cohabiter sans trop de frictions. Cela est toutefois plus facile le jour que le soir. En effet quand nous ne passons pas nos après-midi à nous promener, le balcon nous ménage en quelque sorte une deuxième pièce, petite mais bien aérée, où nous pouvons nous isoler chacun notre tour. Ce n'est cependant pas possible le soir et je dois supporter d'interminables séances de sport. Et Yves sait combien il y en a à la télé américaine. Je supporte mais... en bougonnant.

Pour sa défense, je dois dire que mon grand amateur de football montre un zèle acharné pour tout ce qui concerne la cuisine. D'abord maladroit dans l'art de préparer les repas, comme le sont tous les fils de bonnes cuisinières, il a fait des progrès surprenants en matière de pâtes et de sauce tomate. Le poulet n'a plus de secret pour lui. De plus, je soupçonne qu'il prépare sans rien dire une carrière de pâtissier. Avec des mines de garçon de table, il me demande à heure fixe:

— Qu'est-ce que tu veux manger pour souper, mon minou?

— Du poulet, mon pitou.

— Encore du poulet? J'en ai fait lundi.

— Ça fait rien, tu le fais si bon, j'en mangerais tous les jours...

— Bon. Et pour dessert?

— Je sais pas, est-ce que tu saurais faire un gâteau?

— Oui... je pense...

— C'est facile. Tu n'as qu'à prendre un mélange et ajouter un oeuf et du lait.

— Un mélange? Jamais! Mon premier gâteau, je le ferai à la mitaine.

— Comme tu voudras, mais...

Yves a oublié que notre seule provision de sucre emportée de Montréal est en sachets — oui, c'est si commode pour le thé et le café —, seulement, quand la recette exige une tasse et quart de cette fine poudre enfermée à raison d'une cuillerée à thé, l'opération de mesurage réclame la patience d'un travailleur à la chaîne. Il a également oublié que notre seul tamis disponible est à peine plus grand qu'un dé à coudre. Comme premier essai, en dépit du fait que le dessert est ce soir-là servi tard après le souper, j'avoue que c'est une réussite.

— Hummm! Délicieux ton gâteau! Tu en feras d'autres?

— Promis!

Il a l'air sincère mais j'ai vu qu'il a ajouté deux ou trois choses à la liste d'épicerie et je ne serais pas surprise d'y voir du sucre et un tamis. Le temps s'écoule donc lentement, à la manière d'une poudre blanche dans un sablier.

Quand il n'y a pas de sport à la télévision, nous essayons de nous familiariser avec la langue de nos nouveaux concitoyens. Nous arrivons à suivre et à comprendre des feuilletons, du reste assez simplistes, nous apprenant surtout des termes peu utilisés dans le langage courant. C'est donc dans les dialogues entre bons et méchants, entre gangsters et policiers, que nous puisons nos premières leçons d'anglais. Ça n'est sûrement pas efficace puisque nous continuons de nous disputer en français.

— Baisse le son, Yves, je ne m'entends pas penser.

— Écoute, on entend juste un petit filet de voix.

— C'est trop fort.

— C'est assez!

Même pas de porte à claquer pour arrêter la dispute. C'est difficile la vie à deux quand il n'y a pas même un mur pour se séparer.

— J'achèterai des cloisons, des paravents, des...

— Trouve plutôt des bouchons pour tes oreilles trop sensibles!

— Des BOUCHONS? C'est toi qui devrais te procurer des écouteurs... Achète-toi des écouteurs, Yves, je vais même te les payer!

Oui, il y va de ma santé! Je pense que je peux me permettre cette dépense. Et puisque l'argent se fait moins rare maintenant... Parce que, à l'intérieur du colis, avec la boîte de lettres, il y avait en plus un message du Club Optimiste de Laval. Un message non, plutôt une lettre d'affaires nous signalant que la campagne de financement bat son plein et que les résultats dépassent largement les espoirs. Si ça continue, nous aurons bientôt de quoi subvenir à nos besoins pour au moins deux ans.

— Non mais, je ne veux pas passer le reste de ma vie en Californie! Trois mois ce serait bien assez, non? Il me semble déjà que ça fait des siècles que nous sommes là à attendre...

— Voyons, Diane, nous ne sommes ici que depuis deux semaines.

— Oui et ce jeune homme arrivé en même temps que moi a déjà eu sa transplantation.

— Il a été chanceux, c'est tout. Écoute, tu ne vas pas

désirer que plus de gens meurent pour t'offrir leur coeur et leurs poumons?

— Bien sûr que non! Mais plusieurs personnes décèdent avec des organes sains qui pourraient prolonger la vie d'autres personnes. La mienne par exemple.

— Tu raisonnes en égoïste.

— Non. Je suis réaliste!

Ma dernière affirmation retombe dans le silence. Nous avons au moins la sagesse de ne pas trop insister, de ne pas nous répéter. Car dans ce genre de discussions, les mots se mettent rapidement à tourner en rond. Il a raison pourtant, je suis égoïste et impatiente... Mais, j'ai les nerfs en boule. Mon *beeper* a sonné deux fois cette semaine, les deux fois en pleine nuit, interrompant brusquement le cours de mes rêves. Un son affolant aussi déchirant qu'une sirène de police. Bon, j'exagère, mais tout aussi déplaisant, comme le son d'un réveille-matin quand on veut continuer à dormir.

— Qu'est-ce que c'est, Yves?

— ... Hmmmh?

— Yves, Yves, c'est la police ou les pompiers?

— Non, c'est ton *beeper*, Diane.

Mon *beeper*, oui le bien nommé, ça fait «bip bip» et j'ai très peur. Vite, vite, téléphoner à l'hôpital et leur dire que je suis prête, prête à passer sous le bistouri, prête à leur rendre mon coeur et mes vieux poumons. BIP... BIP... Je vois les mains gantées, des médecins s'approcher de moi et replacer proprement des organes vivants. Vite, je veux vivre. Vite composer le numéro!

— Allo? C'est l'hôpital?

— ...

— Allo?

— Yes...

Oh! Toujours ce problème de langue, penser en anglais! Incroyable tout de même comme je me débrouille bien quand il s'agit de ma vie. Incroyable aussi comme je comprends vite que mon rêve vient déjà de prendre fin.

— Diane, pourquoi as-tu raccroché?

81

— C'est une erreur, Yves...

— Comment ça?

— Oh! Je ne sais plus moi, je n'ai pas fait attention à leurs explications. Un orage a déclenché le signal ou quelque chose comme ça...

Les deux fois, le même scénario avec les mêmes émois et au bout, la même déception. Quand j'y repense, mon coeur galope en dedans. Pour le calmer, je reviens à mes lettres. Il y a de tous petits messages: «Courage, je pense à toi...» signé Jean-Pierre. Ou bien: «Chère madame, je ne vous connais pas mais j'ai appris votre histoire dans les journaux. Je vous trouve très courageuse. Je prie pour vous.» En bas de la page, d'une écriture bien appliquée: «Une vieille grand-mère qui pense à vous tous les jours.» Pas d'adresse, rien d'autre. Certaines de ces lettres ne portent même pas de signature. D'autres, par contre, donnent beaucoup de détails, font part de préoccupations, évoquent des malheurs passés. «...Je sais, c'est bien peu de choses à côté de l'épreuve que vous traversez, mais de vous le dire me fait tant de bien...»

À moi aussi, cela fait du bien. Je respire mieux à travers ces lettres, c'est comme un grand souffle d'amour qui parvient jusqu'à moi.

— Tu te rends compte, Yves, des gens que je ne connais pas pensent à moi tous les jours.

— Tu as de la chance.

— Et toi?

— Quoi, moi?

— Tu es chanceux de m'avoir tout le temps à tes côtés.

Je ris. Il ne me répond pas. Il est parfois avare de mots tendres, cela rend le plaisir plus vif quand il me les dit. Après tout, sa présence continuelle n'est-elle pas une preuve tangible de sa tendresse? Il s'occupe de moi, me dorlote comme un bébé, fait le ménage et la vaisselle. Il prend même soin de nos oiseaux, a installé un abreuvoir pour les colibris, ces magnifiques miniatures volantes. Notre balcon ressemble parfois à une volière avec tous ces geais bleus et ces oiseaux-mouches qui viennent s'approvisionner en nourriture. J'adore les animaux depuis mon enfance. Petite fille, je prenais soin de toute une ménagerie faite de chiens, de chats, d'écureuils, de souris, de «suisses», de tortues et d'oiseaux. Ce sont pourtant ces derniers qui me plaisent le plus, ils sont si libres. Si dépendants aussi.

— Regarde, Yves, c'est le geai bleu que j'ai nourri dans ma main hier. Il raffole des pinottes, je le reconnais, il avait une tache noire sur le bec. Regarde, il va avaler toutes nos provisions.

— Ce n'est pas lui, Diane, celui-là a les ailes unies alors que l'autre avait des rayures grises.

— Tu crois?

— J'en suis sûr!

Je suis pourtant certaine d'avoir raison. J'ai une mémoire infaillible pour ce genre de détails. Qu'importe, nous n'allons pas encore nous chicaner. Et puisque l'oiseau vient à nouveau picorer dans ma main, n'est-ce pas une preuve? Le voilà maintenant qui s'envole vers les branches du grand saule. Le brouillard s'est tout à fait dissipé à présent et le vent a commencé à jouer dans le feuillage. Il va encore faire une de ces journées superbes.

— C'est un vrai péché de rester assis avec ce soleil, me dit Yves.

— Tu lis dans mes pensées ou quoi? J'allais justement te proposer une balade, j'ai envie de remuer un peu.

Le visage d'Yves s'est éclairé. Je sais à quoi il pense.

— Un petit tour à Santa Cruz peut-être?

— Comme tu voudras...

Il fait l'indifférent mais je sais qu'il en meurt d'envie. Il aime autant que moi ces excursions au bord du Pacifique. Au moins partageons-nous ce goût, cette fascination pour la mer.

— Donne-moi cinq minutes, le temps de retoucher mon maquillage et nous partons.

— O.K. Je vais sortir ta chaise roulante en attendant.

Qu'il me faut peu de choses pour être heureuse! Je me

sens en pleine forme aujourd'hui. Je me souris dans le petit miroir rond posé sur la table. Mon image me plaît: mon teint est légèrement hâlé, mes yeux pétillent de malice. Sérieuse un moment, je redessine le contour de mes lèvres, mais, que je suis maladroite! Le bâton de rose a glissé et m'a fait une vilaine marque. Un bruit m'a fait sursauter que je reconnais, que je refuse d'entendre et qui continue sans s'oc-cuper de moi: Bip... Bip... Bip... Bip...

C'est mon *beeper*. Non, je ne veux pas, pas mainte-nant, je ne suis pas prête, ce n'est pas le moment. Pourvu que... oui pourvu que ce soit une fausse alarme!

9

Le meeting

20-25 novembre 1983. En l'espace d'une semaine, mon *beeper* a sonné cinq fois, le plus souvent la nuit. On aurait dit qu'il le faisait exprès. Juste au moment où j'avais réussi à m'assoupir — j'ai parfois du mal à trouver le sommeil —, il en profitait pour hurler ses «bip» de malheur. Même quand ses piles faiblissaient, il émettait son message inhumain: Bip... Bip... Bip... On ne s'habitue pas à cette frayeur-là, on la vit chaque fois avec la même crispation. Est-ce qu'on voulait me tuer d'une crise cardiaque ou quoi? À l'hôpital, on m'a remis un autre *beeper*. Depuis, je ne l'entends plus, je suis plus calme. Je sais bien que ce signal devrait me réjouir. N'est-ce pas lui qui mettra fin à mon attente...? Mais il m'a procuré trop de faux espoirs. Trop de joies se sont évanouies brusquement. Alors, contre toute logique, je souhaite qu'il ne sonne plus. Oui, qu'il se fasse oublier. Chut. Qu'il se taise! Qu'il me laisse dormir, qu'il me laisse rêver que je suis vivante!

D'ailleurs, je ne suis pas la seule à me faire réveiller de la sorte. Des histoires de *beeper*, il y en a autant de versions qu'il y a de personnes en attente de transplantation. Pendant la première réunion avec les «récipients coeur-poumons», j'en entends quelques-unes tout aussi palpitantes. Nous sommes une douzaine autour de la table. Yves m'accompagne, c'est le premier meeting. Enfin, j'ai l'occasion de rencontrer des hommes et des femmes soumis aux mêmes angoisses. Tous et toutes sont, comme moi, en sursis. L'équipe médicale les a sélectionnés en fonction de leurs différentes constitutions, mais une seule caractéristique suffit à les rendre semblables: leurs jours sont comptés. Pourtant, aucune inquiétude ne transparaît sur leur visage. Ils n'ont pas l'air malades ou désespérés. Ils ressemblent à des gens comme on en croise des centaines dans une foule: ni plus ni moins préoccupés. Certains affichent carrément la désinvolture; ils plaisantent volontiers et rient de bon coeur. Un peu plus et je me croirais dans une réunion de famille.

Malheureusement, je ne participe pas autant que je le voudrais. Toujours ce fameux problème de langue. J'ai beau fouiller dans mon dictionnaire, ils parlent trop vite. Je suis constamment en retard d'une blague. Quand j'en saisis une, ils sont déjà en train d'en rire une autre. J'attrape parci par-là des mots que je reconnais, mais je dois renoncer à tout comprendre. Tant pis, j'apprendrai. Un rapide tour de table permet à chacun de se présenter. Quand vient mon tour, j'en profite pour souligner mes origines; cela fait l'effet d'une étonnante révélation. Pour eux, manifestement, toute l'Amérique parle la langue de Ronald Reagan au moins comme langue seconde. Ils en sont tellement convaincus qu'ils vont jusqu'à me laisser entendre que je me débrouille très bien en anglais. Mais je suis sûre que ce compliment a pour but de me rassurer, car ils se mettent aussitôt à parler plus lentement. Les uns après les autres, ils se présentent: Howard Brandon, Loreen White, Andréa Matsushima, Lonnie Austin, Judy Holden, Jerry Austen, Debbie Rosenburry, Penelope Tony, Debbie Mora. Ils viennent des quatre coins des États-Unis, du Texas, de l'État de New York, de l'Oregon ou du Nevada. En ce sens, ils sont étrangers eux aussi, m'affirment-ils, ils sont en transit comme moi. Et si leur dépaysement est moins grand, ils sont également éloignés de leur foyer. Quelques rares familles sont sur place; les autres bénéficient comme moi d'un garde du corps, conjoint, ami ou proche parent. Ces derniers ont trouvé, pour la plupart, des emplois temporaires dans les environs. Yves n'a pas cette chance, il n'a droit à aucun permis de travail. Son bénévolat sera en quelque sorte récompensé par la générosité des Québécois qui continuent de nous soutenir financièrement et moralement.

En dépit de ces légères variantes, Yves et moi sommes bien acceptés par le groupe. Des réunions comme celle-ci auront lieu tous les mois et nous nous y sentirons de plus en plus à l'aise. Nous en viendrons à la longue à former une sorte de famille. Je cherche un mot plus juste parce que les rôles d'autorité seront absents de nos rencontres. Je veux dire qu'il n'y aura pas d'attitudes paternalistes ou maternalistes. Pas plus que d'envie ou de jalousie. Je le répète, l'équipe médicale de Stanford a choisi soigneusement ses patients. Aucun n'est en compétition et n'attend le même type de donneur. Aucun non plus ne souffre de défaitisme chronique. Au contraire, ce sont toutes des personnes pourvues d'un formidable appétit de vivre: des «récipients» en acier inoxydable. Des fonceurs, des superactifs, des têtes de pioche. Pas des héros pourtant, non, ou alors s'ils en sont, c'est un héroïsme à la portée de tous.

C'est à travers ces rencontres que j'apprendrai à me reconnaître comme une des leurs. Encore une fois je croirai en l'utilité de mes entêtements sachant combien ils sont indispensables à ma survie. Avec eux, je rirai de mes caprices et de leurs excès. Ces réunions prendront parfois l'allure de joyeuses parties de plaisir, les bons vivants n'hésitant pas à les arroser de quelques bonnes bouteilles. Yves le solitaire se fera des amis, il en aura besoin.

Déjà ce premier meeting a l'avantage de nous sortir de notre isolement. À part Chuck, Jimmy et Huguette, nous ne connaissons personne en Californie. Bien sûr nos parents nous téléphonent et nous écrivent régulièrement, mais cela ne suffit pas à combler le vide qui s'installe dans notre existence. Pour ma part, j'ai toujours eu une vie sociale bien remplie et je trouve de trop les longs moments de demi-solitude. Quant à Yves, il commence à sentir les effets du désoeuvrement; la routine ménage-popote-télé le lasse.

89

Autour de la grande table de réunion, ces nouveaux visages sont rafraîchissants. Beaucoup de femmes qui n'aiment pas avoir l'air malade et qui, comme moi, soignent leur apparence. Après les présentations un peu formelles, l'atmosphère devient vite plus légère. En dépit de nos difficultés à traduire nos impressions, nous arrivons vraisemblablement à nous faire comprendre. Ces Américains sont curieux, ils posent beaucoup de questions. Nous leur répondons du mieux que nous le pouvons. Je crois même que notre maladresse nous attire la sympathie. Nous bavardons plus longuement avec Debbie Mora, une jeune femme sociable et très volubile. Elle est originaire du Texas. son deuxième mari vit à Los Angeles avec ses enfants. Pour le week-end du *Thanksgiving*, il lui rendra visite. Pourquoi ne pas profiter de l'occasion pour faire sa connaissance? Une invitation est lancée que nous n'avons pas envie de refuser.

Quelques jours plus tard, nous nous retrouvons, Yves et moi, dans une vraie famille. Le mari et le père de Debbie sont présents, ainsi que sa soeur et ses cinq enfants. Tout ce monde nous accueille joyeusement dans une maison mobile, un genre d'habitation très populaire aux États-Unis. Malgré l'exiguïté des lieux, la table est dressée comme pour un festin. Ici la fête de l'Action de Grâces est une fête presque religieuse. Avant le repas, tous les invités se recueillent en se tenant par la main tandis que le père de Debbie récite la prière d'usage. Yves et moi sommes émus; l'atmosphère simple et chaleureuse, la dinde fumante entourée de plats appétissants nous rappellent les soupers de Noël. La présence des enfants, bavards et curieux comme des oiseaux, renforcent l'illusion de nous retrouver en famille. En effet, pendant quelques heures, nous aurons l'impression de visiter des parents éloignés. Ce n'est qu'en sortant de cette longue maison étroite, reconnaissant la végétation et le décor californiens, que le rêve s'estompera.

Cette première soirée en compagnie d'une pareille sera pour moi mémorable. Est-ce parce que Debbie aura été la première à nous proposer son amitié? Il naîtra entre nous une complicité qui n'aura hélas pas le temps de grandir. En effet, moins de trois mois après notre première rencontre, Debbie mourra avant même d'avoir eu sa chance, cette chance qui, en langage d'habitués de Stanford, correspond évidemment à une transplantation. Pendant ce long week-end où tant d'accidents de voitures et de motos surviennent, nous aurons ensemble évalué nos chances. Je sais que cette attitude peut apparaître cruelle ou très égoïste pour toute personne en bonne condition physique. Mais pour tous ceux et celles dont la survie dépend de la mort des autres, c'est une attitude réaliste. Non pas de désirer que les accidents mortels soient plus nombreux mais que, en dépit de leur issue fatale, ils servent à conserver d'autres vies.

Si je prends la liberté de devancer la date de cette chronique, c'est pour illustrer dans quelle difficile réalité nous vivrons l'aventure californienne. Après ce premier meeting où Yves et moi rencontrons nos futurs compagnons de route, nous serons sans cesse confrontés avec la mort de nos amis. Nous serons comme les passagers d'un même autobus. Certains descendront en cours de trajet, soit pour tenter leur chance, soit pour l'avoir attendue en vain. D'autres les remplaceront avec la même foi en leur destin, avec la même incroyable détermination. Nous partagerons ensemble les risques de l'aventure humaine. À la réunion de février, trois des neuf patients rencontrés en novembre auront laissé leur place. Trois femmes, trois malchanceuses! Par bonheur, les bilans ne seront pas toujours aussi sombres puisqu'il y aura également des réussites remarquables, lesquelles continueront de nourrir les espoirs.

Aussi je m'empresse de revenir à ce soir du 25 novembre où Yves et moi rentrons dans notre petit studio de Palo Alto. Aujourd'hui, nous avons eu des nouvelles de Carl Ruppe, ce jeune homme arrivé à Stanford en même temps que moi. Il a été opéré le 5 novembre dernier et sortira bientôt de la salle des soins intensifs. Selon les pronostics des médecins, il pourra retourner chez lui avant la fin de l'année. Je suis donc loin de soupçonner que la Debbie souriante que nous venons de quitter vient de célébrer son dernier *Thanksgiving*. Je suis, nous sommes d'humeur joyeuse. Ce repas de dinde consommé en famille nous ramène aux préoccupations du temps des fêtes. Mes parents et Isabelle passeront Noël avec nous. Enfin je pourrai les voir et les serrer sur mon coeur. Je veux que ce séjour soit in- oubliable. Vite, dresser la liste des cadeaux, décorer la maison, ajouter un divan-lit pour la visite. Tout à coup, nous trouvons mille et une choses à faire. C'est comme si nous sortions d'un long sommeil. Le temps que nous trou- vions si long se met à courir très vite. C'est du moins l'im- pression que nous avons en prolongeant la discussion jusque tard dans la nuit. Nous rêvons à voix haute. Nous achèterons un sapin naturel, Yves fera un gâteau, moi je terminerai au plus vite cette petite peinture commencée depuis plus d'une semaine. Malgré l'heure tardive, je n'ar- rive pas à dormir. Je me sens fébrile. J'essaie de m'apaiser. Trouver une position confortable, me détendre, respirer lentement. Je dois recourir à ma canule dont je me passe pourtant de plus en plus souvent. C'est que je suis si impa- tiente tout à coup. Je veux que ce premier Noël californien soit impérissable. Je le VEUX, il le sera! Parce que je ne peux m'empêcher de penser que ça pourrait être le dernier. Pour le meilleur ou pour le pire...

10

Joyeux Noël !

15-31 décembre 1983. L'hiver ici est une saison de pluies. Le couvercle du ciel reste gris et les trottoirs sont presque tout le temps mouillés. C'est un peu lassant à la longue. Même en décembre, pas un seul flocon de neige. C'est dire que l'esprit des fêtes doit recourir à beaucoup d'artifices pour faire avaler aux Californiens les paysages glacés des cartes de souhaits. C'est drôle qu'ils n'aient pas songé à orner leurs palmiers ou à asseoir leurs pères Noël dans des piscines. Non, je plaisante mais en cette saison, rien ne distingue leurs magasins des nôtres; partout les mêmes décorations étincelantes et givrées. Seuls les clients vêtus plus légèrement nous rappellent que nous sommes en pays chaud. Il est vrai que nous avons souvent le loisir de faire des comparaisons. Que d'heures nous avons passées à chercher le petit détail pas cher qui saurait transfigurer notre appartement. Par exemple, nous avons trouvé de jolies nappes colorées avec lesquelles nous avons recouvert quelques boîtes de carton; nos invités s'y trompent, eux n'y voient que des tables. Ce n'est pas que nous soyons si serrés côté budget, mais je suis prudente, qui sait combien de temps nous devrons passer ici? De toute façon, c'est dans ma nature d'être économe, j'ai été habituée à compter mes sous et à ne pas les jeter par la fenêtre. C'est une des grandes règles de mon éducation: «Dépense toujours moins que ce que tu reçois!»

Chaque mois le Club Optimiste de Laval nous fait

95

parvenir un chèque de mille cinq cents dollars émis par la «Fondation Diane Hébert». Cette somme correspond à l'évaluation des dépenses mensuelles d'un couple vivant en Californie, évaluation faite selon les données fournies par Mary Burge, une travailleuse sociale de Stanford. Plus de la moitié de la somme sert à payer le loyer, le reste va pour l'électricité, le téléphone, la nourriture, l'essence et les petits besoins courants. J'envoie fidèlement toutes les factures afin de prouver que l'argent n'est pas malhonnêtement gaspillé.

Nous n'avons pas de quoi faire de folies. Ce n'est pourtant pas l'envie qui nous en manque devant les étalages remplis plus que de coutume de tentations de toutes sortes. J'ai bien cru que je saurais résister à toutes les astuces déployées pendant le temps des fêtes. Mais, j'ai fini par succomber. Ce n'est toutefois pas devant un vêtement, un parfum ou un bijou que je suis tombée en extase. Non. Il s'agissait d'un meuble qui trouverait bien sa place dans notre studio. Un peu encombrant, c'est vrai, pas tellement décoratif non plus et, pour tout dire, assez assommant pour des oreilles trop délicates.

Pour justifier mon caprice, après tout ce que j'ai laissé entendre sur mon sens de l'économie, je dois dire que Noël s'est toujours fêté chez moi en musique et en chansons. À partir de l'âge de douze ans, dès que j'ai su jouer de l'orgue, j'ai pris l'habitude de réunir la famille autour de mon instrument. C'est une tradition en quelque sorte, une histoire d'amour entre la musique, mes parents et moi. Je n'ai évidemment pas pensé à cela en apercevant l'un de ces modèles compacts dans le couloir d'un centre commercial. Je n'ai pensé à rien, j'étais fascinée. J'ai roulé droit vers l'orgue, j'ai repoussé le tabouret et j'ai commencé à jouer. Je ne sais plus combien de temps, mais quand j'ai tourné la tête, un petit groupe de curieux m'entouraient. Était-ce à cause de ma chaise roulante? Puis un vendeur s'est approché et m'a complimentée. Il m'a ensuite vanté les mérites du petit orgue et m'a entraînée à l'intérieur du magasin afin de me montrer d'autres modèles. «Vous pourriez en avoir un

J'étais active, sportive même. Tout danger avait été écarté après ma première opération. Rien ne laissait présager d'autres problèmes de santé.

J'aime bien les anniversaires… Comment sera Isabelle à quatre ans? Et à cinq? Je m'arrête pudiquement. Il ne faut pas regarder si loin, cela m'est interdit.

Je refuse de rester toute seule à broyer du noir. Je sors et, dans ma chaise roulante électrique, je fais le tour de quelques pâtés de maisons.

La Presse

Comment aurais-je pu prévoir que je me retrouverais en première page
de mon journal du matin à cause d'une maladie incurable?

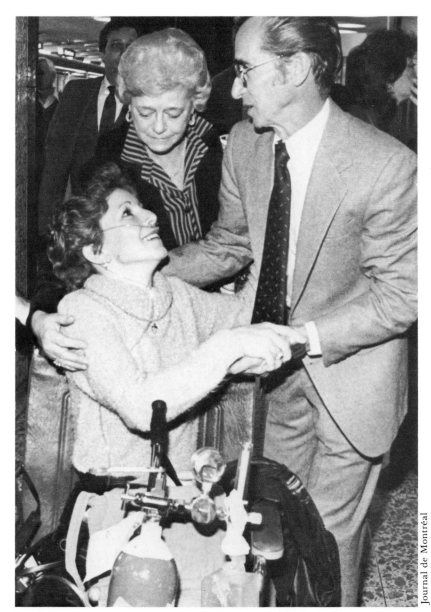

Les larmes de maman sont vraies, la douleur de papa est sincère. Mes parents ne peuvent s'empêcher de redouter les conséquences de ce voyage, c'est si loin la Californie.

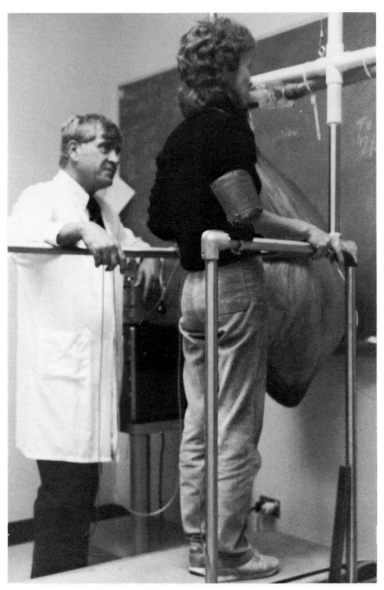

Je finis par apprendre que ces examens qui ne sont que préliminaires ne requièrent aucune hospitalisation. Ici un test respiratoire contrôlé par le docteur James Théodore du centre médical de l'Université de Stanford.

Yves s'occupe de moi, me dorlote comme un bébé, fait le ménage et la vaisselle. Après tout, sa présence continuelle n'est-elle pas une preuve tangible de sa tendresse?

Kenneth a beaucoup trop de cheveux blancs pour devenir un rival redoutable. Il a d'ailleurs plus de soixante ans et il est marié à une femme qui travaille justement dans ce centre commercial où nous nous sommes rencontrés.

Tout se passe comme Yves et moi l'avons prévu: le sapin de Noël, le gâteau, les décorations et surtout le plaisir d'être enfin réunis. Est-ce qu'on ne pourrait pas un peu arrêter le temps?

Le docteur Mc Gregor (derrière moi) fait partie de l'équipe médicale de Stanford. Il est ici en compagnie des docteurs Baldwin (à gauche) et Jamieson (à droite).

Mon état de santé s'est considérablement amélioré depuis mon arrivée; l'absence de stress et le climat tempéré ont certainement contribué à me donner des forces.

Un cliché de mon conte de fées. Jean-Paul Théorêt ne veut rien ménager pour me rendre heureuse.

Le coeur et les poumons qui m'étaient destinés ont été insérés dans la cage thoracique de Roberta Kmetz (photographiée ici avec Yves).

J'avais commencé le matin même un petit paysage qui me donnait déjà beaucoup de satisfaction.

Le lendemain de sa seconde transplantation, Chuck Walker était réveillé et souriant; trois semaines plus tard, il buvait du vin avec ses repas dans sa chambre d'hôpital. Ici, quelques jours après son intervention.

dès demain», m'a-t-il affirmé. La tentation était grande car, même en anglais, j'ai parfaitement compris ses explications: le petit dans le couloir était usagé, il m'en ferait un bon prix. Yves n'était pas avec moi. Il fait parfois la grève du magasinage et en ce cas, c'est une amie qui m'accompagne. Je m'en suis fait quelques-unes depuis le meeting. J'ai donc téléphoné à mon homme afin de savoir ce qu'il pensait d'une aubaine semblable. Il s'est d'abord impatienté: «C'est de la folie, Diane! Tu sais bien que notre budget ne nous permet pas de...» Mais quand je l'ai assuré que papa m'offrirait à coup sûr ce merveilleux cadeau de Noël, il a renoncé à me faire la leçon. «Fais ce que tu veux!» m'a-t-il dit, et dans sa voix perçait une sorte de résignation. J'en ai donc fait à ma tête et j'ai acheté cet orgue. Et je suis souvent retournée dans ce magasin où on me permet d'essayer les plus gros.

C'est ainsi que j'ai fait la connaissance de Kenneth. M'ayant entendue plusieurs fois jouer, il a un jour engagé la conversation. Lui aussi adore la musique et c'est sur ce sujet que nous avons d'abord bavardé. Puis, peu à peu, nous nous sommes découvert une autre passion commune: la pêche. Au début, à m'écouter rêver d'excursions au grand large et de gigantesques poissons, Yves s'est un peu moqué de moi. Je crois même qu'il était jaloux. Mais Kenneth a beaucoup trop de cheveux blancs pour devenir un rival redoutable. Il a d'ailleurs plus de soixante ans et il est marié à une femme qui travaille justement dans ce centre commercial où nous nous sommes rencontrés. Il est à la retraite et il en profite pour voyager et pratiquer son sport favori. Je l'ai tout de suite choisi comme père adoptif, rôle qu'il dédaigne d'autant moins qu'il s'est justement engagé comme père Noël pour la saison des fêtes.

C'est toujours étonnant de constater comme les événements s'enchaînent facilement à la suite d'une première rencontre. En plus de me faire un ami, j'ai trouvé sans le chercher le personnage tout désigné pour contenter ma fille. Car Kenneth accepte volontiers de prendre part à notre réveillon, en costume de travail bien entendu. Isabelle a même plus de chance que les autres enfants puisque son Noël est filmé par les caméras de télévision. En effet, l'équipe de Radio-Canada est à nouveau réunie chez moi le 19 décembre. Ma fille et mes parents sont arrivés quatre jours auparavant et ont eu le temps de s'installer et de visiter les environs. Nous avons quelque peu devancé la date de la remise des cadeaux afin de pouvoir présenter ce reportage aux Québécois le jour même des festivités. Je suis heureuse de leur offrir ce présent. C'est pour moi une façon de les remercier de leur intérêt et de leur générosité.

Tout se passe comme Yves et moi l'avons prévu: le sapin, le gâteau, les décorations et surtout le plaisir d'être enfin réunis. Pendant quelques minutes, j'oublie totalement les caméras et j'ai vraiment l'impression de me retrouver dans la maison familiale; maman pleure un peu, papa essuie ses lunettes, moi aussi, je suis émue. Isabelle tape des mains, embrasse la barbe blanche de Ken; Yves me sourit. Je suis bien. Est-ce qu'on ne pourrait pas un peu arrêter le temps? Appuyer sur le bouton «pause» d'un magnétoscope et laisser l'image trembloter doucement? Non! Le temps est injuste et impitoyable. On dirait qu'il s'amuse à dérouler à toute vitesse les moments qu'on a le plus longuement préparés.

Quatorze jours après l'arrivée de mes parents, c'est le même et inévitable trajet vers l'aéroport.

— Nous avons passé un séjour très agréable, me dit maman dans la voiture. Yves est un pilote parfait! Dommage qu'il n'ait pas fait plus beau... Tu remercieras Chuck de nous avoir prêté son appartement. N'oublie pas non plus d'écrire à ta tante. De mon côté, je t'enverrai les dernières coupures de journaux. Tu m'as l'air fatiguée... Non? Habille-toi comme il faut, le temps est humide. Tu m'as bien l'air de couver une grippe.

Je ne réponds pas. Je suis toute retournée à l'idée de les quitter. Isabelle se serre contre moi. Elle a repris son air triste, son air inaccessible, son air d'être ailleurs. Tout à coup, elle s'est réfugiée dans un autre monde auquel je n'ai pas accès. On ne peut qu'imaginer la souffrance des enfants, ils n'ont pas encore assez de mots pour la décrire. Mais je devine ce qu'elle ressent. Moi-même, j'ai fait des abus de tendresse, j'ai trop mangé, trop avalé de bonheur. J'ai mal à mon âme. Quand j'embrasse Isabelle une dernière fois, quand je me détache de ses petites mains, c'est comme si on m'arrachait le coeur. Les larmes sortent toutes seules. C'est la détente, le lendemain de la veille.

La déprime nous guette, Yves et moi. L'excitation des préparatifs pour accueillir mes parents, les activités, les excursions et l'émotion suscitée par leur départ m'ont fatiguée. Yves aussi est exténué. Mais quelque chose d'autre se lit sur ses traits. Il s'ennuie. Il a le mal du pays. Décembre est le mois le plus pénible à passer loin des siens, m'avouera-t-il plus tard. Le rituel des fêtes attendrit les plus dures carapaces et Yves est loin d'être un insensible. Dans notre petit studio trop vide, nous nous réconfortons mutuellement. Est-il découragé? C'est moi qui le remonte et dès qu'il est au plus haut je me permets de retomber. C'est la règle du jeu, le mouvement des balançoires à deux places.

Par chance, il y a les amis. Les anciens mais aussi les nouveaux, Ken et Dorthy et un couple de Québécois résidant en Californie, Johanne et Pierre Drapeau. Il y a aussi des cartes de souhaits, des lettres d'encouragement qui ne cessent d'affluer dans le courrier. On dirait que tout le Québec participe à mon aventure. Les journalistes de la presse et ceux de la radio me téléphonent régulièrement dans le but d'informer lecteurs et auditeurs. Il s'établit un courant de solidarité qui me touche et me pousse à entretenir mes espoirs, leurs espoirs. Mes parents m'ont rapporté d'autres témoignages. Je n'en reviens pas de l'intérêt que je suscite. Depuis son retour à Montréal, maman a pratiquement passé ses journées au téléphone à donner de mes nouvelles. Comment va le moral? Bien! Je ne dois pas les décevoir. J'espère un jour mériter leur confiance, leur prouver qu'ils ont eu raison de croire en moi. Même s'il m'arrive de douter...

Petit à petit, nous réapprenons à vivre dans un autre pays, aidés par le charme discret de notre intimité. Il suffit parfois de peu de choses, la présence des oiseaux sur notre balcon, un rayon de soleil après le lourd brouillard du matin, pour que la journée tout à coup soit pleine de promesses. Mais noire aussi cette journée quand après avoir arrosé les plantes et nourri les geais bleus, j'apprends la mort soudaine de Loreen White.

— Tu te rends compte, Yves, elle attendait depuis deux ans...

— C'est bien celle chez qui nous avons fêté L'Action de Grâces?

— Mais non, celle-là c'est Debbie. Non, Loreen était beaucoup plus malade. On voyait bien qu'elle n'en avait plus pour longtemps. Oh Yves! Elle a attendu deux ans, deux ans pour rien... Yves, j'ai peur.

Il me regarde. Il sait parfaitement à quoi je pense.

— Écoute, Diane, elle n'a pas eu de chance, c'est tout. Certaines personnes attendent beaucoup plus longtemps et trouvent finalement leur donneur.

— Deux ans! Je n'aurai jamais la patience, la force, la santé...

— Ne dis pas ça. Tu ne le sais pas. Personne ne le sait. N'y pense pas. Regarde plutôt le cas de Jerry Austin, il est arrivé en juillet, il a été opéré en décembre et il se porte très bien.

— Oui, c'est un homme, lui; tu crois que les hommes ont plus de chances?

— Aucune statistique ne le prouve, c'est une idée à toi ça. Voyons n'y pense plus. Ce soir l'année se termine, demain une autre débute, toute neuve, pleine d'imprévus. Pourquoi penser qu'elle sera mauvaise avant même de la commencer? Écoute, ne t'occupe pas de cette vieille année. Tourne la page!

— Je veux bien mais c'est difficile. Mets-toi un peu à ma place...

Yves n'a rien dit. Je me suis tranquillement approchée de l'orgue et j'ai commencé à jouer. C'est pour moi la seule manière de ne penser à rien. Je ne me suis même pas aperçue de son absence. Beaucoup plus tard, il me semble, il est revenu les bras chargés de paquets. Je l'ai vu sortir une bouteille de vin d'un des sacs. Il s'est éloigné dans le coin cuisinette où il s'est mis à remuer des chaudrons. Il ne m'a même pas demandé ce que je voulais pour souper. Je me suis défoulée sur mon ordinateur. J'ai gagné deux parties de Trashman. De bonnes odeurs ont commencé à flotter dans l'appartement. Je n'ai pas eu le temps d'avoir faim. Le poulet était sur la table, les frites maison, la sauce, la salade. Je n'ai eu qu'à m'asseoir. J'ai ri.

— Comment as-tu deviné?

Il avait déjà la bouche pleine.

— Deviné quoi?

— Que j'avais envie de manger du poulet!

— C'est facile. C'est toujours pareil.

— Non. Demain je veux manger du filet mignon.

— Comme tu voudras.

— Tu sais, Yves, tu as raison, demain c'est une nouvelle année, c'est comme un chemin de neige encore blanche, un chemin à parcourir ensemble. Je vais faire comme si nous lisions un livre, je vais tourner la page en même temps que toi.

Yves a levé son verre:

— D'accord, mais avant, terminons ce chapitre en trinquant...

— Santé...

— Santé!

11

Juste pour jouer

20-21 janvier 1984. Nul ne peut prédire avec exactitude combien de temps je devrai passer ici. Depuis la première des dix-sept transplantations coeur-poumons effectuées à Stanford, depuis le mois de mars 1981, la durée de l'attente a varié entre cinq jours et deux ans. Impossible de tirer une conclusion en établissant une moyenne à partir de ces dix-sept cas. Trop de facteurs entrent en ligne de compte. Tout est une question de compatibilité entre le receveur et le donneur: groupe sanguin, type de tissus, taille des organes. C'est donc le fait d'une pure coïncidence quand un jeune homme comme Carl Ruppe, d'un groupe sanguin rare, attend moins d'une semaine cette non moins rare intervention. Le cas de Chuck Walker, le numéro deux de Stanford, est également exceptionnel: Chuck a comme moi une cage thoracique très étroite, chose peu commune chez ces costauds d'Américains; pourtant il est arrivé en Californie seulement deux semaines avant sa transplantation. Il a reçu les organes d'une personne de constitution très délicate. Les receveurs de taille moyenne ne sont donc pas obligatoirement favorisés même si leurs chances sont plus grandes.

Toutes ces informations recueillies au hasard de rencontres, de lectures ou d'émissions de télé ne peuvent répondre à la question qui ne cesse de me tourmenter: Quand mon *beeper* sonnera-t-il? Quand pourrai-je enfin téléphoner au docteur Jamieson et lui dire d'une voix

105

assurée: «Vous avec un donneur? Moi, je suis prête!» J'ai épuisé toutes les possibilités de scénario. Mais comme en tournant et retournant la question dans ma tête aucune réponse ne venait, j'ai finalement renoncé à poursuivre le jeu.

J'attendrai le temps qu'il faudra. Les appréhensions qui m'ont effleurée lors du décès de Loreen White se sont envolées. Mon état de santé s'est considérablement amélioré depuis mon arrivée; l'absence de stress et le climat tempéré ont certainement contribué à me donner des forces. Je suis même prête à parier qu'il me reste encore deux ans en dépit des huit mois écoulés depuis le premier verdict. Qui pourrait oser me contredire?

Mais cette manière de penser, résolument optimiste, n'a aucun effet sur le passage du temps. Il reste là le temps, comme un ciel immense et uniforme, plat, gris, de la couleur de l'ennui. Je voudrais souffler dessus pour repousser le nuage, le chasser, le voir disparaître... Je ne peux pas. Même avec les poumons d'Yves, je n'y arriverais pas. Alors je dis:

— J'ai envie de me changer les idées, j'ai besoin de me distraire.

— Aimerais-tu faire de la peinture? Ou jouer de l'orgue? Je peux te laisser seule si tu veux...

Quelle délicatesse tout de même...

— Non, je veux sortir!

— Bon, procédons par élimination. Veux-tu que nous allions chez Jimmy et Huguette? Ou chez Johanne et Pierre?

— Non, j'ai envie de nouveaux visages.

— À Santa Cruz alors?

— Non.

— Magasiner?

Le brave homme, il est prêt à tous les sacrifices.

— Non, Yves, j'ai envie de quelque chose de neuf. Sortir d'ici... Par exemple, visiter un endroit où nous ne sommes jamais allés... Nous enfuir... Partir...

— Écoute Diane, tu as bien une idée, non? J'ai l'impression que tu me fais marcher, que tu sais exactement ce que tu veux.

Il a raison. Un petit voyage en autobus a été organisé par les responsables d'activités du *Oak Creek Apartment.* Une excursion de deux jours à Reno, seulement soixante-dix dollars toutes dépenses comprises. Yves a certainement lu cette affiche placée bien en vue sur le babillard de l'entrée. D'ailleurs, j'ai remarqué une lueur d'intérêt dans ses yeux quand j'ai prononcé le mot «partir». Il sait parfaitement où je veux en venir puisqu'il me dit après une courte hésitation:

— Tu crois que ton médecin te permettrait de t'éloigner de Stanford?

Au lieu de lui répondre, je téléphone à l'hôpital. L'équipe médicale autorise les déplacements pour quelques jours, elle encourage même ce genre d'initiatives, excellentes pour le moral des patients. «Quand vous serez là-bas, vous me communiquerez vos coordonnées, c'est tout.»

Malheureusement, j'apprends peu après qu'il ne reste plus une seule place pour le voyage organisé.

— Nous pourrions peut-être y aller en voiture...?

Yves a déplié la carte. Entre San Francisco et Reno, deux cent vingt-trois milles. En incluant la distance à franchir jusqu'à San Francisco, cela correspond tout au plus à quatre heures de route. De mon côté, je prends des renseignements: les motels ne coûtent pas plus de vingt dollars et les restaurants font des prix imbattables.

Et nous voilà partis, un tout petit bagage avec nous et derrière, la ville qui s'enfuit. Devant la route est neuve, de chaque côté le paysage défile. Vite, dépasser le vent, rattraper le temps et tourner la tête pour le voir disparaître au loin. Écouter le ronronnement du moteur et se laisser aller au plaisir d'avancer sans marcher. Abandonner derrière soi les banalités de la routine. Oublier l'heure, le jour, la date et le téléphone qui ne sonne pas. Et s'il sonne, imaginer une voix moqueuse qui répond: «Nous avons pris la poudre d'escampette, je fais la maladie buissonnière. Désolés, nous nous sommes échappés.» Tant pis pour les oiseaux! J'ai laissé du nectar pour les colobris et des pinottes pour les geais bleus. Permettez-moi, chers amis, de m'envoler à mon tour.

Rouler, laisser les pensées s'éparpiller, c'est faire le ménage dans sa tête, c'est aérer son cerveau. C'est prendre le large. Et rouler vers Reno, c'est comme regarder fixement une boule blanche sur une roulette sans savoir où elle s'arrêtera. Reno est reconnu mondialement pour sa législation très libérale favorisant les mariages et les divorces ultra-rapides. Mais c'est aussi un rendez-vous du jeu et c'est bien sûr cela qui nous y attire. À quoi ressemble un casino? Qui sont ces gens qui risquent leur fortune sur le parcours hasardeux d'une bille d'ivoire?

Tout compte fait ce sont des gens bien ordinaires que nous apercevons dans les rues. Vêtus simplement, sans autre signe de richesse que leurs mines réjouies. Nous sommes loin des belles dames chargées de bijoux et des superbes gentlemen en smoking entrevus dans des films français. Ici, c'est le Monte-Carlo des gagne-petit. Pour Yves et pour moi, c'est d'abord la surprise d'arriver dans une petite ville illuminée comme un arbre de Noël. Partout, une animation qui ne cesse jamais. Des casinos, aussi nombreux que les boutiques, ornés de hautes façades étincelantes. Et toujours une circulation dense comme s'il était midi et demi. Il est pourtant bientôt minuit et Yves suggère d'aller se coucher. Il est fatigué. Moi, pas! J'insiste. Ai-je dit qu'il plie toutes les fois que cela fait son affaire?

Dans la chambre du motel, je téléphone à l'hôpital, laisse le numéro où on pourra me joindre et nous repartons aussitôt. Nous avons décidé, Yves et moi, de ne pas dépenser plus de vingt dollars chacun. Mais je suis chanceuse, la première pièce d'un dollar gobée par la machine ressort aussitôt, suivie d'une deuxième, d'une troisième, d'une quatrième... Je n'arrête plus de compter, c'est la pêche miraculeuse. Ma première mise a été multipliée par quarante. J'essaie tout de suite un autre dollar, cette fois je compte jusqu'à vingt. Soixante dollars en deux coups, c'est fantastique, non? On m'offre une coupe de champagne, toutes les consommations sont gratuites. D'ailleurs tout est gratuit ici; tout est conçu pour que l'argent économisé sur une boisson ou un repas soit ramassé par le râteau d'un croupier ou avalé par une machine à sous. Yves s'est assis quelques minutes à une table de jeu et m'affirme qu'il est trop tard pour gagner, il vient de perdre cinq dollars. Nous rentrons sagement au motel et je rêve toute la nuit que je deviens millionnaire.

Le lendemain je m'éveille avec des désirs de faire sauter la banque. Dans les rues, le jour comme la nuit, c'est la même animation fébrile. Les casinos ne ferment jamais, on y joue, on y mange, on y boit vingt-quatre heures sur vingt-quatre. Je m'installe devant une machine à sous, aussi sûre de moi qu'une championne. Hélas, c'est la déveine. J'ai beau diviser mes dollars en menue monnaie, je perds le reste de mes gains d'hier jusqu'à la dernière pièce. Qu'importe? Je n'ai pas vu le temps passer. Il n'y a pas dans le jeu que le plaisir de gagner ou la déception de perdre. Il y a dans les gestes devenus mécaniques une fuite libératrice. Je joue pour ne penser à rien, juste pour jouer. Et je n'ai aucune peine à quitter ces grandes salles faussement luxueuses quand Yves m'annonce: «On s'en va, Diane, sinon je vais flamber l'argent du plein d'essence.»

Je me moque de lui. Moi, je n'ai rien perdu. Je n'ai même pas touché à mes vingt dollars. Je suis fière de moi et contente de retrouver la route. À nouveau, je fixe un point indistinct à l'horizon. Où allons-nous? Vers l'ouest, là où le soleil s'amuse à rosir les montagnes. D'où venons-nous? Que sommes-nous venus faire à Reno? Je ne sais pas. Tuer le temps peut-être...

12

Un conte de fées

7-10 février 1984. Au téléphone il me dit qu'il se nomme Jean-Paul Théorêt, qu'il est membre du Club Optimiste de Laval, qu'il a eu vent de mon histoire. Il est de passage à San Francisco, il aimerait nous rencontrer et nous connaître, Yves et moi. Si le coeur nous en dit...

— Oui, avec grand plaisir.

— Préférez-vous que je me rende à Palo Alto? ajoute-t-il.

— Bien sûr que non! Nous aimons bien mieux aller à San Francisco, cela nous donnera l'occasion de voir la ville une deuxième fois.

— D'accord, nous pourrons visiter ensemble si vous voulez. Mon épouse m'accompagne.

Il me donne ensuite le nom et l'adresse de son hôtel et presque aussitôt nous reprenons le large. La chaise roulante est rangée en permanence dans le coffre de la voiture avec quelques bombonnes d'oxygène. Je n'ai qu'à prendre ma canule au cas où j'en aurais besoin. Une petite retouche à mon maquillage et nous voilà partis. Une heure plus tard, nous stationnons la petite Honda près du *San Francisco Hotel*. La façade est impressionnante.

— Ils ont dû venir en avion, me dit Yves. Ils n'ont certainement pas de voiture pour visiter. Ce n'est pas un peu gênant de les promener dans notre «fromage suisse»?

Je ris. C'est vrai que la carrosserie de notre vieille

bagnole est trouée par la rouille, mais la mécanique est passable.

— Nous ferions peut-être mieux de nous balader à pied, dis-je en marchant sur le tapis ouaté du hall d'entrée.

L'hôtel m'apparaît somptueux mais les Théorêt sont des gens très simples. Ils nous accueillent chaleureusement et nous mettent bien vite à notre aise. En quelques mots, je leur brosse un tableau de notre vie californienne, à quoi nous occupons nos journées et comment nous arrivons à garder le moral.

— Est-ce que tu as toujours ce sourire? me demande Claudette. Comment fais-tu pour être si courageuse?

Je suis toujours étonnée qu'on appelle courage ce que je nomme plus volontiers mon acharnement à vivre.

— Vous savez, il m'arrive aussi d'être démoralisée. Par chance, Yves est là pour me remonter. Et puis je me sens mieux qu'avant mon arrivée, je respire mieux grâce aux eucalyptus.

— Les eucalyptus?

— Oui, ce sont de grands arbres à feuillage odorant... C'est vrai, vous n'en avez sans doute jamais vu. Venez, nous allons vous servir de guide.

— Allons d'abord manger, nous dit Jean-Paul.

Tous les quatre, nous dînons dans un petit restaurant près de l'hôtel. Qu'il fait bon avoir des nouvelles fraîches du Québec! Nous bavardons longtemps autour de la table. À notre tour de poser des questions: Comment se passe l'hiver chez nous? Est-ce que les pistes de ski sont bien enneigées?

A-t-il vu de la tristesse dans mes yeux ou quelque chose comme de la nostalgie? Jean-Paul répond un peu évasivement.

— Écoute, continue-t-il, j'ai envie de te changer les idées. Qu'est-ce qui te ferait plaisir aujourd'hui?

— Je vous l'ai dit tout à l'heure, visiter San Francisco.

— Bon, allons-y. J'ai loué une voiture pour la journée.

Yves, soulagé, me jette un coup d'oeil. Jean-Paul se lève pour régler l'addition. Nous avons beau protester, il ne veut rien entendre.

— Écoutez, il faut que tout soit clair, tranche-t-il, c'est moi qui vous invite.

Il nous entraîne ensuite vers une rangée de voitures stationnées et s'arrête devant l'une d'elles.

Une voiture ça? Mais c'est le carrosse d'une Cendrillon du XXe siècle! Une limousine, en langage moins imagé. Longue, blanche, avec le bar, la télévision et le chauffeur en costume. Il y a même le téléphone. Ce sera pratique si mon *beeper* décide de me faire une fausse joie. Mais je ne peux m'empêcher de souhaiter qu'il ne me cause pas de joie du tout, mon *beeper*. Vraie ou fausse! Parce que cet après-midi, je veux dévaler Lombard Street, je veux me perdre dans la foule du Chinatown, je veux voir le Golden Gate et contempler de loin la prison d'Alcatraz. Je veux m'élever tout en haut de Coit Tower et regarder la ville à mes pieds. Des clichés, s'il vous plaît! Je veux photographier les pélicans du Fisherman's Wharf, ces oiseaux si lourdauds qu'on se demande toujours comment ils s'y prennent pour voler. Je veux avancer parmi ce flot de touristes en imaginant que je suis une des leurs. Et c'est ce que je fais avec la même insouciance que mes trois compagnons. Le soir, après une pause substantielle, Jean-Paul ajoute un petit souvenir à cette journée si agréable. Il détache la chaîne qu'il porte au cou et dépose une médaille dans ma main. C'est une croix en or aux branches larges et courtes; d'un côté, trois lettres symboliques finement gravées, de l'autre le visage du pape.

— Je me suis procuré cette médaille à Rome, j'espère qu'elle te portera bonheur.

Je la glisse dans la chaîne que je porte au cou.

— Merci. Je la porterai aussi longtemps que je vivrai. C'est vrai, elle ne me quittera plus.

— Comment vous remercier tous les deux pour cette journée de rêve?

— C'est simple, reposez-vous bien, Yves et toi. Parce que jeudi, après-demain donc, nous vous réservons une petite surprise. Nous viendrons vous chercher vers dix heures. Ce n'est pas trop tôt, non?

— Non...

— Bon, et n'oubliez pas vos pyjamas et vos brosses à dents. Et avertissez l'hôpital aussi, nous partons pour deux jours. Il est tard maintenant, bonne nuit et à jeudi.

Et le surlendemain, le rêve se poursuit et nous profitons plus encore du luxueux confort de la limousine. Des banquettes moelleuses comme des fauteuils, des fenêtres comme des écrans géants. À côté, la mer parfois, immense et frissonnante. Ou bien le brun bariolé des rochers. Nous allons vers le sud et, pour la première fois, nous dépassons Santa Cruz. Direction Monterey où nous faisons halte pour la nuit. Nous soupons au *Sardine's Factory*. Dans les assiettes de hors-d'oeuvre, du requin et de la pieuvre. Je goûte prudemment. C'est que j'ai l'instinct de conservation, moi! Mais j'ai une faim de louve et je dévore mon filet mignon. Tout est délicieux, tout est fabuleux! Nous passons la nuit dans un hôtel trois étoiles, le quatre étoiles est complet à la grande déception de Jean-Paul. «Rien n'est trop beau pour toi», me dit-il. Il ne veut rien ménager pour me rendre heureuse.

Durant la matinée du lendemain, nous sillonnons la plus jolie route du voyage, le *seventeen-mile-drive*, entre Pacific Grove et Carmel. Je ne me risquerai pas à décrire cette route si réputée qui joue «à la cachette» avec l'océan; je me contenterai de photographier quelques vues pittoresques dont le *lonely cypress*, l'arbre le plus photographié du monde. C'est du moins ce que prétend notre chauffeur, lequel nous trimbale depuis trois jours en allant lui-même de surprise en surprise. Il n'a jamais vu ça en dix ans de métier. Certes, être invité à la même table que ses «patrons», s'essayer à quelques mots de français avec une jeune femme de vingt-six ans condamnée à une mort prochaine, la voir si souriante et si simplement contente de vivre, ça ne se produit pas tous les jours.

— J'espère rencontrer vous encore, nous dit-il dans son

français maladroit, quand il nous laisse plus tard devant la porte de notre appartement.

— I hope so!

Je le souhaite oui, mais j'en doute... Pas dans les mêmes circonstances en tout cas. Yves et moi n'aurons certainement jamais les moyens de nous payer une limousine avec un chauffeur.

Dehors la nuit est froide, le ciel rempli d'étoiles.

— Merci encore, Claudette et Jean-Paul!

Qui a dit que les contes de fées sont écrits pour les enfants?

13

Saint-Valentin

14 février 1984. Ça ne pouvait plus durer. Yves est parti en claquant la porte et j'ai crié très fort: «C'est ça, va-t-en et ne reviens plus!» Je ne sais même plus ce qui m'avait mis dans un tel état. Ça devait être encore cette maudite télé. Peu importe! Quand je me suis retrouvée seule, j'ai eu envie de pleurer. Alors j'ai dit tout bas: «Pourvu qu'il revienne!» Je fixais la porte et j'attendais absurdement qu'elle s'ouvre et que mon doux géant me tombe dans les bras. J'imaginais ses larmes, ses paroles d'excuses, ses petits mots d'amour. J'avais certainement trop lu de romans à l'eau de rose. Mais presque aussitôt, la porte s'est ouverte très doucement et mon homme est rentré. Seulement il ne m'a même pas regardée. Il est allé directement vers l'un des placards, en a sorti deux valises. Les siennes! Et tranquillement, sans un mot, sans un regard, il s'est mis à y fourrer ses affaires.

— Tu ne vas pas partir en pleine nuit, Yves? Il est presque minuit...

— ...

— Yves, je te parle!

— Je partirai demain matin...

C'est tout ce que j'ai pu en tirer. Ensuite, il a rangé son bagage près de la porte, il a pris une couverture sur notre lit et il s'est allongé sur le divan, tout habillé. Bon. Je n'allais tout de même pas m'agenouiller près de lui et le supplier de changer ses projets. À demi rassurée par sa présence, je suis partie me coucher toute seule dans le grand lit et j'ai fermé les lumières. Mais pas moyen de trouver le sommeil, j'étais encore énervée par le ton de notre dispute. Cela se produisait de plus en plus souvent, à tout moment nous nous hurlions des bêtises. Il fallait faire quelque chose, mais quoi?

— Yves, tu dors?

Pas de réponse. Il boudait comme d'habitude. C'était son genre. Quand il ne savait plus quoi dire, il s'arrêtait. Moi, c'est le contraire. Moins je sais quoi dire et plus je continue. Et plus je l'exaspère! Et plus je l'exaspère, plus il continue de se taire. Ça me rend folle...

— Yves, tu dors?

Rien. Pourtant, il ne dormait pas. Je l'entendais parfaitement remuer et se retourner sur les coussins inconfortables du divan. Il fallait que je pense à autre chose, mais à quoi? Chaque fois que je fermais les yeux, c'est l'image de Debbie Mora qui surgissait. Je la revoyais telle qu'elle était quand elle nous avait rendu visite avec deux de ses enfants. Elle se penchait vers le plus jeune, Norman je crois, et elle lui souriait, exactement comme je l'avais vue faire, ici même dans notre studio. C'est bête, les images qui vous restent des gens quand ils ont disparu. Ce sont des petites scènes détachées de la réalité. Je ne sais plus pour quelle raison Debbie s'était penchée vers son fils. Peut-être était-ce seulement pour lui rattacher son soulier ou pour relever la mèche de cheveux qui lui tombait sur l'oeil. Mais elle lui avait souri et j'avais surpris une telle connivence dans leur regard en cet instant que je m'étais aussitôt sentie indiscrète de les observer. Et pendant un moment, un tout petit moment, je leur avais envié cette complicité.

Par la suite, chaque fois que j'avais songé à Debbie, ce n'était pas l'hôtesse accueillante de l'Action de Grâces que je revoyais, mais ce tendre élan qu'elle avait eu vers son fils, accompagné d'un geste si banal que je l'avais oublié. Et je ne pouvais m'empêcher de penser, en me repassant mentalement ce bout de film, qu'il ne se reproduirait plus jamais ailleurs que dans ma mémoire. C'était fini. Debbie ne sourirait plus jamais à Norman. Et lui ne cueillerait plus jamais sur le visage de sa mère cette expression généreuse et gratuite. Debbie était morte et personne ne pourrait plus bénéficier de son regard. Cette idée me révoltait et m'humiliait à la fois. Chaque fois que je rentrais à l'intérieur de ma tête, je me heurtais à une image de douceur avec le mot «FIN» écrit dessus. C'était injuste. Qui pouvait avoir le droit d'interrompre le bonheur?

Personne, absolument personne, n'avait la possibilité de répondre à cette question. Mais au lieu d'admettre mon impuissance, au lieu de me résigner, je nourrissais ma révolte. Ça devait être pour cela que je devenais chaque jour plus insupportable. Sous le moindre prétexte, j'accablais Yves de reproches et je m'épuisais à lui hurler des injures. J'exagérais chacune de ses maladresses. Allongée dans le noir, j'en étais à un sévère examen de conscience quand j'ai perçu une présence à côté de moi. Yves était là, étendu sur les couvertures, à bonne distance. Par habitude, je lui avais laissé la place, je m'étais couchée de mon côté. J'avoue que je me suis sentie triomphante en l'apercevant, comme s'il m'apportait ainsi la preuve de son attachement. Je n'étais pourtant pas prête à me faire pardonner mes paroles excessives. Il avait fait les premiers pas, parfait! Il avait donc lui aussi quelques reproches à se faire. Alors, à lui de dire les premiers mots!

Ce fut long parce qu'Yves est aussi orgueilleux que je peux être têtue. Je restais immobile tandis qu'il se retournait inlassablement d'un côté et de l'autre et poussant des soupirs impatients. Il se leva une fois pour aller aux toilettes, une autre pour se déshabiller. Il se glissa ensuite entre les draps. Je dois dire qu'à ce moment, j'ai failli flancher; je me suis solidement retenue au rebord du lit pour ne pas rouler jusqu'à lui. Enfin, il a parlé:

— Diane, je sais très bien que tu ne dors pas...

— ...

— ... alors, pour une fois, écoute-moi et essaie de ne pas m'interrompre...

J'ai écouté, je n'ai fait que cela. Je n'ai pas dit un mot. Même quand il m'a carrément accusée d'être égoïste ou injuste, je me suis retenue. Bien sûr, je bouillais en dedans; on ne se fait pas dire ses quatre vérités sans réagir. Comme d'habitude, j'ai rongé mes ongles en attendant qu'il cesse de me dépeindre comme une espèce de frustrée insatisfaite. Mais il en avait long sur le coeur. À l'entendre j'étais une petite fille capricieuse, profiteuse, ingrate, incapable de générosité. Selon lui, rien ne pouvait justifier mon comportement d'enfant gâtée. Surtout pas ma maladie. C'était trop facile. Non! Cela ne pouvait plus durer et il n'y avait qu'une solution.

De toute évidence, il avait raison, il n'y avait en effet qu'une solution, il fallait nous quitter. Il fallait que nous cessions de nous détruire à coup d'injures et de bêtises. Mais je redoutais cette séparation et je me refusais d'admettre qu'elle était devenue inévitable. C'est alors que n'y tenant plus, j'ai crié, sans le vouloir:

— Je ne peux pas, Yves! Je ne VEUX pas!

— Mais pourquoi, Diane, pourquoi ne veux-tu pas déménager?

— Déménager?

— Mais oui, c'est la seule solution, trouver un appartement plus grand où nous n'aurons pas à nous affronter vingt-quatre heures sur vingt-quatre. Un appartement où il y aurait une chambre pour nous isoler chacun notre tour... Mais, Diane, qu'est-ce qu'il y a de si drôle? Pourquoi ris-tu?

Car je m'étais aussitôt mise à rire. Un rire nerveux qui me sortait par la bouche comme un long ruban sonore, saccadé, frénétique, impossible à retenir, un rire joyeux, tout en voyelles, qui me secouait toute entière et qui me libérait de mes hantises, de mes peurs, de mes angoisses, un rire hélas qui ne s'avéra pas contagieux.

— C'est tout ce que tu trouves à dire?

Non. Bien sûr, j'ai fini par trouver autre chose. Je crois même que j'ai continué à parler toute seule une bonne partie de la nuit. Je faisais des projets. Nous trouverons un

124

moyen de résilier le bail. Si c'est trop difficile, je demanderai une lettre au docteur Jamieson prouvant que mon état de santé exige un appartement plus grand. Oui, avec une chambre fermée. Nous pourrons trouver un logement plus convenable à l'extérieur du campus de Stanford. Plusieurs patients résident à Mountain View, une petite ville industrielle pas trop éloignée de l'hôpital. Après tout, il nous suffit d'habiter à moins d'une heure de voiture. Dès demain, j'achèterai les journaux et je fouillerai les annonces classées.

— Tu verras, Yves, je trouverai.

— Nous trouverons.

C'est ainsi que nous nous sommes décidés à déménager. Le gérant de l'immeuble a paru impressionné par la lettre signée d'un nom aussi prestigieux. Il nous a même proposé un de ses deux pièces, une aubaine, un rabais de deux cents dollars. Combien? Mille deux cents dollars, tout compris. Une aubaine? Merci, monsieur, nous irons voir ailleurs. Et c'est à Mountain View que nous avons commencé nos recherches. Je l'avais dans la tête, je crois... Je savais que dans cette ville de moins grande renommée que Palo Alto nous aurions plus de chances de trouver notre prix. Après plusieurs visites décevantes, nous sommes entrés dans un appartement vaste et ensoleillé. Yves a jeté un coup d'oeil dans la cuisine et m'a dit aussitôt:

— C'est parfait, Diane, plus besoin de chercher...

— Quoi? Mais nous ne l'avons pas encore vu!

Je me suis rendue jusqu'au salon. Il y avait de larges portes fenêtres donnant sur un balcon assez grand et au loin, au-dessus des toits des habitations d'en face, une vue superbe sur les montagnes.

— C'est l'Ouest, Yves, tu te rends compte? Nous verrons tous les jours le coucher du soleil. Et puis regarde, le salon est assez grand pour faire un coin dinette. Et tu entends? Il y a des oiseaux aussi, nous installerons notre abreuvoir... Tu crois qu'il y a des oiseaux-mouches? Oh

125

Yves! Viens voir la chambre... Et la salle de bains est juste à côté. Pratique, non?

— Bon. Viens voir la cuisine maintenant, m'a-t-il dit impatiemment.

— Eh bien? Qu'est-ce qu'elle a de si extraordinaire?

Je ne voyais pas, non. Ben oui, les appareils ménagers habituels: le poêle, le frigo, le lave-vaisselle...

— Le lave-vaisselle, Diane. Tu ne sais pas que j'en rêve à heures fixes après chaque repas?

Vraiment, depuis qu'il cuisine, mon homme a adopté une vraie mentalité de femme de ménage. Décidément il est grand temps que les robots domestiques lui viennent en aide, me suis-je dit, sinon je me demande ce qu'il adviendra de ses facultés intellectuelles. Yves avait manifestement besoin de repos.

C'est pourquoi ce matin, remplie de bonnes intentions, j'ai voulu lui donner congé. Tout de suite après la vaisselle du déjeuner, je l'ai envoyé se balader.

— Yves, est-ce que tu n'as pas quelques commissions à faire?

— Non.

— Tu sais, tu n'en as plus que pour quelques jours à contempler les belles bagnoles des médecins de Stanford. Dans une semaine, jour pour jour, nous aurons changé de quartier et d'environnement. Va donc compter les Ferrari, les BMW et les Rolls Royce sur Willow Road.

— On dirait que tu veux me chasser... As-tu quelque chose de spécial à faire?

— Non, rien de particulier: répondre à toutes mes lettres en retard, terminer cette peinture pour les Théorêt.

— C'est tout?

— C'est bien assez, non? Tu sais bien que je me concentre mieux quand je suis seule.

— Bon, j'irai faire un tour.

Il avait vraiment l'air de se douter de quelque chose. Il a pris un temps fou pour se couper les moutaches pendant

126

que je pianotais impatiemment sur la table en attendant qu'il parte.

— Yves, est-ce que tu vas enfin t'en aller?

— Je te ferai remarquer, ma belle, que cette fois c'est TOI qui me demande de partir...

Il faisait bien entendu allusion à notre dispute de l'autre nuit. Bah! J'allais lui en boucher un coin.

— N'est-ce pas toi, mon cher Yves, qui est venu me rejoindre au lit?

— Sur le moment, je n'ai pas voulu te l'avouer, chère Diane, mais tu ne peux t'imaginer comme les coussins du divan sont inconfortables.

— Menteur!

Furieuse, c'est moi qui ai claqué la porte derrière lui. Ainsi, il refusait d'admettre qu'il était resté par amour pour moi. Eh bien, j'allais me venger! Ce grand effronté d'Yves Kochenburger, ce jeune homme envié par des centaines de Québécois pour sa situation privilégiée auprès de la charmante Diane Hébert, ce mâle arrogant, ce monstre d'ingratitude allait apprendre aujourd'hui que sa compagne avait du coeur.

J'ai trouvé dans la cuisine tout ce qu'il me fallait. En beaucoup plus de temps qu'il n'en faut pour le dire, j'ai réussi à cuire deux gâteaux carrés de mêmes dimensions. Je les ai ensuite taillés de façon non équivoque et j'ai recouvert l'un des deux d'une couche de glaçage sur laquelle j'ai déposé le second gâteau. Cet exercice, qui requiert plus de précision que de talent culinaire, m'a fait du bien. Je me sentais l'âme d'un grand chirurgien, ajustant oreillettes et ventricules. Enfin, je me suis amusée à colorer deux autres parties du glaçage et j'ai décoré joliment mon cadeau de la Saint-Valentin. Un chef-d'oeuvre dans le genre!

Quand Yves est arrivé, il y avait un gâteau en forme de coeur sur la table et beaucoup de vaisselle dans l'évier. Il n'a pas rouspété. Il a tout lavé et essuyé sans rien dire. Il a aussi préparé le souper: du spaghetti pour faire changement. Il a eu l'air d'apprécier mon dessert, mais je sais que, plus que mon habileté de cuisinière, c'est mon talent de décoratrice qui l'a surpris. Parce que sur le gâteau, en belles lettres roses, j'avais tracé deux mots que je ne lui avais pas dits depuis longtemps: JE T'AIME.

14

Un mauvais rêve

21-22 mars 1984. 20 heures 15. Nous entrons dans notre nouvel appartement aussi excités que des enfants. Yves dépose une boîte sur le tapis du salon et commence aussitôt à déballer.

— Je vais l'installer tout de suite, me dit-il.

— D'accord, je vais t'aider. Qu'est-ce qu'il te faut? Le tournevis?

— Oui. Apporte aussi les petites pinces. Et ton diction-naire, les instructions sont en anglais.

— J'y vais.

Nous venons tout juste de nous procurer un magnétoscope. C'est le dernier morceau que nous avons décidé d'ajouter à notre mobilier, lequel s'est passablement amélioré depuis le déménagement: quelques meubles, beaucoup de plantes vertes, un aquarium et une vingtaine de poissons. Cela a forcément occasionné des dépenses que le Club Optimiste de Laval n'a toutefois pas désapprouvées. Les sommes recueillies sont largement suffisantes pour nous permettre de nous meubler convenablement. Il ne s'agit pas de dépenser à la légère, mais d'améliorer de façon raison-nable notre qualité de vie.

C'est donc la conscience en paix que nous avons fait ce dernier achat. Le confort de notre nouvel intérieur plus spacieux nous a rendus plus sédentaires. Notre ancien studio nous apparaît maintenant comme un gîte de passage tandis que celui-ci ressemble de plus en plus à une vraie

131

demeure que nous avons envie d'habiter. C'est un peu comme si nous acceptions de prendre racine en Californie ou tout au moins comme si nous consentions à y résider le temps qu'il faudra. Avec le magnétoscope nous pourrons louer des films, enregistrer quelques bonnes émissions et surtout visionner celles que mes parents gardent en réserve pour notre retour. Au moment voulu, nous pourrons ainsi nous payer l'illusion de nous retrouver chez nous devant le petit écran québécois. Je téléphonerai à maman ce soir pour qu'elle nous envoie des cassettes. Justement une sonnerie retentit dans l'appartement. Il est huit heures trente.

— Tu les as? me demande Yves.

— Quoi?

— Les petites pinces!

— Oui mais attends, laisse-moi d'abord répondre au téléphone. Allo oui!

Une voix d'homme me dit en anglais qu'il appelle de l'hôpital de Stanford et qu'il est le docteur McGregor. Je ne connais pas ce médecin, je n'ai même jamais entendu son nom.

— Mrs Hébert? You have to come as soon as possible at the Hospital, we have a potential donor for you.

La traduction s'est faite simultanément dans ma tête. Ce médecin que je ne connais même pas m'annonce qu'il a un donneur. Je n'y crois pas deux secondes. Ou bien il est fou ou bien c'est une blague.

— Are you crazy? It's a joke...

Mais le monsieur a l'air tout à fait désolé que je le prenne pour un farceur. Il me répète deux fois son boniment et insiste pour que je me rende *immédiatement* à l'hôpital. Je raccroche. Yves me regarde.

— Qu'est-ce que c'est, Diane? Un mauvais numéro?

— Non, c'est une farce...

— Comment ça?

— Tu connais un docteur McGregor, toi?

— Non, qu'est-ce qu'il a dit?

— Il prétend qu'il a un donneur pour moi. Je me

132

demande qui peut me jouer un tour pareil.

— Mais Diane...

— Tu crois que c'est Chuck? Pourtant ce prétendu docteur avait un accent très british.

Yves s'est approché, très énervé:

— Diane, ce n'est peut-être pas une blague. Rappelle tout de suite l'hôpital!

— Tu crois?

Ce n'est pas une blague. Le docteur McGregor fait partie de l'équipe médicale de Stanford où il m'attend impatiemment. C'est en tout cas ce qu'on m'affirme au bout du fil. Pourtant je n'arrive pas à y croire. Pourquoi faut-il que ça arrive au moment le plus mal choisi?

— Je ne veux pas, Yves!

— Tu es folle ou quoi?

— Et si je laissais ma peau dans cette opération, si je n'en sortais pas vivante? Je me sens tellement mieux depuis quelque temps. Je n'ai peut-être pas besoin de transplantation...

— Écoute, tu vas mieux parce que tu te reposes davantage, parce que je fais tout à ta place. Mais tu sais très bien que le moindre petit effort te fatigue et que tu es constamment à bout de souffle. Voyons, tu ne vas pas me dire que tu n'es plus malade?

Il a raison, je ne parle pas volontiers de mes faiblesses ou de mes douleurs; Yves sait que je résiste de toutes mes forces à la tentation de me plaindre ou de m'apitoyer. À quoi cela me servirait-il? Il m'a suivi jusque dans la chambre.

— Bon, je vais me préparer, dis-je sans conviction. Donne-moi la grosse valise là, sur la tablette du haut. Qu'est-ce que j'emporte? Une blouse, un chandail, lequel, le rose ou le blanc? Les deux?

Yves est furieux.

— Voyons, Diane, tu ne vas pas en voyage. Prends le minimum. S'il te manque quelque chose, je te l'apporterai. Viens! Nous n'avons pas de temps à perdre...

Je prends tout de même ma trousse à maquillage, quelques petites affaires de toilette, m'assure que j'ai dans mon sac mon carnet d'adresses et de quoi écrire. Je jette un dernier coup d'oeil dans l'appartement, un dernier regard du côté du magnétoscope...

— Tu l'installeras pendant mon absence?

— Oui, oui. Viens!

— Tu n'oublieras pas les plantes et les poissons? Et les oiseaux, Yves, tu t'occuperas de leur donner à manger?

J'ai les larmes aux yeux.

— Non, Diane, je n'oublierai pas. Allons, viens maintenant, dépêche-toi.

20 heures 45. Nous roulons sur la voie rapide en dépassant toutes les voitures. Yves est cimenté au volant, il fixe la route, l'air de vouloir l'avaler. La vitesse est grisante, une grande fébrilité me gagne. Tout me paraît irréel, des lumières sautillent dans le noir. Est-ce que je rêve? Est-ce que je suis en train de rêver cette course contre la mort?

21 heures. Nous arrivons à l'hôpital. Yves a battu tous les records, a parcouru en quinze minutes un trajet qui prend d'habitude plus d'une demi-heure. Me voici, je suis prête! Mais où sont les médecins? Pas un homme en blanc au bureau d'admission, seulement une réceptionniste qui n'a manifestement jamais eu à s'occuper d'un cas de transplantation. De toute façon, rien ne presse. Nous savons qu'à Stanford, ce genre d'intervention ne se pratique qu'en plein jour, à partir de six heures du matin. Est-ce pour ménager un meilleur éclairage aux chirurgiens? Ou tout bonnement pour les laisser dormir la nuit? Non, c'est la coutume à Stanford et elle a fait ses preuves. Il n'est donc pas question de contester cette manière d'agir même si elle plonge le patient dans l'angoisse d'une interminable attente. Je m'impatiente. Je voudrais au moins monter à ma chambre. Pourquoi me faire niaiser ici? Je remplis les questionnaires d'usage, les remets à la réceptionniste. Elle

m'assure qu'on viendra me chercher bientôt. Bon. Attendre...

— Yves, tu crois que je devrais avertir mes parents?
— Pas maintenant, Diane, attends encore un peu.

Attendre?... Encore! Un peu?

22 heures 07. C'est pas trop tôt. Un jeune infirmier
nous invite à le suivre. Deuxième étage, une chambre double face au poste des gardes. Je peux passer une jaquette et
m'asseoir sur mon lit. Le docteur McGregor apparaît enfin.
Il n'a pas du tout l'air d'un farceur. Mince, la quarantaine,
le cheveu blond et rare, vif, nerveux, efficace, comme la
plupart des médecins, il me souhaite la bienvenue. On commence à s'occuper de moi. Je ne suis pas en train de rêver.
Des infirmières entrent et sortent de ma chambre. Prises de
sang, radiographies, ça m'a bien l'air d'être vrai. On fait
venir un interprète pour me traduire un texte, un important
papier à signer. Je m'engage à accepter les risques et les conséquences de l'intervention. S'ils savaient! Se doutent-ils que
je signerais leurs papiers les yeux fermés? Je sais bien moi
que cette transplantation est ma seule chance de survie.
Peuvent-ils prendre des photos aussi? Ils peuvent prendre
toutes les photos qu'ils voudront. Je n'ai rien à cacher. Je
suis même très intéressée à découvrir comment on va s'y
prendre pour accomplir la mystérieuse substitution.

23 heures 19. On m'apporte de la vitamine K qui agira
comme anticoagulant et une petite dose de cyclosporine. Ce
dernier médicament vise à prévenir le rejet, c'est le
breuvage miracle des transplantés; depuis qu'on l'a
découvert, le taux de réussites a grimpé à quatre-vingts
pour cent. Chuck qui vient d'arriver m'encourage à l'avaler:
«Tu verras, on s'y habitue, dans quelques jours tu auras les
joues d'un *chipmunk*.» Je sais oui, mon visage sera enflé et
couvert de duvet. Les effets secondaires... j'en ai entendu
parler. Mais, qu'est-ce que ça peut bien faire puisque je
pourrai vivre à nouveau, marcher sans être essoufflée,

courir comme une petite fille. J'avale en grimaçant. Ouache! Un goût d'huile de foie de morue. Chuck me sourit. Il a l'air sincèrement content que mon tour soit arrivé. «Tu n'auras plus à attendre», me dit-il. Il sait que c'est le plus difficile à supporter. Mais justement, il ne passe pas, le temps; il est encore vingt et une heures dix-neuf à ma montre. Je glisse un coup d'oeil discret vers le téléphone. Yves a suivi mon regard:

— Pas tout de suite, Diane.

Un infirmier entre dans ma chambre et commence à tirer le rideau qui entoure mon lit. Il veut me raser. Il paraît qu'ici on rase les patients du cou au genou. C'est un peu excessif, non?

— Je ne veux pas!

Il insiste. Je refuse.

— Vous ferez ça demain matin! Pendant la nuit, mon poil va repousser, voyons! Allez plutôt raser le donneur.

Je ne sais pas s'il a compris mais il s'en va. Est-ce qu'il est vraiment parti raser le donneur? Au fait, où est-il le donneur? Yves a cru comprendre qu'on l'avait transporté d'un hôpital de Los Angeles et qu'il serait arrivé ici par hélicoptère. Mort dans un accident de voiture sans doute. Mort cérébrale, chances de survie nulles; ses organes sains seraient maintenus en vie artificiellement. Est-ce une femme, un homme, un enfant? Je ne sais pas et ne le saurai jamais. C'est un secret bien gardé et pour cause. On chuchote toutes sortes d'histoires à ce sujet. On raconte qu'une femme qui avait consenti à donner les organes de son mari décédé est finalement tombée amoureuse de celui qui les avait reçus. Elle prétendait que le coeur de son mari avait encore du sentiment pour elle. Comme si le coeur pouvait avoir du sentiment! Comme si tout le monde ne savait pas que c'est avec le cerveau qu'on aime…! Oui je sais, c'est moins poétique de dire: «Mon cerveau cogite pour vous, monsieur», que d'affirmer: «Mon coeur bat pour vous, madame.» Mais c'est tout de même étrange de voir tout ce qu'on a mis sur le dos du coeur. Oui, je sais, je suis la

136

première à tomber dans le piège: j'ai passé tout un après-midi à découper un gâteau pour qu'il ressemble à la forme idéalisée d'un coeur. Est-ce que j'aurais eu l'idée de lui donner la forme d'une pompe?

— Yves, dis-moi que ce n'est pas un rêve, que je ne suis pas en train de délirer.

— Tu ne rêves pas, Diane, mais tu as l'air fatiguée. Si tu veux, on peut te laisser seule.

— Non, ne partez pas! Restez! Ne me laissez pas toute seule.

De toute façon, on entre dans ma chambre comme dans un moulin. Tiens, une autre infirmière, une autre petite pilule. Qu'est-ce que c'est maintenant? Un autre médicament? Non, un calmant. Comme si j'en avais besoin. Il faut que je dorme?

— Comment voulez-vous que je dorme? Demain je vais renaître et vous me demandez de dormir...

Chuck traduit à l'infirmière, elle rit. Il a dû tout comprendre de travers. Il est gentil, Chuck, tellement drôle aussi. Ce n'est pas comme Yves, il est sérieux comme un pape et n'arrête pas de regarder sa montre et le téléphone.

24 heures 01. Ce n'est pas encore le matin à Montréal. Qu'importe? Il faut que je téléphone à mes parents. Ils doivent savoir. Tant pis si je les réveille.

— Allo, maman?

Sa voix est toute ensommeillée. Elle pleure, elle rit, me passe papa, continue de parler derrière, reprend l'appareil, le redonne à mon père. Ils sont si contents, plus excités que moi. Je sais maintenant qu'ils ne dormiront plus de la nuit, qu'ils ne pourront plus attendre pour avertir les autres. Les autres, oui, mais Isabelle, non. Je ne dois pas la déranger, je n'ai pas le droit d'interrompre son sommeil. Parce que si toutefois je ne me réveillais pas, si toutefois tout se terminait mal...

Yves téléphone à ses parents. Il a l'air impassible comme ça, mais sa voix trahit son émotion. Je veux leur parler.

137

— Oui, ça y est, demain matin, c'est-à-dire dans quelques heures, c'est long...

— Bon courage, Diane, nous penserons à toi.

— Merci, oui, je vous repasse Yves...

24 heures 20. Tout est plus calme maintenant. Je sens le sommeil s'emparer de moi. Ma tête est lourde et mes yeux se ferment tout seuls. Je suppose que ce n'est qu'un rêve, que je vais me réveiller dans ma chambre.

— Yves? Tu es là?

— Oui.

— Et Chuck?

— Il est là aussi. Tu es fatiguée? On dirait que tu as sommeil.

— Non, mais je préfère garder les yeux fermés. Quelle heure est-il?

— Minuit vingt.

— Encore? Tu es sûr?

— Oui, dors maintenant.

Non. Impossible de dormir dans cette chambre. Deux médecins sont entrés et ont refermé la porte derrière eux. Ils sont tous les deux en robe de chambre. Le plus grand a un tournevis à la main, l'autre une petite pince. Ils s'approchent de moi et me sourient. Ils n'ont pas l'air méchant, ils me disent en français qu'ils enregistrent une émission de télévision. C'est alors seulement que je reconnais Réal et Pierre de Radio-Canada. Ils m'apprennent ensuite que la transplantation est une réussite et qu'elle a été entièrement filmée de l'intérieur. En effet, on a installé un magnétoscope sur ma cage thoracique. Pourtant je ne sens aucun poids et aucune douleur. Je me sens au contraire merveilleusement bien. «C'est drôle, dis-je, je n'ai rien senti.» «C'est parce que tu dormais», me dit Réal. «C'est parce que tu rêvais», me dit Pierre.

Oui, je dormais, je rêvais puisque j'ouvre les yeux. Deux hommes sont encore penchés sur moi. Cette fois-ci je les reconnais tout de suite. Le plus grand, c'est Yves, l'autre, le docteur McGregor. Ils n'ont pas l'air spécialement heureux de me voir sourire. Ils ont l'air inquiet. Il faut que je les rassure, que je leur explique comme tout s'est bien passé et comme je me sens mieux à présent que tout est fini. Je fixe le médecin en continuant de lui sourire:

— It's all done, doctor?

— No, Diane...

Comment non? Je jette un coup d'oeil autour de moi. Pas de tube, pas de machine à respirer, je ne suis pas aux soins intensifs, je suis dans la même chambre que tout à l'heure. Par la fenêtre le ciel s'éclaircit, le jour va bientôt se lever. Il est cinq heures trente-sept. Bon, plus qu'une heure à attendre mais... Qu'est-ce qu'ils ont à me regarder comme ça?

— The donor is too big.

— Quoi? Qu'est-ce qu'il dit, Yves? Le donneur est trop gros? C'est pas vrai, non?

— Oui... c'est vrai.

— We are sorry, Mrs Hébert.

— SORRY? You are a joker! I told you yesterday it was a JOKE.

Je me demande où je trouve les mots, je ne savais pas que je connaissais tant d'injures en anglais! Ça sort de ma bouche comme un grand jet d'eau bouillante. Le docteur McGregor penche piteusement la tête. Yves ne sait plus où regarder. Je continue en français.

— C'est une vraie bande de fous, Yves, on devrait les arrêter, ça ne se fait pas! Trop gros... trop gros...! Tu te rends compte? Ils auraient pu prendre leurs mesures, non? Est-ce qu'ils ne savaient pas que je suis une miniature?

— Des données très vagues avaient été transmises par téléphone. On a cru que la taille des organes coïncidait. C'est une erreur, Diane...

— Ils ne devraient commettre aucune erreur. Ils ne savent donc pas comme ce genre de fausse joie est difficile à supporter.

139

— ...

— Viens, Yves, partons d'ici. Je ne veux pas rester une minute de plus dans cet hôpital d'incompétents. Ils se sont moqués de moi. Je ne veux plus les voir. Jamais!

6 heures 32. Yves tourne la clé dans la serrure. L'appartement est tel que nous l'avons quitté hier, rien n'a bougé à part les poissons qui continuent de faire l'aller-retour dans leur maison de verre. Est-ce qu'ils parlent les poissons, est-ce qu'ils crient quand ils ouvrent la bouche sans faire de bruit? Avant de quitter l'hôpital, j'ai appris que le coeur et les poumons qui m'étaient destinés seraient insérés dans la cage thoracique de Roberta Kmetz. Elle est à peine moins délicate que moi. Roberta attend depuis janvier seulement mais en fin de semaine elle a été hospitalisée. Elle était gravement malade; selon les médecins, il ne lui restait que quelques jours à vivre. Je ne peux raisonnablement pas lui en vouloir. Elle a eu sa chance. Est-ce sa faute si on a d'abord jugé que son donneur était le mien? Non. Mais je comprends mieux les efforts de l'équipe médicale pour éviter toute compétition entre les receveurs. Des cas comme celui-ci pourraient susciter la haine et tuer la camaraderie...

Tout à l'heure, je téléphonerai à l'hôpital pour m'excuser. J'ai été injuste, la révolte a englouti ce qu'il me restait de bon sens. Mais pour l'instant, je n'ai qu'un désir, qu'une envie, qu'une nécessité: me glisser dans les draps et dormir. Rien n'a bougé ici, dans un coin du salon, le magnétoscope est à moitié sorti de sa boîte de carton. Peut-être pourrions-nous revenir en arrière et faire comme s'il ne s'était rien passé. Dormir jusqu'à huit heures et croire que cet incident, cette petite échappée dans le temps n'était en somme qu'un mauvais rêve.

15
Signes de vie

23-25 avril 1984. Il y a quelques jours, à l'ombre d'un eucalyptus, j'ai lu *The Gift of Life*, un bulletin d'information réalisé par les patients en attente d'une transplantation coeur-poumons.

— Écoute ça, Yves. Aux États-Unis, entre douze mille et vingt-sept mille cinq cents personnes sont victimes chaque année d'une mort cérébrale. En 1983, seulement deux mille cinq cents d'entre elles avaient fait don de leurs organes. Ces chiffres sont décourageants, non?

— Oui et non, Diane, ils sont la preuve que tu pourrais augmenter tes chances...

— C'est vrai, beaucoup de gens ont peur de laisser leur corps à la science. Il faudrait leur expliquer, leur faire comprendre que ce cadeau, cet héritage en quelque sorte, pourrait sauver des vies humaines.

— Oui, mais comment?

— Il faut les inciter à plus de générosité, leur retirer cette peur ridicule. J'ai une idée, Yves. Pendant la semaine du don d'organes, nous pourrions organiser une conférence et inviter beaucoup de monde... Tu crois que Marguerite Brown accepterait de nous aider?

— Peut-être.

Marguerite Brown est coordonnatrice du programme des transplantations à Stanford. Elle travaille ici depuis dix ans et connaît bien la question. Elle a pourtant paru réticente à l'idée d'une campagne de sensibilisation trop

143

populaire. Les transplantations coeur-poumons sont relativement récentes et encore au stade expérimental; il lui paraît donc prématuré d'en faire la publicité et de laisser croire à un vaste public qu'elles sont une sorte d'assurance-survie. D'autre part, elle hésite à solliciter les gens, à les obliger à une offrande si intime; il ne s'agit pas de quêter des organes comme on demande de l'argent, même si la cause est de première nécessité. Le problème est plus délicat et exige une extrême prudence. Après ces quelques mises en garde, cette femme sage et nuancée a accepté de présenter un diaporama, un petit résumé de l'histoire des transplantations. Yves et moi nous sommes occupés du reste; nous avons pu obtenir une salle dans le building où nous logeons, nous avons rédigé un texte annonçant la représentation et Yves en a laissé des photocopies dans quelque cinq cents habitations des alentours.

Je suis contente de m'activer un peu et d'avoir enfin l'occasion de travailler. Quoi qu'on en dise, il n'est pas naturel de passer sa vie en vacances. Et toutes les tâches reliées à l'organisation de cette soirée réveillent mes énergies. Je me sens pleine d'enthousiasme et d'idées. J'ai fait en sorte que cet événement rejoigne aussi les gens de chez nous. Yves et moi avons emprunté une caméra vidéo. Si mon homme se montre un bon caméraman, nous enverrons notre film *made for TV* aux Québécois. Ils pourront ainsi voir notre nouveau logement, les amis et les paysages qui nous entourent et surtout le diaporama de Marguerite Brown. Je prends plaisir à adopter le métier de réalisatrice, je découvre qu'on peut jouer en travaillant. Yves s'amuse autant que moi. Ensemble, nous avons conçu un générique et commencé à filmer les environs.

Est-ce le printemps qui rend la vie si bonne à respirer? Ou bien est-ce la nouvelle d'une autre renaissance qui nous a rendus si joyeux? Avant-hier, le lundi de cette «semaine du don d'organes», John Tedeschi a reçu un nouveau coeur et des nouveaux poumons. C'est le quatrième «transplanté» depuis notre arrivée. Il n'attendait que depuis deux mois.

144

— Encore un homme, ai-je dit à Yves.

— Et Roberta?

— Oui Roberta, bien sûr Roberta, mais elle les a eus à ma place...

— Diane, on dirait que tu lui en veux.

— Non, Yves, mais je la trouve chanceuse. Est-ce que je n'ai pas le droit de la trouver chanceuse...?

D'ailleurs elle va très bien, Roberta. Elle est seulement un peu mal à l'aise. Comme si elle m'avait volé quelque chose. J'ai essayé de la raisonner, mais elle se sent coupable. Je lui ai dit que je serais peut-être morte si on m'avait posé ce coeur et ces poumons-là. Et elle aussi, de ne pas les avoir eus. Et elle est vivante... Et moi de même! Alors?

Alors je suis heureuse pour Roberta et pour John. Ils ont de la veine de renaître au moment où la nature éclate de partout. C'est la première fois que je vois la Californie si verte et si fleurie. Est-ce le printemps qui rend la vie si gorgée de promesses? On dirait qu'une sève s'impatiente et bouillonne au-dedans de la planète, comme si un enfant géant voulait sortir de son ventre. La preuve? Hier la terre a tremblé. Yves et moi étions assis à table dans le coin cuisinette et nous buvions du Seven Up en placotant tranquillement. Tout à coup, nos verres se sont mis à tinter, la table s'est mise à vibrer et la lampe au-dessus de nos têtes a commencé à se balancer doucement de même que les plantes suspendues. Je n'ai même pas eu le temps d'avoir peur. Le temps de comprendre que nous assistions à notre premier tremblement de terre et il était déjà passé. Les bulles ont continué à pétiller dans nos verres intacts et j'ai pu entendre le glouglou rassurant de l'aquarium. C'était fini. Une petite secousse de quelques secondes et puis plus rien. Est-ce à ce moment que j'ai pensé que la mort devait avoir cette soudaineté? Une seconde d'étonnement et puis plus rien. Même pas le temps de savoir ce qui vous arrive: ça ne doit pas être si terrible!...

Nous n'avons pas eu de dégâts. Ailleurs, par contre, des armoires ont déversé leur contenu sur le plancher, des murs sont tombés, des maisons se sont écroulées. Aucune victime. Juste un sursaut de la planète pour signifier aux humains qu'elle est bien vivante. Un petit avertissement pour leur faire savoir qu'ils sont tous mortels et qu'il leur faut se hâter de profiter du printemps.

Le printemps, c'est une jeune couvée de canards que nous avons nourris encore ce matin. Ils sont sept à barboter dans l'étang et à mimer la mort du cygne: un beau ballet de débutants, bien plus comique que gracieux. En les voyant, on ne peut s'empêcher d'éclater de rire. Ensuite, après le dîner, nous sommes allés voir John Tedeschi à l'hôpital. Je l'ai filmé à travers la vitre de la salle des soins intensifs. Deux jours seulement après son opération, il était assis dans son lit et nous faisait des signes de reconnaissance; il nous montrait ses joues enflées et il souriait. Yves a demandé à se rendre près de lui; il a dû se déguiser, endosser un costume stérilisé. Il avait l'air d'un gros microbe. Ensuite, nous nous sommes occupés des derniers préparatifs avant la rencontre de ce soir. Acheter des provisions pour la collation, prévoir des chaises supplémentaires et enfin accueillir tout ce monde.

Malheureusement, il n'y a eu qu'une trentaine de personnes: quelques voisins de l'immeuble, nos amis et les habitués des meetings. Est-ce que la vie n'intéresse que les gens qui sont menacés de la perdre ou qui craignent pour des êtres chers? C'est possible.

— C'est la faute au printemps, Yves. Il fait trop beau pour s'enfermer dans une salle.

— C'est vrai, nous aurions dû nous installer dehors sous les étoiles.

— Ça n'aurait pas été suffisant pour attirer les foules. Non, je crois qu'il aurait fallu montrer d'autres images que des tableaux de statistiques et des photos de transplantations.

— C'était pourtant très intéressant. J'ai fait des découvertes, moi, Diane.

— Moi aussi. Mais je pense que le public que nous visions aurait été plus sensible à d'autres images.

— Par exemple?

— Je ne sais pas encore. Peut-être qu'un film aurait été plus approprié. Oui, un film montrant une personne atteinte d'hypertension pulmonaire et racontant l'évolution de la maladie, l'attente puis la renaissance.

— Je te vois venir, Diane. Mais je dois t'avouer que je n'ai aucun talent de cinéaste. Je crois que le film que nous avons tenté de faire est complètement raté.

— Je sais bien, tu tenais la caméra toute croche. Tu aurais pu te placer au centre au moins.

— T'as raison, c'est ma faute, c'est la faute au printemps. Et qui encore? Tu ne vas pas accuser la terre entière parce que tu es déçue?

— Déçue, moi? Eh bien pour une fois tu te trompes. Je ne suis pas déçue. C'est vrai, j'ai travaillé très fort pour cette soirée, j'ai travaillé si fort que j'ai oublié de me rappeler.

— Te rappeler quoi, Diane?

— Me rappeler qu'il y a un an j'ignorais complètement si je verrais un autre printemps. Et il est là, Yves, les criquets ont recommencé à chanter et je suis vivante. C'est ça qu'il faut dire au monde, Yves, que la vie est si belle qu'il ne faut pas la laisser s'échapper.

16

Questions de foi

4 juin 1984. Ça n'a pas de sens. Je ne pourrai jamais répondre à toutes ces lettres. Elles sont là, empilées à côté de mon ordinateur et chaque jour la pile grossit. J'ai l'air de me plaindre mais rien ne me fait plus plaisir que la visite du facteur. C'est vrai! Je l'appelle mon père Noël. Depuis que nous sommes à Mountain View, il ne s'est pas passé un seul jour sans qu'il nous apporte du courrier. Et quand je dis courrier je parle aussi des colis que nous recevons en abondance: des bibles, des images pieuses, des scapulaires, des médailles, des cartes postales, des photos, des coupures de journaux, des bibelots en forme de fleur, d'oiseau ou de coeur, des pantoufles tricotées, des chandails, des cassettes, des livres, des timbres et des sommes d'argent très variables. À Palo Alto déjà, durant janvier et février, j'avais eu beaucoup de preuves de la générosité des Québécois. Mais ici, le mois de mai bat tous les records: en tout cent cinquante et une lettres dont cent quatre reçues pendant la première semaine.

Je dois cette abondance de courrier aux journalistes qui ont publié l'histoire de mon opération annulée à la une de leurs journaux. Le récit de mon espoir déçu a touché bien des coeurs: «Ne vous laissez pas abattre»; «Remontez la pente»; «Reprenez courage»; «Ne lâchez pas»; «Priez», m'écrit-on de partout. Beaucoup de mes correspondants me suggèrent même le nom du saint patron dont je devrais implorer les faveurs. Yves se moque un peu de toutes ces

151

prières imprimées qui tombent des enveloppes, prières à saint Jude ou à sainte Eulalie en passant par Notre-Dame des saintes espérances.

— Bien vite, tu ne sauras plus à quel saint te vouer!

— Ne ris pas, Yves, tu devrais respecter ces gens qui ont encore confiance en quelqu'un. Peu importe en qui ils croient...

— Et toi, tu y crois?

— Oui, j'y crois. Je crois en «mon grand chum d'en haut». Qu'on l'appelle l'innommable, la puissance divine, le créateur ou le Bon Dieu, c'est le même. Ça t'agace terriblement, Yves, que j'aie un ami invisible que j'appelle «mon grand chum d'en haut».

On dirait qu'il est jaloux, comme s'il m'en voulait d'avoir des complicités secrètes avec l'au-delà, comme s'il craignait qu'un rival prenne sa place. Pourtant Yves ne peut pas dire que j'abuse de cette drôle d'amitié. Seulement, le soir, j'aime bien jaser avant de m'endormir sans que ça tourne à la chicane. Celui à qui je m'adresse ne réplique pas. Lui ne me reproche pas mes mouvements d'impatience ou mes paroles en l'air, il m'écoute, il m'apaise.

— Lui ne me chicane pas!

— Oui. Mais il ne te répond pas non plus...

— C'est parce que je ne lui demande rien. Je ne suis pas sûre qu'il veuille me donner un nouveau coeur et des nouveaux poumons. Peut-être qu'il a d'autres projets pour moi. C'est lui qui décide, tu comprends?

— Tu me parais bien docile avec lui!

— Je lui fais confiance parce qu'il ne me juge pas. C'est ça l'amitié, non? Il me laisse faire alors je le laisse décider pour moi. Et même si je ne connais pas sa volonté, je la respecte parce qu'il me respecte.

— Tout ça c'est dans ta tête. Tu t'inventes quelqu'un pour te rassurer.

— Non je n'invente personne ou alors nous sommes des millions à inventer. Et même si je parle toute seule, en admettant que tu aies raison, qu'est-ce que ça peut te faire

152

puisque moi ça me rend plus forte?

— Tout ça c'est des histoires de bonnes femmes...

— Là tu te trompes! Il y a beaucoup d'hommes qui m'écrivent pour me parler de leur foi.

Yves ne dit plus rien. Que pourrait-il ajouter? Il doit bien admettre que ces centaines de personnes qui me poussent dans le dos m'aident autant que lui à garder espoir. Et ça l'embête un peu de n'être pas le seul à me supporter dans cette aventure... Ou plutôt non, à être le seul à devoir supporter mon mauvais caractère. Mais il ne peut nier que, de ce côté, je me suis grandement améliorée. C'est sûr, avec ce grand souffle venu du Québec qui m'oblige à me tenir droite, qui me force à regarder en avant, j'ai le moral à la hausse, j'ai le vent dans les voiles. Il avance mon petit bateau. Et durant la première semaine de mai, il voguait à fière allure. C'est celui d'Yves qui était en train de sombrer.

J'ai donc profité de la venue d'Isabelle et de mes parents pour lui donner des vacances et l'envoyer au large. Yves a été content de passer dix jours à Montréal. Il n'avait pas vu ses parents depuis six mois et il s'ennuyait. Il a pu revoir ses vieux chums et faire un saut dans les Laurentides. De mon côté j'ai promené ma visite avec Ken et Dorthy dans leur *mobile home*. Nous sommes allés jusqu'à Monterey et Carmel. Isabelle était radieuse; nous avons passé beaucoup d'heures à nourrir les écureuils dans un grand parc, je crois qu'elle aime les animaux autant que moi. Au retour, Ken a décidé de passer la nuit dans un camping au bord de l'océan. Il y avait beaucoup de pêcheurs et un vieux bateau échoué que nous avons visité. Jusqu'à la brunante, Isabelle et moi avons cherché des coquillages et des galets.

— Regarde, maman, on dirait un coeur.

Elle tenait une petite pierre plate arrondie.

— Tiens, je te le donne parce que, le tien, il est plus bon.

— Merci, Isabelle.

— Quand c'est que tu vas l'avoir ton autre petit coeur, maman?

153

— Je sais pas, ma pitchounette.

— Et après, quand tu vas l'avoir, tu reviendras dans la grande maison? C'est petit chez toi...

— Oui, ici c'est trop petit. Nous serons mieux là-bas... Tiens regarde, une étoile de mer.

Elle s'émerveille de tout, ma fille, c'est une passionnée de la nature comme moi. Le lendemain nous avons construit des châteaux de sable et les autres jours ont passé comme un rêve. Comme la dernière fois, le temps a filé très vite et j'ai subi le contrecoup du départ avec des larmes dans les yeux: une sorte d'effet secondaire à cette médication de bonheur.

Heureusement mon homme est revenu ragaillardi. Il a eu une foule d'anecdotes à me raconter, entre autres cette histoire de saucisses en arrivant à l'aéroport. Oui, j'avais demandé à Yves de faire quelques commissions à Montréal, des achats de quelques produits aussi exotiques que des saucisses hot dog. Je sais, il y en a en Californie mais elles sont immangeables. En tout cas, c'est mon avis et Yves était d'accord au moins pour contenter mon caprice. Avant de partir de Montréal, il avait donc emballé plusieurs paquets de saucisses dans du papier journal qu'il avait recouvert de ruban adhésif noir, ceci pour éviter de mouiller le contenu de sa valise. Le douanier a immédiatement suspecté ce jeune costaud aux manières décontractées.

— Qu'est-ce qu'il y a dans cette valise? s'est fait demander mon commissionnaire.

Sans écouter la réponse, le bonhomme l'a ouvert et, sûr d'avoir repéré un kilo d'héroïne, il a montré du doigt l'innocent paquet.

— Freeze! Don't moove! Ne bougez pas!

Mon immuable n'a pas bronché.

— Ce sont des saucisses hot dog, a-t-il cru bon de préciser.

Évidemment, le zélé douanier n'allait pas croire ce *french canadian with a german name living in California*. D'autres incrédules sont arrivés à leur tour flairant le pa-

154

quet comme des chiens affamés.

— Tu aurais dû voir leur tête quand ils ont déballé les saucisses...

— Est-ce qu'ils ont continué à te fouiller?

— Penses-tu! Ils se sont aperçus de leur méprise et ils m'ont fait des excuses. Ils ont été très corrects. Ils m'ont même donné des conseils pour ne pas être ennuyé la prochaine fois.

— Des conseils?

— Oui, ils m'ont dit où je devais me procurer un permis de séjour temporaire. Ils m'ont aussi suggéré d'apporter des lettres de la banque et des médecins.

— Tu as donc raconté mon histoire. Tu vois comme je peux être utile, je suis devenue un vrai passe-partout. Tu sais, je commence à devenir célèbre. Regarde tout le courrier que j'ai encore reçu.

Yves n'a pas réagi. D'habitude ça l'agace que je tourne tout à mon avantage. Mais ce petit voyage lui a fait du bien. Il a retrouvé sa patience angélique. Je pense que cette séparation nous a été bénéfique à tous les deux, nous allons nous aimer davantage et peut-être cesser nos éternelles disputes.

— Diane, je suis content de revenir. Je suis sérieusement en amour avec la Californie.

— Comment la Californie? Tu n'es pas en amour avec moi d'abord?

— Avec toi aussi, mais pas plus qu'avec la Californie. Disons que ce n'est pas le même genre de sentiment.

— Comme ça, si j'ai une rivale, tu vas peut-être accepter d'avoir un rival aussi...

— Lequel?

— Mon chum d'en haut...!

— Tu ne vas pas recommencer?

— Mais c'est pareil, non?

— Si tu veux...

— En ce cas tu admets qu'Il existe?

155

Yves s'est gratté la tête. Et il a eu l'air de faire de gros efforts pour me dire:

— Après tout, si tu y crois...

17

Trois raisons d'espérer

25 juillet 1984. Vers la fin du mois d'avril, Yves a reçu un coup de téléphone de Chuck. Ça n'avait rien d'étonnant, ils étaient devenus très copains et se voyaient quelquefois «entre hommes». Yves fut toutefois surpris par la demande de Chuck qui disait avoir besoin d'un ami pour le reconduire à l'hôpital. Pourtant le «numéro deux de Stanford» avait l'habitude de se débrouiller tout seul, surtout pour ses déplacements vers le centre médical.

— Continue à peinturer, me dit Yves en me voyant si absorbée devant mon chevalet.

J'avais commencé le matin même un petit paysage d'été qui me donnait déjà beaucoup de satisfaction. Le ciel était particulièrement réussi, j'avais trouvé le moyen de le rendre aussi transparent qu'un ciel de Californie. Je n'avais pas envie de m'interrompre mais...

— Tu ne trouves pas ça drôle, toi, que Chuck te demande ce service? Tu crois qu'il est malade?

— Non. Il m'avait l'air normal... Il a peut-être juste envie de me voir...

— Bon, si tu penses qu'il n'y a rien de grave. Tu le salueras de ma part. Dis-lui aussi qu'il prenne soin de lui. J'ai besoin d'un exemple vivant moi! Chuck, c'est ma preuve, c'est celui qui m'encourage à espérer. Il m'a l'air fatigué depuis quelque temps.

J'avais presque deviné juste. Chuck était plus que fatigué, il n'allait pas bien. C'est ce qu'il avoua à Yves dans

159

la voiture alors qu'ils filaient tous deux vers Stanford. Il craignait qu'on ne le garde plus longtemps à l'hôpital que pour une simple visite de routine. Il avait du mal à respirer; selon lui, ses poumons donnaient des signes de rejet. Avant sa transplantation en mai 1981, il avait vécu toute sa vie dans un état de semi-invalidité. Son affection était congénitale, il était né avec une malformation ventriculaire. Son arrivée en Californie, la rapidité avec laquelle on lui avait donné un second souffle, la facilité avec laquelle il avait récupéré lui avaient laissé croire qu'il bénéficierait d'une deuxième vie pour très longtemps. Natif de Binghamton dans l'État de New York, il s'était si bien adapté au climat et au mode de vie d'ici qu'il s'était installé à Mountain View avec le désir d'y rester. Il travaillait à la fois dans une maison funéraire et dans un *liquor store*, deux occupations qui ne manquaient pas d'alimenter son répertoire de blagues. C'est avec le sourire et en plaisantant qu'il annonça à Yves qu'il croyait être arrivé au terme de ses trois années de rémission. «J'ai trente-trois ans, j'ai terminé ma vie publique», lança-t-il. Ce jour-là, il fut hospitalisé.

Durant tout le mois de mai et une partie de juin, Chuck a dû contempler le plafond d'une chambre des soins intensifs, branché à un respirateur. Nous sommes allés le voir de temps à autre. Yves passait le costume antibactérique pendant que je me contentais de les regarder tous les deux placoter derrière les vitres. On est très prudent à Stanford pour tout ce qui concerne les microbes; en tant que «récipient», je n'ai pas le droit de prendre de risques. Pendant tout ce temps, Chuck a continué de sourire mais les pronostics des médecins sont devenus de plus en plus sombres. En plus de lutter contre le phénomène de rejet, il fallait traiter une infection aux reins. Une dose très forte de médicament lui fut administrée; Chuck en accepta la terrible conséquence: la surdité. «J'apprendrai à lire sur les lèvres», nous a-t-il dit.

Mais même après tous les efforts des médecins, l'état de santé du malade ne s'améliorait pas. Il ne restait qu'une

160

solution: une deuxième transplantation. Tous les membres de l'équipe médicale de Stanford se sont réunis afin de discuter de cette possibilité. Cela ne s'était encore jamais fait dans le cas d'une greffe cardio-pulmonaire, et les risques étaient grands. Le patient était considérablement affaibli par plusieurs semaines d'hospitalisation; par ailleurs les cicatrices des tissus laissées par la première intervention masqueraient les points de repère indispensables aux chirurgiens. Il y avait une toute petite chance pour que cette opération réussisse. Une chance sur combien? Nul ne pouvait le dire. Il n'y avait aucune statistique pour l'établir. Ce serait une première mondiale et, même s'il n'y avait qu'une chance sur un million, il fallait la tenter. Parce que, je l'ai dit, Chuck Walker était la plus étonnante réussite de Stanford; il était un symbole et une source de courage, non pas seulement pour le groupe des «récipients», mais pour tous les êtres humains qui le côtoyaient. Il fallait qu'il vive!

Arrivés à cette conclusion, les médecins n'étaient toutefois pas au bout de leur peine. Pour Chuck, comme pour moi et comme pour la dizaine de mes compagnons en attente, le même incontrôlable hasard déciderait du dénouement. Y aurait-il un donneur compatible? Le temps pressait. C'était une question de semaines, de jours. Et le matin du 17 juin, c'était possiblement une question d'heures quand on a préparé Chuck pour la salle d'opération. Comme de coutume, le secret a été bien gardé sur l'identité du donneur. L'opération a duré huit heures. Le docteur Jamieson, à la tête de l'équipe des chirurgiens, a ensuite déclaré: «Nous ne sommes pas sortis du bois.» Cela voulait dire que maintenant que son travail était terminé, celui de Chuck allait commencer. Sa volonté de vivre et tous les réflexes de défense de son corps devraient se mettre à lutter.

Le lendemain de sa seconde transplantation coeur-poumons, Chuck était réveillé et souriant; trois semaines plus tard, il buvait du vin avec ses repas dans sa chambre d'hôpital. Grâce à sa farouche volonté de vivre, il a tenu le coup. Grâce aussi à cette mystérieuse complice qu'on appelle ici la chance.

L'été n'avait pourtant pas fini de nous ménager d'aussi bonnes surprises. Le 12 juillet, c'était au tour de Monty Baxter de recevoir un nouveau coeur et de nouveaux poumons. Monty, un jeune costaud de dix-neuf ans, une autre tête de pioche, a annoncé qu'il était déterminé à battre le record de la plus courte convalescence. Et en effet, il récupère très vite; en l'espace de treize jours, il a brûlé toutes les étapes de sa rééducation.

Mais c'est pour une autre raison que la petite lueur d'espoir ranimée par tant de bonnes nouvelles s'est brusquement transformée en feu de joie. Aujourd'hui, 25 juillet, Judy Holden va elle aussi tenter de renaître. C'est la septième transplantée depuis mon arrivée. La deuxième femme. Et elle attendait depuis un an. J'ai écrit son nom à la suite de tous ceux qui ont eu leur chance à partir du début de l'histoire des transplantations cardio-pulmonaires de Stanford. Dans un petit carnet qui me sert d'aide-mémoire, j'ai divisé les pages en quatre colonnes: numéro, nom, date de l'intervention, date du décès. Il n'y a que sept X dans la dernière colonne. Il y a donc quatorze survivants et survivantes. Et Judy Holden, le numéro 21, va être de ce nombre, je n'en doute pas. C'est une autre fonceuse, une autre téméraire qui n'a peur de rien, surtout pas de la mort. Et c'est une femme! Est-ce de la présomption de penser que beaucoup d'espoirs me sont permis?

18

L'amitié
avec un grand A

21 septembre 1984. Depuis mon arrivée en Californie, j'ai reçu plus de cinq cents lettres. Des gens de tous les âges et venant de tous les milieux m'ont écrit. Tous ont pour but de m'encourager; certains le font avec discrétion ou timidité, d'autres ne craignent pas de me faire partager leurs malheurs. Il est bien évident que j'ai répondu plus longuement à des lettres qui étaient de véritables propositions d'amitié, surtout quand elles m'arrivaient à des moments où j'avais plus de temps à leur consacrer.

En février dernier, j'ai ouvert une enveloppe provenant du Centre fédéral de formation de Laval. Elle contenait quatre feuilles manuscrites dont voici le texte intégral:

28 janvier 1984

Bonjour Diane!

Nous sommes des inconnus pour toi mais nous, nous te connaissons bien par l'intermédiaire des médias d'information. Nous suivons donc ton odyssée depuis quelques mois, et cela ne nous laisse pas indifférents.

Nous savons que les moments que tu vis présentement sont très pénibles et c'est pourquoi nous sommes venus en pensée t'apporter un réconfort, si petit soit-il. Ton caractère exceptionnel, ton courage et ton espérance dans la vie, nous inspirent profondément et nous révèlent le grand chemin de la victoire par la lutte morale.

Il peut te sembler un peu bizarre de recevoir une telle lettre, surtout de nous, mais nous aussi nous avons un coeur ainsi que de l'amour à donner aux gens qui souffrent et qui connaissent la détresse. Je nous présente donc. Nous sommes tous des détenus qui purgeons une sentence de pénitencier à perpétuité. Nous sommes aussi des membres de ce que nous appelons le Club-Vie et nous avons diverses activités humanitaires à notre actif. Entre autres, une fois par mois, nous désirons apporter un peu de joie et d'amour pour encourager les personnes qui souffrent de diverses façons.

Même si nous sommes prisonniers, nous avons beaucoup d'amitié et d'amour à partager. Qui mieux que nous peut connaître ce que représente l'espérance et cet éternel combat vers la libération. En fait nous avons un gros point en commun.

Toi et nous serons donc en harmonie par la pensée, pour le succès de ton opération. Nous souhaitons de tout coeur qu'un donneur se manifeste, car lui aussi revivra au travers de toi. Nous espérons ardemment que tu acceptes nos pensées d'amitié, d'espoir, de solidarité et surtout d'amour fraternel, car, malgré tout, nous ne sommes pas de mauvais bougres.

Nous sommes si loin mais si proches. Peu importe les distances, nous t'aimons en pensée et nous demeurons présents dans tes épreuves. Ne sois pas surprise mais nous prierons pour toi.

Meilleurs souhaits de réussite et que le Seigneur t'éclaire et te rende tout le bonheur que tu mérites amplement.

Les détenus du Centre fédéral de formation de Laval.

La quatrième page portait la signature de trente-six détenus. J'ai été étonnée, émue, sensible à l'attention de ces bons «bougres» au coeur tendre. À cause des contraintes du déménagement et de préoccupations diverses, je n'ai pu les remercier avant la fin de mars. Peu de temps après, j'ai reçu une lettre du matricule 6083, le jeune homme qui s'était fait le porte-parole de son groupe. Dans cette deuxième missive, il se décrivait sommairement: vingt-neuf ans, pas toutes ses dents, étudiant au collège Marie-Victorin (cours par correspondance) dans le but d'obtenir un DEC en informatique. Il purgeait une peine «à vie avec dix ans d'éligibilité» (dix ans d'incarcération avec admissibilité à une libération conditionnelle). Il était incarcéré depuis cinq ans et avait trouvé le moyen de terminer son secondaire, de participer à des rencontres et de faire du travail de secrétariat. Un bûcheur, un débrouillard, un généreux, du genre qui ne compte pas son temps et qui donnerait sa dernière chemise. J'étais séduite. Il avait glissé une enveloppe affranchie avec sa lettre, j'ai répondu. C'est ainsi qu'a commencé ma correspondance avec Ghus, mon histoire d'Amitié avec un grand A.

Nous avons en commun un goût pour l'ordre et pour les situations claires et une passion pour l'informatique. Mais peut-être plus que le reste, c'est notre état de condamnés qui nous rend complices. Je me sens, comme lui, brimée dans ma liberté. J'ai comme lui «du temps à faire» avec mon vieux coeur et mes vieux poumons et j'ignore s'ils pourront résister assez longtemps pour qu'on m'en pose des neufs. J'ai donc, moins que lui, l'assurance d'une libération. Il est conscient de cette injustice; il reconnaît avoir mérité son sort alors que je n'ai rien fait pour subir le mien. Sa simplicité et sa franchise me touchent. Il m'écrit dans sa lettre datée du 8 juillet:

> J'ai compris tellement de choses depuis que je suis en prison que je suis un homme totalement différent de par ma mentalité, mon caractère, mes attitudes. C'est pourquoi aussi je peux exprimer sans gêne mes sentiments. Tu peux t'attendre à beaucoup d'amitié et d'amour car j'en ai beaucoup à donner. J'ai trop longtemps refoulé ma sensibilité dans ce maudit milieu de pègreux. Quand je dis «Amour», j'espère que tu comprends ce que je veux dire. Ce n'est pas dans mon intention de te «crouser» et si tu as peur dans ce sens, notre relation d'amitié sera difficile et je préférerais alors l'arrêter.

> Tu sais, quand un homme entreprend une relation amicale avec une jeune femme, la question d'amour devient toujours l'objectif principal et pourtant, si les hommes savaient qu'il existe autre chose de plus intense, ils s'en mordraient les doigts. Je suis très heureux de ta confidentialité au sujet de mes lettres. Par contre, puisqu'Yves partage ta vie, je crois pour ma part qu'il a le droit de savoir car il t'a démontré son amour et son dévouement. Qu'il lise mes lettres et partage nos moments d'amitié, je n'y ai

aucune objection parce que je pense qu'il le mérite. Il mérite aussi ma confiance car il est une partie de toi. De toute façon, je laisse ça à ta discrétion...

Pas d'ambiguïté, pas de petits secrets à cacher à mon homme. Il peut lire par-dessus mon épaule les lettres de Ghus que j'ouvre toujours en premier lieu. Elles sont souvent joyeuses et pleines d'humour, rarement nostalgiques, jamais complaisantes, toujours positives. Ghus, c'est mon «courriériste» comme il se surnomme lui-même; je découvre par son intermédiaire les réalités de la vie d'un détenu et je bénéficie des conseils d'un expert en informatique.

Mais Ghus c'est avant tout un distributeur d'énergie et quand, comme ce soir, je me sens lasse, perdue, découragée, tannée d'attendre, c'est à lui que je pense. Ghus, c'est mon remonte-pente. Il me suffit de l'imaginer dans sa petite cellule en train de pianoter sur son or- dinateur ou occupé à rédiger une lettre de sa grande écriture généreuse pour que j'oublie mes préoccupations.

D'ailleurs je serais bien en peine d'expliquer pourquoi je me sens ces jours-ci plus dépressive et plus vulnérable. Il ne s'est rien produit d'alarmant. Au contraire, l'été a passé tout en douceur; petits voyages de pêche en compagnie de Ken et Dorthy, visite des environs avec Sylvie, la soeur d'Yves, venue passer quelques jours en Californie. Je n'ai aucune raison de me sentir fatiguée et d'avoir plus souvent recours à ma canule d'oxygène. C'est peut-être à cause de l'arrivée de l'automne, cette saison que j'ai toujours trouvée un peu triste. Non, je n'ai aucune raison de broyer du noir même si je ne verrai pas ma fille le jour de son anniversaire. Après tout, je pourrai l'avoir près de moi dans peu de temps puisqu'elle viendra passer un mois en octobre avec mes parents.

Non, je ne dois pas me laisser aller. Moi, le modèle de courage, je dois m'occuper, avoir des projets. Je vais im- médiatement répondre à la lettre de Ghus que j'ai reçue ce matin, cette lettre, la seizième, et qui commence si joyeuse- ment par «Bonjour Tendresse». Je ne lui annoncerai que les bonnes nouvelles: la visite qui s'en vient, les cours que nous avons commencé à suivre, Yves et moi: photographie et cuisine pour lui, espagnol et informatique pour moi. Je vais même lui écrire sur mon ordinateur. Il va être fier de son élève.

Quant au reste, je n'en parlerai pas. Comme ça, j'arriverai peut-être à l'oublier...

19

Berceuse
pour Isabelle

29 novembre 1984. Je ne veux pas penser qu'elle va repartir demain. Je veux croire que je la verrai tous les jours s'éveiller près de moi. Elle dort, ma poupée, un bras arrondi sur l'oreiller, le visage offert à la lumière du jour naissant. Un profil de petit ange: entre le front et les joues rebondies, le nez a juste ce qu'il faut de relief au-dessus du délicat découpage des lèvres entrouvertes. Un tableau de Renoir que mon regard contemple sans se lasser; couleur de pêche pour la peau, couleur de blé mûr pour les cheveux, couleur de coquillage pour la bouche. Je te redessine, ma fille. Par petites touches, je refais inlassablement ton portrait. Je t'imagine souriante au moment où tu vas éclater de rire. Ou boudeuse, tes cheveux emmêlés comme par une tempête. Je surveille l'orage sur ton visage; tes narines frémissent, tes pupilles remuent sous tes paupières. Non, tu dors. Tu ne bouges pas, tes yeux sont fermés, tes doigts à demi repliés. Tu dors et tu rêves peut-être. Tu t'absentes.

Je t'envie. Je me retourne dans le lit, cherchant la place fraîche sur le drap, le creux dans l'oreiller qui me fera enfin plonger dans le sommeil. Depuis minuit, j'ai suivi le parcours absurde de la petite aiguille sur le cadran. Cinq heures vingt-deux, bientôt il fera jour. Il est grand temps que je dorme maintenant puisque la nuit s'est décidée à partir. La nuit porteuse d'angoisses que j'aspire par petites bouffées. La peur de m'endormir pour toujours, la crainte de ne plus m'éveiller à tes côtés. Je tourne et me retourne

172

dans le lit, je me lève pour mieux respirer.

— Maman? T'as mal à ton coeur?

— Non. Rendors-toi, ma tourterelle. Je prends juste mon oxygène et je reviens me coucher près de toi.

— Ça fait mal?

— Quoi? L'oxygène? Non. C'est comme une petite brise dans mon nez.

— Ça chatouille, hein?

Je ris.

— Oui, c'est ça, ça chatouille. Rendors-toi maintenant.

Docilement tu refermes les yeux, confiante, prête à retrouver tes rêves. La vie est pour toi une histoire mystérieuse que tu découvres un peu plus chaque jour. Tu as quatre ans et la bouche pleine de questions. Quand tu me demandes si nous retournerons ensemble dans la grande maison, je sais que tu nous vois toutes deux avec ton père. Tu crois que je suis partie uniquement pour qu'on change mon coeur et mes poumons. Tu t'imagines que je retournerai vivre ensuite avec ton papa. Tu ne sais pas encore qu'il n'est plus mon mari. Je te l'ai dit il y a longtemps, mais tu étais trop petite, tu as dû oublier. Je ne fais rien pour te détromper. À quoi bon t'attrister ou te faire des promesses que je ne tiendrai pas. Qui peut savoir d'ailleurs si je pourrai bientôt retourner chez moi? Je veux que tu continues à penser que c'est encore possible.

C'est pourquoi je ne t'ai pas dit que la petite fille avec qui tu jouais il y a quelques jours à l'hôpital a eu ensuite un gros chagrin. Son papa qui avait attendu comme moi son coeur et ses poumons est mort une semaine après sa transplantation. J'ai préféré te le cacher parce que cela pourrait aussi m'arriver. Ce n'est pas un vrai mensonge, je t'ai dit une partie de la vérité, le papa de cette petite fille avait reçu ce que j'attends depuis treize mois. Comme ça, tu as pu me dire:

— La prochaine fois, c'est à ton tour?

— Mon tour?

173

— Oui. L'autre fois c'était le tour du papa de la petite fille, la prochaine fois c'est le tour de ma maman...

J'ai dû te sourire à ce moment-là pour que tu ne devines pas mon trouble. Mon tour, oui, mais lequel? Celui de vivre ou celui de mourir? Tu n'as pas remarqué le tremblement de ma voix quand j'ai ajouté ensuite:

— Oui, ce sera peut-être mon tour.

Après tu as encore parlé de la grande maison. Pour toi, c'est le souvenir de moments heureux, pour moi le rappel de scènes pénibles et d'incessants reproches. Ta mémoire d'enfant n'a gardé que le meilleur. Tant mieux. Il n'est pas bon que tu saches tout de suite ce que tu as à redouter.

Demain, quand tu partiras, j'essayerai de ne pas pleurer. Je veux que tu te souviennes de mon sourire au cas où tu ne le reverrais pas.

Dors, ma tourterelle, continue de penser que la vie est aussi bonne à dévorer que du gâteau. Lèche tes doigts, n'en perds pas une miette! Pendant ce temps, je vais m'imprégner de ton visage afin de ne plus l'oublier: couleur de pomme pour tes joues, couleur de bronze pour ton front, couleur de fraise pour tes lèvres.

20
Sombre bilan

8 janvier 1985. Gayle Reedy a reçu une transplantation coeur-poumons le 27 octobre 1984. Une semaine plus tard, il décédait dans une chambre des soins intensifs. C'était un jeune fermier venu du Wisconsin qui avait fait venir sa famille auprès de lui. Sa femme et ses enfants attendaient avec lui depuis huit mois, ils assistaient souvent aux meetings. Je les aimais beaucoup. Comme toute sa famille, Gayle était humble, simple, sincère et généreux. Il avait un coeur en or massif qu'il a laissé entre les mains des médecins. Gayle avait deux filles dont une un peu plus âgée qu'Isabelle. Il est mort pendant le séjour de mes parents.

Andréa Matsushima a subi la même opération hier, dix-sept mois après son arrivée en Californie. Elle avait attendu quatorze mois son admission à Stanford. J'ai appris la nouvelle de son décès tout à l'heure en téléphonant à l'hôpital. En sortant de la salle d'opération, les médecins avaient prédit qu'Andréa ne tiendrait pas le coup, ils avaient essayé pendant douze heures de lui donner une deuxième vie. Andréa avait souffert de graves problèmes cardio-pulmonaires dès sa naissance; à l'âge de six mois, elle avait battu les records de survivance devant les bébés atteints du même mal. Elle était beaucoup plus malade que moi; au meeting de Noël, je lui avais prêté mon oxygène. Mais avec cet acharnement à vivre que je lui connaissais, je ne pouvais supposer une fin si soudaine.

177

Dans mon petit carnet, j'ai ajouté deux X au bout de leur nom, dans la colonne décès. Gayle portait le numéro 22, Andréa, le numéro 23. Les chirurgiens et tous les membres de l'équipe médicale sont navrés, ils ont perdu deux patients. Yves et moi, nous avons perdu deux amis.

21

Nuit blanche

15 janvier 1985. Les décès de Gayle et d'Andréa s'expliquent par le fait que les deux patients avaient eu d'autres interventions avant leur récente transplantation. C'est, en résumé, ce que m'a confié le docteur Stuart Jamieson quand je l'ai rencontré dans son bureau à Stanford. L'opération à l'aorte que j'ai subie à l'âge de six ans pourrait donc rendre plus difficile encore le délicat travail des chirurgiens au moment d'une greffe. Au lieu d'ouvrir le thorax depuis la trachée jusqu'au sternum, ils devront le faire d'avant en arrière, ce qui, selon leurs prévisions, pourrait éviter les complications antérieures. Lors des deux derniers transplants, ils ont dû nettoyer la cage thoracique avant de placer le coeur et les poumons et cela a occasionné des saignements incontrôlables. Il a fallu remplacer le sang perdu par des transfusions, ce qui a entraîné le rejet des organes.

Le docteur Jamieson est un homme franc. Il ne m'a pas caché sa pensée: en plus de diminuer la moyenne du taux de réussites, ces deux échecs diminuent mes chances de survie. Il m'a fait savoir que j'avais le choix: je pouvais encore tenter cette chance réduite et continuer d'attendre un donneur ou retourner chez moi. Je n'ai pas hésité:

— Même s'il ne me reste qu'une chance sur cent, je la prends!

Cette première impulsion passée, j'ai toutefois commencé à ressentir les effets du découragement. De plus, l'hiver n'arrange rien, mon état de santé se détériore, je sens mes forces me quitter peu à peu. Le soir, j'ai du mal à m'endormir et Yves s'inquiète en me voyant tourner dans le lit pour essayer de trouver le sommeil. On m'a prescrit des somnifères et ce soir, après les informations télévisées, j'en ai avalé deux et j'en ai refilé un à mon homme. Ainsi nous sommes à peu près sûrs de passer une bonne nuit.

Mais, il me semble avoir entendu frapper à la porte... Est-ce que j'ai rêvé? Pourtant j'ai l'impression de m'être à peine assoupie. J'ai dû dormir. Quelle heure est-il? Trois heures quinze. Tout me paraît calme. Je tends l'oreille à nouveau.

— Yves, tu as entendu?
— Quoi?
— Je pense qu'il y a quelqu'un à la porte.
— Non. Tu as sûrement rêvé. Rendors-toi, Diane.
— ...

Je veux bien essayer mais le bruit s'est répété, cette fois je ne rêve pas. Trois coups précipités.

— Yves! Écoute!
— QUOI?
— J'te dis qu'on a frappé.
— Bon. Je vais voir. Attends!

Attendre? Non, je me lève. J'entends parfaitement la sonnette d'alarme maintenant. Dans le salon, notre nouveau pensionnaire s'étire sur le divan. C'est Cashew, un jeune chat vigoureux que nous nous sommes procuré au marché aux puces. Oui, je sais, ce n'est pas un endroit pour acheter un chaton parce que, des puces, il en avait plein. Enfin, on a réussi à l'en débarrasser! Du moins, je l'espère parce que, à la façon dont il se secoue maintenant on jurerait que... Yves m'annonce qu'il n'a trouvé personne à la porte.

— Tu entends la sonnette, Yves?
— Oui mais tu sais bien qu'elle se déclenche pour un rien. Allons, viens te coucher, Diane.
— Non, je n'aime pas ça, je préfère téléphoner en bas.

Pas de réponse à la conciergerie. Je m'approche de la fenêtre. Il y a un petit groupe de gens sur le trottoir.

— Regarde, qu'est-ce qu'ils font là?

— Ça n'a rien d'étonnant, me dit Yves, ils reviennent d'une soirée.

— Je trouve ça bizarre.

— Pas moi mais je vais quand même m'assurer que...

Yves a ouvert la porte et l'a refermée aussitôt.

— Diane! C'est plein de boucane... Vite!

Il est déjà tout habillé alors que j'enfile encore mes pantalons de cuir et un chandail. J'attrape un manteau, mon sac à main, ma canule.

— Vite! Dépêche!

— Où est Cashew?

Il est là, roulé en boule sur le divan. Je le cale sur ma poitrine. Je suis prête. Yves ouvre la porte et me prend dans ses bras. La fumée est épaisse et étouffante. Yves avance à tâtons vers l'issue la plus proche. Nous sommes au troisième mais pas question de prendre l'ascenseur. Bon, l'escalier est derrière la porte, à gauche. Vite! Oh! Une violente poussée de fumée nous mord la gorge. Je tousse. Je tire la manche de mon manteau et la colle sur ma bouche. On dirait que les murs sont en feu. Pas de flamme pourtant mais une fumée noire et dense. Yves descend le plus rapidement possible. Cashew se laisse serrer contre moi, parfaitement inconscient du danger. Deuxième étage. La fumée nous brûle les yeux. Je me demande comment Yves arrive à avancer et à descendre jusqu'au premier. Ça y est. Plus que deux portes à franchir. Enfin de l'air! Respirer! Pompe mon coeur, rosissez mes poumons!

Dehors la petite foule rassemblée nous fait des signes. Nous devons avoir l'air pathétique: Yves me transportant dans ses bras, moi-même serrant un chaton sur mon coeur. On nous dit que nous sommes les derniers à sortir et que nous avons choisi par mégarde l'issue la plus dangereuse, juste à côté du foyer d'incendie. Qu'importe? Nous sommes bien vivants! La gorge enrouée, le nez irrité, c'est tout. Il semble d'ailleurs qu'il n'y ait aucun blessé. Les pompiers sont sur place et paraissent confiants de maîtriser l'incendie qui s'est déclaré dans une chambre du deuxième étage. Bon, nous pouvons maintenant nous préoccuper des dégâts matériels.

Réfugiés dans la voiture, nous faisons l'inventaire de nos biens possiblement endommagés. Je crains surtout pour mon orgue, le reste de l'ameublement ne vaut guère plus que les efforts que nous avons faits pour l'acheter au meilleur prix. De toute façon, nous pourrions éventuellement remplacer tout ça. Par contre, j'aurais beaucoup plus de peine si je perdais des objets plus précieux pour moi comme les lettres, les photos ou les souvenirs recueillis au cours d'anniversaires ou d'événements heureux, tous ces petits riens qui n'ont pas de prix parce qu'ils sont irremplaçables. Pourvu que les plantes et les poissons aient tenu le coup...! Mais à quoi bon nous désoler d'avance?

Une voisine d'un des immeubles adjacents nous propose le confort de sa cuisine. Paroles chaleureuses et boissons fraîches calment les nerfs, c'est bon. Quand nous sortons de chez elle vers dix heures, les pompiers sont partis et la foule, dispersée. Yves me reprend dans ses bras et nous montons jusqu'au troisième. Le spectacle est désolant: portes arrachées, murs noircis, fenêtres brisées, tentures dégoulinantes d'eau et de suie. À certains endroits, des plafonds et des planchers se sont écroulés. Mais chez nous, agréable surprise, tout est intact. Rien n'a été abîmé à part le tapis marqué par les grosses bottes des pompiers. Les plantes vertes tournent leurs feuilles vers la lumière et dans l'aquarium, les poissons continuent de nager indifféremment. La chambre est telle que nous l'avons laissée quelques heures plus tôt. Sur le mur, les cartes postales, photos et images pieuses sont restées sagement épinglées. Ni noircies, ni trempées.

— C'est un miracle, Yves! Tu vois cette image du Christ que j'ai collée sur la fenêtre? La dame qui me l'a offerte m'avait promis qu'elle me protégerait, que rien ne pourrait arriver de mauvais dans la pièce où je l'afficherais. Elle avait raison. C'est un miracle, non?

Mon incrédule ne réplique pas mais il doit bien reconnaître que notre appartement a été préservé des ravages de l'incendie alors que tous les autres sont dans un état lamentable. Yves fait le tour des deux pièces, cherchant probablement un indice capable de lui prouver le contraire. Il n'en trouve pas, il vient s'asseoir près de moi.

— Alors, qu'est-ce que tu en penses? C'est un miracle, oui ou non? Avoue-le donc une fois pour toutes!

— C'est extraordinaire, je l'admets...

— Tu vois, mon «grand chum d'en haut» ne veut pas encore de moi dans son paradis.

— ...

— Moi, ça me redonne confiance. S'il ne veut pas de moi, c'est que j'ai encore une chance.

— ...

— Qu'est-ce que tu as, Yves? Tu ne dis rien... Ça t'en bouche un coin, n'est-ce pas?

— Non, Diane, je réfléchis. Le logement est peut-être encore habitable, mais ça sent terriblement la fumée ici. Et avec tous les travaux qu'on va devoir faire aux alentours, la poussière, la peinture, l'air sera irrespirable. Ce sera très mauvais pour ta santé.

— Alors?

— Ben, j'ai comme l'impression qu'on a du pain sur la planche, que j'ai du travail qui m'attend.

— Du travail?

— Oui, trouver un autre appartement, emballer tout ça et encore déménager...

— Déménager? Tiens pourquoi pas? Ça me changera les idées!

22

Troisième *home*

15 janvier — 28 février 1985. Nos amis de la première heure, nos «dépanneurs» attitrés, Jimmy et Huguette, nous ont offert l'hospitalité, le temps qu'ont duré les travaux dans l'immeuble ravagé. Une quinzaine de jours plus tard, nous avons repris possession du logement. Les murs ont été lavés et les tapis, nettoyés; les deux pièces sont habitables. Mais l'idée de déménager a fait son chemin. D'autant plus que les propriétaires ont décidé de faire payer à tous les locataires les rénovations occasionnées par l'incendie. Résultat: une hausse de loyer de trente-cinq dollars...

Nous avons donc dû recommencer les patientes recherches et nous soumettre aux questionnaires des suspicieux propriétaires. Leur expliquer pourquoi nous ne travaillons pas, d'où nous viennent nos revenus et les assurer que nous payerons le loyer comme tout le monde. Un couple de nos amis se trouve dans une situation semblable; Howard et Diana désirent un appartement plus grand. Lui est arrivé peu de temps avant moi à Stanford; il attend aussi une transplantation coeur-poumons et souhaite que son fils, né d'un premier mariage, vienne le rejoindre en Californie. Howard reçoit une pension de ses employeurs de Las Vegas où il était croupier tandis que Diana travaille dans un restaurant du Hilton. Avec leurs modestes revenus, ils se butent comme nous à la méfiance des agences de location. Pourquoi poursuivre nos recherches chacun de notre côté? Pourquoi ne pas conjuguer nos efforts? Mieux, pourquoi ne

189

pas louer une maison ensemble? Nous en sommes vite venus à la conclusion qu'une colocation serait infiniment plus économique. Il suffit de trouver une maison assez grande pour ménager le peu d'intimité dont nous avons besoin.

Pour le reste, nos exigences sont les mêmes, la maison doit être située à moins d'une heure de voiture de l'hôpital. Comme il se doit, nous fouillons les environs de Mountain View, puis nous sillonnons les belles routes de la vallée de Santa Clara jusqu'à San Jose, point limite du circuit. Cette dernière ville d'un demi-million d'habitants est située dans une région d'une grande beauté au milieu de vertes collines piquées de vignes et d'arbres fruitiers. Un décor paisible tout en douceur et en nuances.

— Ce paysage me plaît, Yves, nous serons bien ici.

Yves a stationné la voiture sur l'allée asphaltée à côté d'une maison immense sise à flanc de montagne.

— Woh, Diane, ça m'a tout l'air d'un château, cette maison-là. Le journal ne mentionnait pas de prix, non? Je comprends pourquoi. Ce n'est certainement pas dans nos moyens.

— On ne sait jamais, dis-je, moi aussi un peu déroutée par le luxe évident de la résidence.

Yves est sorti de la Honda, a fait le tour de la propriété et revient s'asseoir près de moi, l'air dépité.

— Ça n'est pas pour nous, Diane, piscine creusée, foyer dans le salon, inutile de rêver en couleurs, c'est une maison de riche.

— Tu crois?

Howard et Diana sont du même avis, pas la peine de convoiter cet inaccessible château. Durant le trajet du retour, je contemple les vertes collines en rêvassant. Ce serait tellement reposant de les avoir sous les yeux chaque jour. Sitôt rentrée à l'appartement, je compose le numéro de téléphone indiqué dans le journal. Je dois supporter la description détaillée et enlevée que me fait l'agent immobilier (quatre chambres à coucher, deux salles de bains, une cuisine et une salle à manger, une salle de séjour

190

avec foyer) ce qui ne fait qu'aviver mon impatience.

— Oui mais, combien?

Elle continue de me vanter le paysage superbe et les autres avantages que nous avons déjà eu le loisir d'apprécier avant de m'annoncer prudemment:

— Mille deux cent cinquante dollars par mois.

Ai-je bien entendu? J'ai immédiatement divisé le montant en deux. Six cent vingt-cinq dollars par couple? Mais c'est une aubaine! J'insiste pour la rencontrer le plus tôt possible. Munis des preuves irréfutables du sérieux de nos démarches — lettres du Club Optimiste et des médecins de Stanford —, Yves et moi avons tôt fait de séduire la jeune femme avec le charme de notre accent inimitable et le récit de notre étonnante aventure. Sympathique et compréhensive, sensible aux circonstances qui menacent la vie d'Howard et la mienne, elle propose de nous inscrire en premier sur la liste d'attente; la décision finale ne lui appartient pas. Quelques jours plus tard, nous visitons l'intérieur de notre future demeure. Eh oui, nous en sommes les nouveaux locataires. Et c'est encore plus beau et plus grand que nous l'avions imaginé!

Yves examine avec satisfaction la cuisine fonctionnelle et coquette avec ses grands comptoirs de céramique. L'aquarium sera parfait ici dans la salle à dîner. Moi, je m'attarde dans la plus grande des quatre chambres, la nôtre, ai-je décidé en la voyant. Diana et Howard sont d'accord, celle du fond sera pour eux et l'autre juste à côté, pour le fiston. Et il en restera encore une pour la visite. Quel plaisir ce sera d'accueillir Isabelle dans cette si grande maison!

Maintenant, il s'agit de meubler toutes ces pièces immenses. Nos amis ont comme nous un modeste ameublement de jeune couple, mais Howard possède encore quelques petites choses dans sa ville d'origine. Yves et Diana l'accompagnent jusqu'à Las Vegas où il récupère son mobilier et son fils de quinze ans. C'est une joyeuse équipée dont Yves se plaît à me raconter les péripéties au retour. La vieille camionnette empruntée à une amie leur a causé plus d'inquiétudes que d'ennuis mécaniques, mais ils sont revenus chargés comme des voleurs, les petites affaires d'Howard étant plus nombreuses que prévu.

Pendant ce temps, moi j'ai fait des plans et aménagé sur papier notre prochain *home* de sorte qu'il ne nous reste plus qu'à emballer notre bagage et à le transporter jusqu'à San Jose. Pour une fois, Yves échappe à la corvée, l'empaquetage et le déménagement sont offerts par notre compagnie d'assurances.

Enfin nous voici à peu près installés. Sans me préoccuper du désordre des pièces, j'observe par la fenêtre le paysage doré par le couchant. Dans les prés, des vaches et des chevaux broutent l'herbe neuve, les montagnes au loin se couvrent de nuages roses. Le décor est en place pour le troisième acte, pour la troisième partie de notre aventure californienne. Et je préfère ne pas penser au verdict de mon cardiologue selon lequel il me reste maintenant deux mois à vivre.

Je respire mieux à travers le courrier venu du Québec, c'est comme un grand souffle d'amour qui parvient jusqu'à moi. Je trouve des façons inusitées de remercier mes compatriotes.

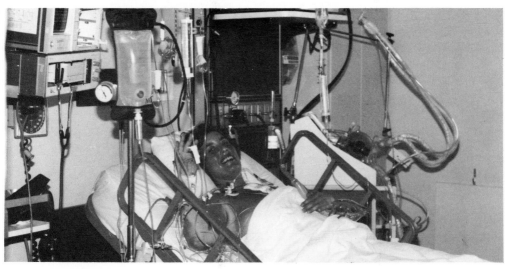

Un médecin ne profite jamais seul d'une réussite, il reconnaît le plus souvent à son patient la plus grande part du mérite, sa volonté de guérir. Ici Jo Ann Zulaïca, peu de jours après sa transplantation.

Journal de Montréal

Isabelle et mes parents lors d'une de leurs trop brèves visites en Californie.

Des réunions comme celle-ci, avec les autres candidats receveurs, auront lieu tous les mois. Nous en viendrons à la longue à former une sorte de famille.

(Au premier plan) Andréa Matsushima est décédée le 9 janvier 1985 immédiatement après son transplant. (À ma droite) Jo-Ann Zulaïca a eu son premier transplant le 10 avril 1985 et attend le second à cause d'un virus qu'elle a contracté. (À ma gauche) Judy Holden a eu son transplant le 25 juillet 1984 et est en parfaite santé; Gayle Reedy est décédé le 3 novembre 1984, une semaine après son transplant; Judy Skidmore est décédée en mai 1986 alors qu'elle attendait son transplant; John Tedeschi est décédé le 23 mars 1985, onze mois après son transplant; Donna Isom s'est désistée; Stephen Epstein est décédé avant d'avoir reçu son transplant.

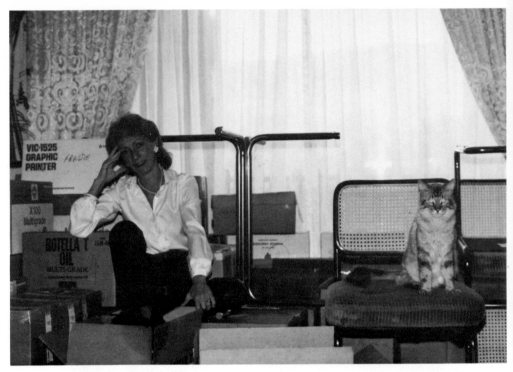

Quatrième déménagement en moins de deux ans… cette fois-ci, direction Toronto.

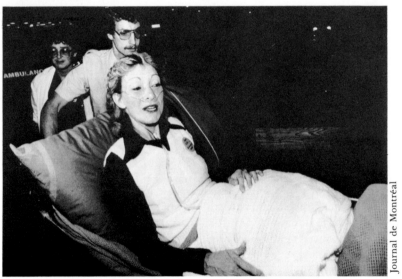

Il pleut des clous à Toronto et ma civière n'est ni à l'abri du déluge ni à l'abri des flashes.

Journal de Montréal

J'ai quitté cette ville et cette maison, j'y reviens après deux ans, presque jour pour jour, et rien ne paraît avoir bougé.

Hier, c'était le souper anniversaire de Simone. Je me suis bien amusée. Je crois même que j'ai un peu exagéré en jouant de l'orgue toute la soirée.

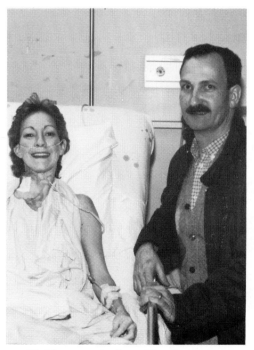

«... Eh bien tu vois, Jean-Claude, ça y est et je ne suis pas plus énervée que quand je vais chez le dentiste. Est-ce que ça se voit que je vais subir une transplantation?»

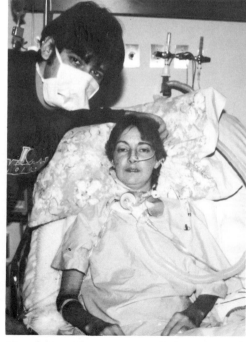

Yves fait pratiquement partie du personnel. Il vient me voir plusieurs fois dans la journée, s'informe de mes moindres gestes, s'enthousiasme devant mes progrès.

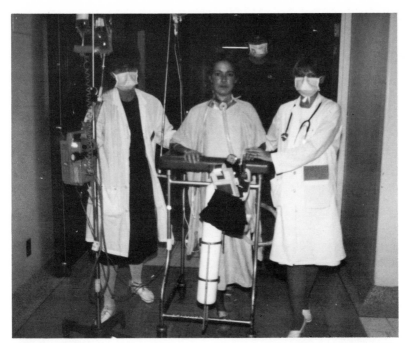

Me lever seulement et arriver à me tenir debout me paraît un acte de pur masochisme. On dirait que mes os sont fractionnés en milliers de petites pièces qui menacent de s'écrouler si je leur impose un mouvement.

Messieurs Michel Dallaire (à gauche) et Pierre Francoeur (à droite) du Club Optimiste de Laval, après la conférence de presse à Toronto.

Aujourd'hui, je viens dire aux Québécois qu'ils ont eu raison de croire en moi. J'ai mérité leur confiance. Aujourd'hui, je viens leur donner la preuve que j'ai gagné.

Le docteur Cooper a bien fait les choses. Il est là lui aussi, entouré de son équipe de chirurgiens et des infirmières. Tous les transplantés sont présents.

23

Le goût de vivre

18 avril 1985. On ne s'habitue pas à voir mourir ses amis. C'est toujours une épreuve cruelle dont on accuse le destin à défaut de trouver un autre coupable. Mais le danger qui menace la vie d'un receveur est trop présent pour lui permettre de se soumettre ou de se désoler devant une telle injustice. La mort des autres ne doit pas l'affaiblir. C'est une question de survie; s'il ne relève pas la tête sous l'affront, il risque de devenir la prochaine victime. Il doit s'aguerrir. Nous sommes à Stanford comme sur un étrange champ de bataille: notre ennemie à tous, c'est la Mort. Et nous devons tous lutter contre ses assauts sans nous soucier des vies qu'elle fauche à nos côtés.

Si ce comportement combatif n'est pas toujours facile à adopter, il arrive qu'il soit remplacé par une attitude de résignation. C'est ce qui s'est produit quand j'ai appris, il y a trois semaines, la mort de John Tedeschi. John avait subi une transplantation coeur-poumons au printemps dernier. Né à Boston de parents italiens, il avait travaillé plusieurs années comme dessinateur publicitaire. Atteint de la maladie d'Eisenmenger, une affection congénitale aux symptômes lents à se manifester, il était arrivé seul à Stanford. C'est sans doute la raison pour laquelle Yves et moi nous sommes liés très vite à John lors des premiers meetings; encore isolés par les barrières de la langue, nous étions attirés par cet homme solitaire mais bon vivant. Il fut l'un des premiers à apporter du vin aux réunions et à en alléger l'atmosphère. «La vie est trop courte, il faut en profiter», disait-il.

Plus tard nous l'avons souvent visité pendant sa convalescence. Il récupérait bien mais s'occupait peu des conseils des médecins; il contestait les soins hospitaliers, négligeait les exercices respiratoires recommandés, oubliait volontairement de prendre ses médicaments. Bref il conservait l'insouciance que nous lui avions toujours connue. Mais cette espèce d'indifférence jugée utile avant l'opération se retournait maintenant contre lui; il jouait avec sa vie, il flirtait avec sa mort. Une fois sorti de l'hôpital, il a continué à mener une existence désordonnée l'obligeant à y revenir pour des séjours de plus en plus fréquents et longs.

Voilà pourquoi j'ai été à peine surprise en apprenant la nouvelle de son décès. John a refusé la lutte indispensable à sa survivance; d'une certaine manière, il a choisi de mourir, il a construit sa propre tombe. Ma réflexion peut paraître cruelle et blessante pour sa mémoire, mais je devine qu'il aurait été d'accord avec mon interprétation. Je crois que j'éprouve le besoin de chercher des raisons capables d'expliquer ce genre d'échecs qu'on préfère nommer autrement dans les milieux hospitaliers. Et pour cause! Un médecin ne profite jamais seul d'une réussite, il reconnaît le plus souvent à son patient la plus grande part du mérite, sa volonté de guérir. Il m'apparaît donc logique de ne pas blâmer la science de certains insuccès et de rendre au patient ce qui lui appartient.

Un tel exemple est pour moi comme une douche d'eau froide. Il m'invite à me secouer et à m'activer. Est-ce l'effet tonique de ce printemps encore plus perceptible ici à cause de l'abondante végétation? Il me semble que cette saison est toujours pour moi très bénéfique. J'ai à nouveau envie de travailler et de dépenser ma toute neuve énergie.

Je n'ai pas cherché longtemps comment occuper mes loisirs. Dans la boîte aux lettres remplie de dépliants de toutes sortes, j'ai trouvé un catalogue que j'ai reconnu tout de suite. J'avais déjà été représentante de produits Avon avant mon mariage. L'expérience ne m'avait pas déplu; il suffisait de faire connaître la marchandise, de remplir des bons de commande et de les expédier à la compagnie, puis d'aller porter à chaque client le savon ou le parfum commandé. Un jeu d'enfant auquel Yves voudrait certainement participer.

— Ça te tenterait, Yves, de te faire un petit supplément?

— Hmmm?

— Oui, un peu d'argent de poche, ça ne nuirait pas, non?

Il a dit oui aussitôt que je lui ai promis la moitié des profits. D'ailleurs il n'accomplirait que la moitié du travail, c'est-à-dire qu'il marcherait à côté de ma chaise roulante et qu'il me porterait au besoin jusqu'au palier d'une maison. Je m'occuperais du reste jusqu'au moment de la livraison des commandes que nous irions porter ensemble de la même façon.

Pour commencer, nous avons choisi une rue très droite avec beaucoup de maisons. Nous avons eu immédiatement un grand succès. Les gens sont émus ou étonnés par mes moyens de transport aussi inusités. Je me suis fait ainsi beaucoup de connaissances dans le voisinage. Tout a marché comme sur des roulettes jusqu'à la minute du partage des profits.

— Comment? Seulement deux piastres et demi? m'a déclaré mon homme quand je lui ai remis sa part.

— Écoute, Yves, je n'avais plus d'huile pour le bain ni de lotion pour le corps et j'en ai bien sûr profité pour regarnir ma trousse à maquillage. C'est beaucoup moins cher, tu sais, tu ne réalises pas tout l'argent que j'économise ainsi sur les dépenses en pharmacie. La prochaine fois, tu verras, la somme sera plus grosse.

Bon. Pas la peine d'insister, il n'est pas content content de mon nouvel emploi. Par contre, il est beaucoup plus intéressé par ma participation au bulletin d'information *The Gift of Life*. J'en ai déjà parlé, c'est un petit journal conçu pour et par les receveurs de Stanford. Au début, je me suis occupée de la page couverture dont j'ai modifié la présentation et le graphisme. Mais, il y a deux semaines, j'ai été nommée rédactrice en chef. En fait je signe un court éditorial, j'essaie de recueillir le plus d'informations utiles à mes collègues et je fais la mise en pages. Je prépare en ce moment le numéro de juin-juillet qui promet une mine de renseignements intéressants. J'ai déjà recueilli plusieurs articles de journaux, entre autres une interview de Mary Gohlke, la première à avoir reçu un coeur et des poumons à Stanford. Il y aura aussi un article de fond sur un certain docteur Cooper de Toronto, une entrevue de ma collègue Marsha avec un médecin de Stanford et un grand nombre de nouvelles concernant les greffes et le don d'organes. En tout, une cinquantaine de pages photocopiées et brochées, expédiées à une centaine d'abonnés.

Également dans ce numéro, un article sur Chuck Walker paru dans le *Times Tribune* dont je résumerai les grandes lignes. J'ai raconté dans quelles circonstances Chuck est devenu sourd au printemps dernier. Juste au moment où Yves et moi avions amélioré notre connaissance de l'anglais, Chuck fut totalement empêché de remarquer nos progrès. Bien qu'il ait appris à lire sur les lèvres, il lui était impossible de saisir nos paroles, notre accent et notre prononciation rendant la chose trop difficile. Nous avons dû nous habituer à des rencontres plus brèves et beaucoup plus silencieuses. Mais même quand nous ne tentions qu'une petite visite chez lui, le problème était de l'avertir de notre présence. Il n'entendait pas la sonnette de la porte. Un jour, Yves a dû employer toutes sortes de ruses: il a grimpé sur son balcon et, voyant sa porte-fenêtre entrouverte mais bloquée, il a essayé de le prévenir en lançant de petits objets dans la pièce. Chuck gardait les yeux fixés sur le petit écran. Yves a pratiquement vidé le contenu de ses poches avant d'atteindre finalement sa cible avec une pièce de monnaie. Chuck se moque volontiers de ses mésaventures même si elles n'ont pas toujours d'aussi heureuses conclusions.

Ces incidents seront désormais évités grâce à la présence d'un compagnon qui lui prêtera en quelque sorte ses oreilles. Il s'agit d'un petit chien spécialement dressé à réagir aux différentes sonneries, que ce soit celle de la porte, du téléphone, du réveille-matin ou d'une quelconque minuterie. On distribue en Californie une quarantaine de *hearing dogs* par année, mentionne le *Times Tribune* de Palo Alto, et Chuck est ravi de posséder le sien, un jeune terrier noir très attachant. Le seul inconvénient, conclut notre ami, c'est qu'il perd désormais ses prétextes pour dormir tard le matin.

Voilà le genre de petites nouvelles optimistes que j'aime retrouver dans *The Gift of Life*. Cela m'oblige à trier l'information fournie principalement par des abonnés ou des personnes intéressées par notre publication. C'est un travail passionnant qui exige principalement de l'ordre et de la méthode et qui satisfait mon insatiable curiosité. J'adore aussi fouiller dans les magazines et dénicher la petite blague ou la caricature destinée à alléger le contenu trop sérieux.

Pour ce qui est de l'éditorial, Yves aime bien m'aider à trouver quelques idées et nous l'écrivons ensemble. Notre anglais s'est considérablement amélioré depuis notre arrivée, et ma collaboratrice, Marsha, insiste pour publier notre texte tel quel même s'il contient une ou deux maladresses. Yves a eu d'excellentes idées pour améliorer l'aspect du bulletin. C'est lui qui a pensé à inscrire les grands titres de nos articles en première page, un peu comme on le retrouve à la une des journaux. Mon homme n'est pas peu fier de ses initiatives, il redécouvre lui aussi le plaisir de travailler. D'autre part, il s'occupe des photocopies et de la distribution.

J'admets que ce deuxième emploi m'apporte plus de satisfaction que l'autre. Mais je refuse de passer toutes mes journées enfermée dans notre grande chambre où j'ai mes quartiers généraux de rédactrice en chef. Parce que quand il fait beau, je n'hésite pas à faire la distribution de mes catalogues Avon. Jason, le fils d'Howard, nous accompagne

parfois dans nos randonnées. Et malgré toutes ces occupations, je trouve encore le temps de m'allonger près de la
piscine et de penser comme Mary Gohlke: «La vie est
précieuse et magnifique. Et tant qu'un trépassé ne revien-
dra pas sur la terre me dire: «Hé, c'est fantastique là-haut!»,
je m'accrocherai à cette terre aussi longtemps que je vivrai.»

24

Urgence

25 juin 1985. Yves, ça ne va pas, j'ai mal partout. Tu crois que c'est encore ce kyste?

— Je ne sais pas, Diane... Où as-tu mal?

— Ici, à la poitrine, j'ai de la misère à respirer, j'étouffe! Oh Yves, je crois que je vais appeler le médecin.

— Non!

Yves n'a fait ni une ni deux, il a composé le 911, le numéro de l'urgence. Les douleurs à la poitrine, ça n'était certainement pas les symtômes de ce mal qui m'avait tant effrayée à Montréal au printemps 1983. Mon kyste m'avait déjà donné du souci à deux reprises en Californie. Mais là, c'était différent, je souffrais dans toute la région du thorax. Une douleur insupportable et beaucoup plus inquiétante à cause de sa localisation. Yves a fait les cent pas devant la fenêtre en attendant l'ambulance pendant que j'essayais de m'apaiser. Enfin, j'ai entendu une sirène, c'était les pompiers.

— Oh! Est-ce qu'il y a un incendie dans les parages?

— Non, ils s'arrêtent ici.

Yves, nerveux, a haussé le ton:

— Bande de crétins! C'est l'ambulance que j'ai demandée... Vite, ça presse!

Mais les zélés pompiers n'ont pas voulu décoller. Ils ont insisté pour parler à la «malade» afin de lui poser une série de questions: «Où avez-vous mal?» «Depuis combien de

203

temps?» Et patati et patata... Pendant que je me tordais de douleur...

— Yves, réponds à ma place... J'ai trop mal... Je ne peux pas...

Yves était de plus en plus impatient. Il a hurlé:

— Vous ne voyez pas qu'elle ne peut pas répondre!

Non, ils ne voyaient pas, ils sont repartis sans se presser. Enfin l'ambulance est arrivée. Autre interrogatoire. Yves crachait du feu.

— Laissez-la tranquille et partons. Vite à l'hôpital de Stanford!

Le chauffeur a regardé l'ambulancier comme si Yves venait de dire une stupidité.

— Non, monsieur, je regrette, a-t-il déclaré, moi je reconduis les patients à l'hôpital de San Jose.

Misère! Il a encore fallu insister, expliquer que je suis soignée par les médecins de Stanford, que j'attends une transplantation et ainsi de suite. Le chauffeur ne voulait rien savoir. Lui, il avait l'habitude de reconduire son monde à l'hôpital de San Jose... Il a fallu se fâcher, menacer. Yves ne se possédait plus:

— Vous êtes des incapables! Laissez faire! Je vais la reconduire moi-même. Vous ne voyez pas qu'elle est en train de MOURIR?

Peut-être qu'il exagérait mais c'est exactement ce que je ressentais. Comme si mon coeur s'était mis à enfler dans ma poitrine, comme s'il allait éclater d'une minute à l'autre. Après m'avoir jeté un coup d'oeil, l'ambulancier a fait signe à son collègue et ils m'ont enfin transportée dans la voiture. Mais, est-ce qu'il le faisait exprès? Le chauffeur a pris le plus long chemin, la route panoramique, et il a coincé son fourgon dans un embouteillage.

— Allumez vos flashers, partez la sirène, bon Dieu! a bougonné Yves.

— Ça coûte cent dollars de plus, lui a lancé son flegmatique voisin.

Yves m'a regardée, incertain...

204

— Ça va?

— Ni mieux ni pire..., dis-je en essayant de sourire.

— Bon, laissez faire les flashers mais allez plus vite, bon sang! a conclu mon impatient.

Moi, je pensais à ces deux morts survenues en juin à quelques jours d'intervalle. Celle prévisible de Barry Davis, celle plus surprenante de Mike McClennan. Est-ce que j'allais y passer moi aussi, et cela, contrairement à eux, sans avoir eu ma chance? Comme si je m'étais exprimée à voix haute, le conducteur a semblé tout à coup comprendre que nous étions pressés d'arriver; il s'est mis à filer plus vite. J'ai vu défiler le feuillage ondulant des palmiers sur le grand boulevard et j'ai aperçu les fontaines devant l'hôpital. Par bonheur, nous n'avons ensuite attendu que quelques minutes avant de voir arriver le docteur Morris.

Après un rapide examen, il m'a aussitôt rassurée. Ce n'était pas du tout ce que je craignais. Encore une fois, mon kyste avait fait des siennes et causé une inflammation au-delà des régions infectées. Mon état d'extrême faiblesse m'avait fait croire à des complications cardio-pulmonaires. Non. Il n'y a aucune raison de s'inquiéter de ce côté. Comme les trois autres fois, il faut attendre la résorption du coupable. Se détendre et se reposer, rester un ou deux jours à l'hôpital puis rentrer chez moi.

Ce diagnostic aurait dû me tranquilliser. Mon coeur devait être très solide pour résister à de telles douleurs. Mais justement à force de combattre et de lutter, je m'épuise inutilement, j'use le petit peu de force qu'il me reste. Et ce soir en me démaquillant dans ma chambre d'hôpital, je me suis attardée à scruter mon visage. Le léger bronzage ne réussit pas à cacher ma peau mate et terne et mes lèvres...

— Regarde, Yves, mes lèvres sont toutes bleues.

— Pas plus que d'habitude...

— Mais oui, c'est pire, regarde-moi, voyons!

Yves a baissé les yeux. Je sais qu'il s'inquiète de plus en plus pour moi, qu'il me touche la nuit quand, enfin immobile, je réussis à m'assoupir. Il vérifie si je respire encore. Il a peur...

— Yves, je me sens mourir, je veux retourner chez nous.

— Non, Diane, le docteur Morris a dit demain. Demain tu pourras coucher à la maison.

— Tu ne comprends rien, Yves, c'est à Montréal que je veux aller. J'en ai assez d'être en Californie et d'attendre un donneur qui ne vient jamais.

— Écoute, Diane, tu dis ça parce que tu es exténuée, c'est une réaction à des douleurs trop vives. Tu as besoin de repos, je vais te laisser dormir et demain je viendrai te chercher. Pas besoin d'ambulance, hein?

Il a réussi à me faire rire. C'est vrai, Yves a raison, je suis très fatiguée. Après une bonne nuit de sommeil, je me sentirai mieux. Je vais refaire mes forces, être belle à nouveau. Yves m'a piqué les lèvres avec sa moustache et m'a murmuré un dernier «bonne nuit». J'ai calé ma tête dans l'oreiller, j'ai fermé les yeux et j'ai répondu:

— À demain! Oui demain, tu verras, je serai en pleine forme.

Mais pour la première fois depuis que je suis en Californie, j'en doute. Pour la première fois, je n'y crois plus...

25

Un signe du ciel

16 août 1985. Non, je n'y croyais plus. Jusqu'à ce matin, le ciel était bouché, la ligne d'horizon, invisible et le brouillard, si dense que je ne savais plus où mettre le pied pour avancer. Depuis quelque temps, l'atmosphère de notre vaste maison est peu à peu devenue irrespirable. Le conflit est permanent entre Diana et moi. Pire que les mots, ce sont les regards que nous nous lançons comme des coups de fouet qui perpétuent la querelle. La présence de nos hommes est loin d'améliorer le climat orageux; au contraire, leur trop belle camaraderie nous culpabilise. On dirait qu'ils nous observent comme le feraient des visiteurs dans un zoo et cela ne fait qu'augmenter notre fureur. Yves se plaît à commenter le spectacle: «Nous sommes assis sur les piquets de la clôture» et Howard ajoute: «Mon père avait raison, une femme est toujours de trop dans une maison. Je crois que nous avons dépassé la mesure.»

Je ne sais pas laquelle de nous deux a le plus de torts. Je reconnais qu'elle a le rôle ingrat, qu'elle est la seule à travailler à l'extérieur. Howard s'occupe à sa place de l'entretien ménager et ce qu'elle n'admet pas, c'est que je ne participe pas, comme lui et comme Yves, aux mille et une tâches propres à satisfaire ses exigences. Elle me juge égoïste ou paresseuse et le seul moyen que j'ai trouvé de lui donner raison est de m'enfermer dans ma chambre. De cette manière j'évite ses éclats de voix auxquels je ne pourrais répondre avec autant de violence. Car dès que j'essaie de

209

parler plus fort, je m'essouffle et m'épuise en quintes de toux. Alors, je claque la porte et me réfugie dans mon lit.

Mais les séjours prolongés dans notre belle et grande chambre usent lentement mon moral. Le téléphone reste le plus souvent muet et le courrier a passablement diminué. Mes amis québécois se sont lassés d'attendre avec moi un donneur improbable. Surtout depuis que les journaux ont titré à la une: «Les médecins de Diane l'abandonnent.» Ce n'était pas vrai, ce n'est pas vrai! Ce ne sont pas les médecins qui m'abandonnent, c'est la vie qui s'en va de moi. La vie, comme un souffle trop léger, qui n'est plus qu'un murmure dans ma voix.

— Yves, Yves, je n'en peux plus, je veux partir d'ici... je veux m'en aller chez nous...

— Diane, nous en avons parlé tous les jours depuis un mois, il n'est pas question de retourner à Montréal. Tu sais bien que tu n'as aucune chance là-bas.

— Ici non plus, Yves. J'en ai de moins en moins. Les donneurs sont trop gros. Je n'ai plus confiance.

— Eh bien moi, j'y crois encore, figure-toi, et nous ne partirons pas d'ici tant que nous n'aurons pas de bonnes raisons d'aller ailleurs. Si tu tiens tant que ça à déménager, trouve une ville où on pratique des transplantations. En Arizona, en France, en Angleterre oui, au Québec non. Inutile d'insister, Diane, je ne t'accompagnerai pas. Je ne veux pas signer ton arrêt de mort.

Chaque fois que nous reprenons la discussion, Yves se montre plus inflexible. Il a toujours le dernier mot, celui après lequel il n'y a plus rien à dire à moins de recommencer le refrain. Un soir, après avoir une fois de plus repris en choeur la même vieille chanson, j'étais plus découragée que jamais. Il me semblait que je touchais le fond, que je ne pouvais plus descendre plus bas.

Alors tout naturellement, j'ai levé la tête vers le ciel et j'ai appelé mon «grand chum d'en haut». Lui au moins ne me répliquait jamais rien. Pourtant c'est exactement le contraire que j'ai souhaité; cette fois, j'ai fait le voeu qu'il me réponde. Jusqu'à maintenant, je n'avais pas été exigeante avec lui. Je le priais chaque jour sans rien lui demander, sans trop le harceler en tout cas, lui laissant sentir que s'il désirait faire venir quelqu'un près de lui, autant choisir une personne de ma taille ayant signé sa carte de don d'organes et vivant de préférence dans un rayon de soixante milles de San Jose... Bien entendu, je ne lui tordais pas le bras, s'il n'était pas d'accord, je me soumettrais à sa volonté. Mais là, j'avoue que je l'ai un peu brassé. J'étais à bout. Je lui ai dit: «Écoute, Dieu, c'est bien beau ton silence mais donne-moi les moyens de l'interpréter. Là, je ne comprends plus, je ne sais plus où j'en suis. Je n'arrive plus à distinguer le chemin que tu m'as préparé. Dois-je rester ici ou partir? Réponds-moi, je t'en prie! Si tu ne veux pas me parler, je comprendrai: je ne suis probablement pas une sainte digne d'entendre ta voix... Seulement fais-moi un signe, n'importe lequel, et tu verras comme je saurai l'interpréter.» Ensuite, je me suis couchée et j'ai dormi d'un sommeil profond et sans rêves.

La réponse n'a pas tardé à venir: ce matin j'ai reçu une lettre. Elle contient deux articles destinés à enrichir les informations de notre bulletin *The Gift of Life*. Eva Savory, une journaliste de Radio-Canada à Toronto, a pensé que ces communiqués pourraient m'être utiles. L'une des deux coupures de presse va ranimer mes espoirs et réorienter complètement ma vie. C'est un résumé de quelques lignes rappelant la réussite d'un transplant coeur-poumons effectué à Toronto par un certain docteur Cooper. J'ignorais que ce médecin, dont nous avons publié une entrevue dans nos pages, pratiquait ce genre de greffe.

TOR OUT
YY Y
ESPY NFLD

TORONTO (CP) - A 28-YEAR-OLD MOTHER FROM NEWFOUNDLAND HAS RECEIVED TWO NEW LUNGS AND A HEART AT TORONTO GENERAL HOSPITAL, THE SECOND SUCH TRANSPLANT OPERATION HERE.

A TEAM LED BY CHEST SURGEON JOEL COOPER PERFORMED THE SIX-HOUR OPERATION THURSDAY. THE PATIENT, WHO HAS NOT BEEN IDENTIFIED, WAS IN CRITICAL BUT STABLE CONDITION FRIDAY.

DR TOM TOOD, A SURGEON ON THE TEAM, SAID THE OUTLOOK FOR THE PATIENT IS OPTIMISTIC. WHILE SHE WAS SUFFERING PRIMARY PULMONARY HYPERTENSION, A USUALLY FATAL DISEASE, SHE HAS NOT HAD THE DAMAGE TO THE OTHER ORGAN AND BODY SYSTEMS OFTEN SEEN IN OLDER PATIENTS.

SHE WAS AWAKE AND ALERT FRIDAY, ALTHOUGH HER BREATHING WAS BEING ASSISTED BY A VENTILATOR.

THE TEAM PERFORMED ITS FIRST DOUBLE LUNG AND HEART OPERATION A YEAR AGO ON A 60-YEAR-OLD NEW YORK MAN, MORTON LEVINE, WHO DIED OF COMPLICATIONS A MONTH LATER.

DIED IN ACCIDENT

THE DONOR OF THE LUNGS AND HEART TRANSPLANTED THURSDAY WAS A 17-YEAR-OLD MAN WHO WAS FATALLY INJURED IN A TRAFFIC ACCIDENT FOUR DAYS AGO. THE DONOR'S EYES AND KIDNEYS WERE ALSO USED FOR TRANSPLANTS.

IN THE OPERATION, THE WOMAN'S HEART WAS REMOVED FIRST, THEN HER LUNGS, AND A HEART-LUNG MACHINE REPLACED THE ORGANS UNTIL THE TRANSPLANTED ONES WERE READY TO TAKE OVER. A CONNECTION WAS MADE TO THE PATIENT'S WINDPIPE AND THEN TO THE AORTA. THE MAJOR BLOOD VESSEL, AND TO THE RIGHT UPPER CHAMBER OF THE HEART.

SEVERAL HEART-LUNG OPERATIONS HAVE BEEN PERFORMED AT UNIVERSITY HOSPITAL IN LONDON, ONT., ON PATIENTS WITH HEART DISEASE THAT HAD AFFECTED THEIR LUNGS.

BUT TORONTO GENERAL IS THE ONLY CENTRE THAT PERFORMS HEART-LUNG TRANSPLANTS ON PATIENTS WITH LUNG CONDITIONS.

THE FIRST DOUBLE-TRANSPLANT IN LONDON WAS DONE ON JOHN ADAMS OF THUNDER BAY, ONT., WHO MARKED HIS SECOND ANNIVERSARY MAY 23.

ABOUT 20 SUCH TRANSPLANTS HAVE BEEN DONE AT STANFORD MEDICAL CENTRE IN CALIFORNIA, BUT THEY WERE ALSO PERFORMED ON PATIENTS WITH HEART DISEASE, RATHER THAN WITH PRIMARY LUNG DISEASE.

CP 1603ED 31-05-85

Je n'osais espérer un signe aussi clair et aussi convaincant. J'ai fait part de cette nouvelle incroyable à Yves qui a pu obtenir un entretien avec le docteur Jamieson cet aprèsmidi. Ce dernier connaît bien les travaux de son collègue de Toronto et m'autoriserait volontiers à quitter Stanford. Il ne voit pas d'inconvénient majeur à transférer le dossier si le docteur Cooper accepte de me mettre sur sa liste d'attente. Il confie toutefois à Yves que Joël Cooper est un homme discret qui n'aime pas la publicité entourant certains faits médicaux. Il est de plus très exigeant avec ses patients.

— Exigeant? Qu'est-ce que ça veut dire, Yves? Est-ce qu'il fait courir ses malades avant de les opérer?

J'ai le coeur à rire ce soir. Yves, lui, a plutôt l'air réfléchi des périodes de changement.

— Ne sois pas si sûre de toi, Diane, d'après ce que j'en sais, le docteur Cooper choisit aussi minutieusement ses patients que les membres de son équipe. J'ai l'impression que ton régime de vie va changer du tout au tout.

— Bah! Nous verrons! Ça n'a pas vraiment d'importance. La seule chose qui compte pour moi c'est de me rapprocher de Montréal. Et Toronto c'est à côté. Oh! Yves! Je pense déjà au Noël que nous pourrons fêter en famille...

— Tu ne penses qu'aux fêtes et à t'amuser!

— C'est vrai. C'est ma façon de rester en vie. Tu comprends, c'est une manière de garder espoir. Mais toi, justement, à quoi penses-tu de si profond? Non, ne dis rien, non, je crois que je devine la haute portée de tes problèmes. Tu penses au déménagement, hein? À tous ces milles que tu devras te taper une autre fois dans la Honda pleine à craquer...?

— Non, tu te trompes. Je me demandais comment on peut avoir en même temps une cervelle d'oiseau et une tête de mule.

— Effronté! Si tu n'arrêtes pas tes observations de zoologiste, je te laisse en Californie.

— Tu es si sûre d'être acceptée à Toronto?

— Oui, absolument certaine, Yves, quelque chose me

213

dit que cette fois, nous prenons la bonne route.

— Et qu'est-ce qui t'en donne la preuve?

— La preuve? Tu vas te moquer de moi. Je préfère ne pas te le dire tout de suite. Non, tu ne le sauras pas!

En effet que penserait Yves d'une femme à cervelle d'oiseau et à tête de mule qui possède une foi à transporter les montagnes?

26

D'égale à égal

16-27 septembre 1985.

— Comment? Refusée? Qui a pris cette décision? Je veux tout de suite parler au docteur Cooper...

Évidemment le docteur Cooper n'était pas à son bureau. J'ai dû laisser un message et rappeler plusieurs fois à Toronto avant de le joindre. Il s'est ensuite montré très avare d'explications au bout du fil. En fait, il m'a laissé parler, raconter comment mes vingt-deux mois d'attente ne m'avaient pas encore découragée. Est-ce qu'il voulait m'éprouver? Obtenir la preuve de ma détermination? Eh bien puisqu'il désirait que j'insiste, j'ai insisté! Pourtant, même après mon touchant exposé, il n'a pas eu l'air convaincu. Il ne m'a pas fourni la réponse que j'attendais, il n'a pas dit: «Vous êtes admise!» Il a seulement déclaré d'une voix très calme:

— Vous pouvez venir passer des examens à Toronto. Vous choisirez les dates qui vous conviennent avec ma secrétaire. Autre chose, a-t-il ajouté, je ne veux pas voir un seul journaliste à l'hôpital.

— ...

— Vous m'entendez?

— Euh... oui... d'accord... à bientôt.

Yves a levé le nez par-dessus son journal.

— C'est oui ou c'est non?

— Ni l'un ni l'autre. Ça dépend des tests...

— Qu'est-ce qui te chicote? On dirait que tu es déçue.

As-tu peur d'être refusée? C'est plus difficile que tu ne le pensais, non?

— Non, je suis sûre d'être admise. Ce que je ne sais pas, c'est comment je réussirai à m'entendre avec un pareil docteur.

— Je t'avais prévenue, Diane, et, vois-tu, je suis content pour toi. J'ai toujours pensé qu'il te fallait un médecin capable de résister à tes caprices, un plus fort en gueule...

— Il n'est pas fort en gueule mais il a l'air de savoir ce qu'il veut.

— C'est bien ce que je dis, un obstiné, un pareil à toi.

— Ouais... qu'est-ce que je vais faire maintenant avec tous ces journalistes au courant de mes projets?

— Tu leur diras la vérité: que ton médecin t'interdit de les voir.

— Tu crois que c'est facile de les renvoyer? Après tout, c'est grâce à leurs journaux et à leurs émissions si j'ai survécu tout ce temps. Je leur dois ma popularité et la générosité du public.

— Ils te doivent aussi l'augmentation de leur tirage et de leur cote d'écoute. Ils n'ont pas besoin de te suivre pas à pas pour informer leur public, ils se contenteront de ce que tu leur diras. De toute façon, nous avons d'autres préoccupations maintenant.

Oui, prévenir Howard et Diana de notre départ, rassembler toutes nos petites affaires, saluer nos amis. Plus que moi, Yves éprouvera de la peine à quitter notre pays d'emprunt. Pendant mes trois semaines d'hospitalisation à Toronto, il aura le temps de faire ses adieux plus doucement et pourra distribuer à nos amis notre excédent de bagage.

Dernières excursions à Santa Cruz, dernier meeting, dernier souper chez Jimmy et Huguette et chez Ken et Dorthy, dernière balade avec Chuck, tous ces adieux n'ébranlent pas mon moral. La perspective de me rapprocher des miens me dispense de toute nostalgie. J'ai trop souvent rêvé de ce voyage pour ne pas en savourer toutes les étapes. Les préparatifs sont fébriles, faits dans la hâte et la légèreté. Le temps fuit à nouveau comme si je recommençais à avancer après une longue immobilisation, comme si je sortais d'une interminable nuit. Merveilleuse sensation d'être en mouvement! J'aime quand tout va très vite! J'aime la vitesse parce qu'elle me défend de tourner la tête, de m'attarder sur les choses et les gens. J'ai besoin de fixer un point devant moi et de filer vers lui à toute allure. C'est une fuite oui, une fuite à laquelle je dois d'être encore vivante aujourd'hui. Je ne veux pas regarder en arrière, je préfère tourner les yeux vers l'avant, là où tout est neuf. «À bientôt Yves! Tu salueras la Californie pour moi. Dis-lui que je l'aime bien aussi et que je lui laisse mes meilleurs souvenirs, je viendrai les chercher plus tard.»

Je suis partie avant l'avion, un décollage prématuré. Je ne ressens pas d'inutile tristesse. À quoi me servirait d'égrener mes regrets ou de dresser un bilan de ces vingt-trois mois? Ils sont passés, finis, disparus derrière les nuages. Qui pourra me dire que j'ai attendu en vain? Moi seule sait combien j'ai puisé de force dans cette attente. Je refuse d'examiner mes doigts bleus ou mon corps amaigri, ce que j'ai perdu en forme physique je l'ai gagné en confiance. J'entends battre mon coeur dans ma poitrine, l'avion se détache du sol, je suis bien. Je me contente d'être là, heureuse de l'attention que je suscite encore. On m'entoure, on me parle, je suis vivante, je suis bien.

En arrivant à Toronto, il est prévu qu'une ambulance doit me transporter à l'hôpital. Le docteur Cooper veut ainsi éviter d'éventuelles «mauvaises rencontres». Je n'ai pourtant prévenu personne de la date et de l'heure de mon arrivée. Qui a bien pu renseigner ce petit groupe de journalistes qui m'attend, paraît-il, à l'aéroport? Afin de les éviter, les ambulanciers se rendent directement sur la piste d'atterrissage et viennent me chercher jusqu'à l'avion où on me fait sortir par la queue de l'appareil.

— Et mes valises? Qui m'apportera mes valises?

— Nous n'avons pas le temps d'attendre, me répond le

chauffeur, on ira les chercher ensuite.

Il pleut. Étendue dans le noir, j'écoute le roulement très doux des pneus mouillés sur l'asphalte. C'est vrai, ce doit être l'automne ici, j'ai hâte de voir à quoi il ressemble. J'aperçois la lumière des buildings sur fond de ciel noir, nous filons vers le centre-ville. Mais les journalistes ont surpris le manège, des voitures nous suivent. Malgré les ruses du chauffeur, malgré le soin qu'il met à les semer, l'ambulance est repérée et c'est une calme poursuite dans les rues de Toronto. Dernière vaine tentative, les ambulanciers choisissent une autre entrée que celle de l'urgence; peine perdue, les reporters et les photographes sont là, carnet de notes et caméra en mains.

Il pleut des clous à Toronto et ma civière n'est ni à l'abri du déluge, ni à l'abri des flashes. Les ambulanciers essaient de faire vite. «Pas de questions», disent-ils. Je ris, je suis toute mouillée. «Quelles belles photos pour vos journaux», dis-je. Je ne peux m'empêcher de leur parler, je suis si contente de les revoir. Eux aussi je crois. Mais je n'ai pas le temps de poursuivre, on m'entraîne, on referme la porte.

Le Toronto General Hospital ressemble à une usine si on le compare à Stanford. Plusieurs gros édifices sont reliés entre eux par un réseau de corridors souterrains. Des kilomètres de couloirs, l'ascenseur jusqu'au dixième puis le calme et le confort de ma chambre.

Et mes valises? Me voilà toute seule à Toronto avec pour unique bagage mon sac à main et quelques affaires de toilette. Je veux mes valises! Hélas, elles n'arriveront que le lendemain et j'aurai eu le temps de m'impatienter et de montrer ma contrariété à tout le personnel hospitalier. Excellente manière de faire connaissance! Comme ça, plus de surprises, on sait à quoi s'attendre. Mais mon humeur est changeante et mes colères aussi brèves que des orages d'été. Les infirmières sont sympathiques et je trouve le moyen de rire avec elles de mes petits malheurs.

Deux jours plus tard, quand on m'annonce la visite du docteur Cooper, j'ai retrouvé mes valises et mon sourire. Je n'ai pas revêtu la ridicule jaquette de l'hôpital, j'ai soigné mon maquillage. Est-ce pour cela qu'il me dit en me voyant:

— Vous n'avez pas l'air malade!

— Ce n'est qu'une apparence, je n'aime pas avoir l'air malade. Mais vous avez dû lire mon dossier, je pèse quatre-vingt-trois livres.

— Justement, qu'est-ce que vous attendez pour manger?

Je n'ai pas aimé le ton ni le coup d'oeil qu'il a jeté sur mon plateau intact. Je déteste la quiche aux épinards.

— Je n'ai pas faim.

Il m'a fixée un instant comme si j'étais une petite fille.

— Il faut manger. Il me faut des patients en santé.

Je me demande bien pourquoi je lui ai répondu ensuite:

— On mange mieux sur les avions que dans les hôpitaux. Vous savez, j'ai été traitée comme une reine.

Je venais de me mettre les pieds dans les plats.

— Je sais, s'est-il hâté de poursuivre, vous avez fait une entrée très remarquée à Toronto. Certains journalistes ont même téléphoné ici. Je vous avais pourtant avertie, je ne veux pas d'une star comme patiente.

Je n'ai pas répondu, je l'ai regardé dans les yeux mais il a soutenu mon regard. Non, décidément, je n'aime pas ce médecin. Il se prend pour un dictateur ou quoi?

— Écoutez-moi bien, a-t-il continué, très maître de lui, vous allez observer nos règlements, vous soumettre à nos directives. Vous avez besoin de refaire vos forces et vous êtes ici pour cela. Ne l'oubliez pas.

Il a ensuite consulté la fiche où sont inscrits ma température, ma pression et divers résultats de tests; plusieurs infirmières étaient déjà passées avant lui. Il a augmenté ma dose d'oxygène et m'a recommandé d'en prendre sans interruption. Il n'avait plus son ton autoritaire, il a semblé surtout désireux de bien se faire comprendre, comme si mon état de santé lui tenait à coeur.

221

Il a continué de prendre des notes sur un cahier, puis il m'a saluée très poliment, sans familiarité, un peu comme il aurait salué un autre homme.

J'ai pris quelques heures à me calmer. Je ne sais pas pourquoi je me suis sentie brusquement maussade, mécontente d'être toute seule. J'ai téléphoné à Yves, à mes parents, sans toutefois leur raconter mon entrevue. J'ai essayé de me distraire, j'ai ouvert le téléviseur. Mais quelque chose me tourmente encore. Je ne vais tout de même pas me ronger les ongles jusqu'au sang parce qu'un médecin toron-tois m'a mise en colère. D'ailleurs, je ne suis plus en colère, je suis un peu blessée, un tout petit peu humiliée. Je lui en veux de son attitude froide et hautaine, de son insensibilité si peu humaine. Pourtant, je repense à ce salut cordial qu'il m'a fait avant de sortir, un geste dépourvu de rancune, un salut d'égal à égale. Je crois qu'il signifie quelque chose, je pense avoir déchiffré le message et je commence à compren-dre ce que le docteur Cooper a voulu me dire à sa manière. Nous ne tirerions aucun avantage à lutter l'un contre l'autre, nous avons une bataille à gagner ensemble et c'est seulement ensemble que nous la gagnerons.

27
Cobaye

28 septembre — 15 octobre 1985. Mon séjour à l'hôpital n'est pas de tout repos. Des tests dont je connais par coeur le déroulement se succèdent chaque jour: on me fait souffler dans des tubes, on photographie mon coeur et mes poumons sous tous les angles et sous toutes les coutures. Échographies, radiographies, électrocardiogrammes, tout cela agrémenté des quotidiennes prises de sang, de pression et d'urine. Certains tests sont nouveaux comme celui qui consiste à marcher sur un tapis roulant avec à l'oreille un appareil mesurant la concentration d'oxygène dans mon sang. On étudie le fonctionnement de mon corps, on prévoit ses réactions, je suis devenue une machine, une fiche, un cobaye.

Oui, un cobaye. Une femme me l'avait reproché en Californie, elle m'avait écrit une lettre surprenante, la seule lettre négative parmi sept cent onze. Elle disait à peu près ceci: «...Vous êtes trop intelligente pour servir de sujet d'expérience... il ne faut pas croire tout ce que les médecins racontent... moi, à votre place, j'y penserais beaucoup et longtemps...» Je doute que cette dame ait voulu m'accabler, elle voulait surtout me faire part de son scepticisme à l'égard de la médecine. Cette manière de penser n'est certainement pas unique, je suppose que beaucoup de gens entretiennent de la méfiance envers le système médical. Pas moi. Cette opération à l'aorte subie à l'âge de six ans, une opération réussie et qui m'a permis par la suite de mener

225

une existence normale, est probablement à l'origine de mon inébranlable confiance. Je le répète, cette intervention n'a eu aucune suite fâcheuse et n'est pas liée à la détérioration actuelle de mon état de santé. C'est pourquoi j'entrevois la transplantation comme une deuxième chance de prolonger ma vie. C'est donc de bonne grâce que je prête mon corps au personnel hospitalier, avec l'assurance qu'il en connaît mieux que moi les mécanismes. Je suis ici comme dans un grand garage, comme dans un vaste atelier de réparations, et je fais confiance aux experts mécaniciens.

Ceci dit, je ne m'abandonne pas aveuglément à toutes leurs exigences. Il m'arrive de rouspéter quand le défilé des infirmières se présente à trop vive allure. Non mais, laissez-moi souffler un peu! Je suis aussi un être humain! Laissez-moi dormir le matin! Pourquoi faut-il qu'on vienne me peser à sept heures, qu'on en profite en même temps pour m'introduire un thermomètre dans la bouche et une aiguille dans le bras? C'est simple, parce que certaines infirmières terminent leur service à huit heures et qu'elles sont pressées de finir leur journée. Ensuite c'est le déjeuner et toujours les visites se poursuivent: une femme fait le ménage, une autre vide la panier à ordures, une autre encore s'occupe de changer les serviettes ou de me débarrasser de mon plateau. L'hôpital compte un personnel très nombreux en dehors des médecins, infirmières et internes qui ne manquent pas eux non plus de rentrer et de sortir de ma chambre durant toute la matinée. Jusqu'au dîner. Ensuite, je ferme la porte et je m'assois sur mon lit: *do not disturb!* prière de ne pas déranger. À midi trente, c'est l'heure sacrée de mon téléroman préféré *The Young and the Restless*. C'est en suivant fidèlement ce *soap* américain que j'ai pu perfectionner mon anglais en Californie. À Toronto, je suis gâtée, on présente chaque jour un nouvel épisode et la reprise de la veille. Je ne suis pas la seule à me passionner pour cette série; Elma, une auxiliaire médicale, a suivi les péripéties depuis le début et me fait un récit détaillé des premières heures d'antenne. Je ne suis donc pas totalement coupée des

226

racines de mon pays d'emprunt, tout le monde parle ici une langue avec laquelle j'ai eu le temps de me familiariser. Pourtant, je m'étonne que dans un hôpital aussi vaste et si peu éloigné de Montréal, on ne trouve personne avec qui placoter en français.

Je cherche, je fais le tour des corridors, je n'ai pas la permission de sortir ni même de me promener dans tout l'hôpital. Je m'arrête et je m'informe au poste des gardes. Il y a en effet un patient *with a french name*, me dit-on. Je file tout droit vers la chambre de monsieur St-Amant. Venu du Nouveau-Brunswick, il passe lui aussi des examens afin de savoir s'il a besoin d'une transplantation coeur-poumons. Sa maladie semble toutefois moins avancée que la mienne, il retournera bientôt chez lui. Ça fait du bien de parler français, c'est comme retrouver un ami dans une foule. C'est justement en lui rendant visite que je fais la connaissance de Pierrette Côté, une représentante de l'Accueil médical francophone, elle sert plus ou moins d'agent de liaison entre les nombreux francophones torontois. C'est elle qui élargira encore mon réseau de relations et qui me présentera mes plus chers amis, ceux qui participeront le plus chaleureusement à la suite de mon aventure.

À mesure que le temps s'écoule, que les jours se succèdent, vite ou trop lentement selon le rythme de mes examens, je m'adapte à mon nouveau mode de vie. Je supporte avec une inégalable patience certains tests un peu plus douloureux comme les *blood gaz*, ces prises de sang faites à même l'artère des poignets. Oui, ça fait mal, je le dis sans me plaindre, vite que ça finisse et qu'on n'en parle plus! Comme aux premiers jours de l'attente californienne, je caresse et j'entretiens l'espoir de passer très rapidement sur la table d'opération. Contrairement à Stanford — le programme des transplantations est ici très récent —, il n'y a pas d'équipe de receveurs. Je rencontre néanmoins une jeune femme de Chicago, Mary Grudzein, qui attend comme moi un donneur compatible. Nous nous encourageons mutuellement. Le fait que la liste d'attente soit si courte me semble pleine de promesses, je crois que mes chances sont meilleures ici. Je rencontre Terry Buckten, le numéro trois de Toronto; il a reçu un coeur et des poumons le 1er septembre et il se porte très bien.

Déjà en l'espace de trois semaines, j'ai l'impression d'avoir repris des forces; il est vrai que je me suis remise à l'oxygène et que j'essaie de me nourrir le mieux possible. Et quand Yves apparaît enfin dans la porte de ma chambre en cet après-midi du 15 octobre, il paraît plus fatigué que moi. Le voyage s'est pourtant bien passé. Cette fois Yves avait un passager, peu bavard peut-être mais de bonne compagnie.

— Où est-il?

— Je l'ai laissé dans l'auto.

— Tout seul?

— Il a de quoi boire et de quoi manger, un sac de couchage. Il n'aura ni chaud ni froid, je l'ai laissé à l'ombre. Comme ça il peut regarder dehors. T'inquiète pas, il a sa litière.

Heureusement que Cashew ne s'ennuie pas facilement parce qu'il va encore passer deux jours dans la voiture. Les chats sont interdits à la résidence des infirmières où l'on accueille aussi quelques visiteurs du Toronto General Hospital. C'est là qu'Yves dormira les deux prochaines nuits. Je suis contente de revoir mon homme, j'ai mille et une choses à lui raconter. D'abord lui faire part de mes nouvelles relations, lui dire comment j'ai réussi à me passer de lui pendant ces trois semaines et ensuite lui annoncer ma grande décision. C'est un projet qui ne m'a pas laissé de repos durant les cinq derniers jours.

— Le docteur Cooper n'acceptera jamais, Diane. Tu ferais mieux d'oublier tout ça.

— Il n'a pas le droit de me refuser ce plaisir. Je me fiche bien d'avoir sa permission, tu sais.

-- Est-ce qu'il t'a au moins admise sur la liste d'attente?

— Non, justement, je ne le saurai pas avant le 24 octobre. Tu comprends, il faut l'assentiment de toute l'équipe. Oh Yves! Tu ne sais pas comme j'en rêve. Ça fait presque deux ans maintenant...

— Bon. Attendons de voir Cooper.

Comme par hasard le docter Cooper arrive peu après. Devant Yves, il reprend son ton autoritaire, il veut se faire un allié, un complice. Il me répète comme à chaque visite que je devrais prendre du poids.

— Vous devez manger, dormir et prendre des forces. Ne pensez à rien d'autre qu'à votre santé. Il faut mettre toutes les chances de votre côté. Prenez de l'oxygène vingt-quatre heures sur vingt-quatre.

— Même la nuit?

— Tout le temps!

Yves paraît impressionné par la froideur du personnage. Il ne dit pas un mot. Le moment est mal choisi pour l'avertir de mon projet. Peu importe, je fonce, je lui annonce d'une traite. Le visage du médecin reste impassible, il ne répond pas. J'insiste.

— Vous ne pouvez me refuser cela, ce serait inhumain. Ça fait deux ans que je n'ai pas vu ma ville, cinq mois que je n'ai pas serré ma fille dans mes bras.

— Combien de temps serez-vous absente?

— Une semaine, sept jours seulement, je serai de retour le 24 octobre, le jour où je serai enfin sur votre liste d'attente. Puisque je ne suis pas officiellement admise, qu'est-ce que ça peut vous faire?

Pendant quelques minutes, il a l'air embarrassé, il hésite.

— Si vous avez un donneur pendant cette semaine, ce sera votre responsabilité.

— Oui, je sais, j'y ai pensé, je prends le risque, ce sera ma faute.

— Bon, je suppose que je ne peux pas vous refuser ce petit voyage. Mais, attention, n'avertissez aucun journaliste de votre départ.

Yves me regarde, a-t-il des doutes sur mes bonnes intentions?

— C'est promis, docteur Cooper.

Avant de sortir, il jette un coup d'oeil à Yves, encore pour s'assurer de son appui. Yves lui fait un signe. Ah! la muette complicité des mâles! Tout de même...

— Je l'ai eu, hein?

— Oui, mais je pense qu'il te connaît bien, Diane. De toute manière, tu en aurais fait à ta tête. Non?

— C'est vrai. Mon désir est trop irrésistible, trop puissant. J'ai besoin d'une semaine de vacances.

— Tu le mérites bien. Espérons seulement que tu.. que nous n'aurons pas à le regretter...

28
Retrouvailles

17-24 octobre 1985. C'est incroyable, rien n'a changé. J'ai quitté cette ville et cette maison, j'y reviens après deux ans, presque jour pour jour, et rien ne paraît avoir bougé. Tout est à la même place, les feuilles mortes sur le trottoir, la chaise berçante, ma chienne couchée près de la porte.

— Gigi, tu me reconnais? Viens ici. Viens que je te dise comme je me suis ennuyée de toi.

Le museau collé au tapis, elle lève les yeux mais ne bouge pas. Elle boude. Elle me fait la tête, une tête d'enterrement.

— Voyons, Gigi, c'est comme ça que tu me reçois?

Elle aplatit ses oreilles, remue la queue faiblement. Est-ce qu'elle va enfin me reconnaître? Non. Elle referme les yeux, soupire un long moment et fait semblant de se rendormir. Je suis sûre qu'elle fait semblant. Elle n'a pas pu oublier sa maîtresse, celle qui lui a montré à faire la belle et à ne pas trop faire la bête.

— Allons, Gigi, grogne d'abord, sors les dents s'il le faut mais secoue-toi!

— Laisse-lui le temps de s'habituer, me dit maman.

Papa ne dit rien, il me regarde et me sourit à son habitude et maman s'active déjà devant ses chaudrons. Eux n'ont pas changé d'attitude avec moi, ils ont toujours cette manière simple et joyeuse de m'accueillir.

— Tu as faim?

233

— Qu'est-ce que tu veux manger?

— Ton macaroni, m'man!

Que c'est bon! On dirait que je n'ai jamais quitté la maison.

— Il faut faire une fête, un gros party, je veux revoir tout le monde en même temps. Je veux voir la maison pleine. Maman, téléphone à ma tante Rollande, à ma tante Rachel, à ma tante Thérèse, à toute la famille. Dis-leur que Diane est en ville, qu'elle en a long à raconter.

Aussitôt dit, aussitôt fait, la visite arrive, on va bien s'amuser.

— Yves n'est pas avec toi? Tu es venue toute seule?

— Non, Yves s'en vient en voiture. Je suis venue en avion.

— Comment ça se fait qu'on ne te voit presque plus à la télévision, qu'on n'entend plus parler de toi à la radio ni dans les journaux?

J'explique les exigences de mon nouveau médecin. J'insiste pour que personne n'ébruite la nouvelle de ma venue à Montréal. Mais des journalistes sont déjà au courant. Comment font-ils? Est-ce qu'ils ont des antennes? Quelqu'un a dû me reconnaître à l'aéroport, il est certain qu'avec ma chaise roulante et ma canule je ne passe pas inaperçue. On me demande au téléphone, maman répond selon mes recommandations:

— Non... Diane est à Toronto pour des examens... Comment à Montréal? Non, on a dû mal vous renseigner. C'est ça, au revoir!

Ouf! À plusieurs reprises pendant mon séjour, les journalistes essaieront de me joindre. En vain. Je ne suis là que pour ma famille et quelques amis et ils tiennent leur langue. Ma visite restera un secret bien gardé. Et je parle et je parle et je chante et je ris. Maman sort les albums de photos et je reprends pour mes intimes le récit de mon grand rêve de deux ans. Tous ces souvenirs semblent déjà si lointains. «Tiens, sur cette photo de groupe des receveurs de Stanford, il y a Howard dont je vous ai parlé, Roberta, celle qui a eu la transplantation à ma place, et voici Gayle, Andréa, John, Monty et moi.» Sur ces sept personnes, trois seulement sont encore vivantes. J'ai vu mourir en vingt-trois mois plus d'amis que certaines gens n'en perdent dans toute une vie. Non, je ne m'attarde pas, je tourne les pages. «Ici, c'est Chuck Walker; lui a survécu à deux transplants et regardez comme il sourit, comme il a l'air d'aimer la vie. C'est un gagnant, Chuck, et moi aussi. Vous verrez, je reviendrai bientôt sur mes deux jambes et sans ma canule et je danserai comme avant. Comme sur ces photos anciennes où je ne montre aucun signe de maladie. Je pesais cent deux livres, c'était avant la naissance d'Isabelle.» Je referme l'album, je suis un peu fatiguée. «Si on passait à autre chose. Aimeriez-vous que je vous joue vos vieux airs favoris?»

Nous passons tous au salon et la soirée se termine en chansons. Toute la semaine se déroule dans la joie des retrouvailles et cela me fait un bien immense, on dirait que je fais provision d'amitié pour l'hiver. En fin de semaine, je peux aussi serrer ma fille dans mes bras, son père consent à me la prêter pour deux jours. Comme si je n'avais droit qu'à un petit morceau d'Isabelle, comme si on pouvait comptabiliser l'amour maternel! Qu'importe? «Quand je serai mieux, ma fille, quand je pourrai enfin m'occuper de toi à temps plein, nous ne perdrons pas une miette de notre gros bonheur.»

«Est-ce qu'on va te le donner bientôt ton petit cœur, maman?» «Oui, ma pitchounette, ça ne devrait plus tarder maintenant.»

Une autre émotion m'attend à la fin de mon séjour et suffirait à elle seule à rendre ce petit voyage mémorable. Dès que mon homme arrive de Toronto, nous commençons nos démarches afin de rencontrer Ghus. Yves a déjà fait sa connaissance lors d'un précédent séjour à Montréal et lui a déjà rendu visite au Centre fédéral de formation. À cause de mon état de santé, il me serait toutefois difficile de le rencontrer, comme Yves l'a fait, dans une grande salle bruyante et pleine de fumée. Je téléphone au directeur du centre d'incarcération dans le but d'obtenir une permission spéciale en dehors des heures de visite habituelles. Ce monsieur qui a suivi toute mon histoire par l'intermédiaire des journaux est au courant de ma correspondance avec Ghus et se montre très favorable à l'idée d'une rencontre. Quelques jours plus tard, Yves et moi franchissons les lourdes portes de la prison.

Ghus ne se doute de rien, c'est une surprise. Et quand il apparaît, je partage cette incomparable minute d'émotion où nous nous découvrons enfin autrement que sur du papier et des photos. Quelques secondes d'étonnement, un bref silence ému, puis les exclamations, les explosions de joie et les embrassades. C'est un peu comme si je faisais la connaissance de mon frère à l'âge de vingt-huit ans. C'est vrai, une secrète parenté nous unit, lui et moi. Et pendant trois heures, la conversation roule sur tous les sujets et nous débarrasse de notre gêne et de nos hésitations. Yves m'avait dit combien il ressemble peu à l'image qu'on se fait habituellement d'un détenu. J'avais vu en effet les photos d'un jeune homme aimable, souriant et, ma foi, fort séduisant. Ghus est encore plus que tout cela, c'est la générosité et la simplicité incarnées dans un seul être. Je n'ose pourtant lui dire qu'il m'impressionne, il est encore plus cultivé que ses lettres ne le laissaient supposer. Pas prétentieux cependant. Non, il n'est pas à sa place ici. Mais il a déjà droit à des «sorties sans escorte» et dans quelques semaines il pourra se balader quelques heures sans chaperon.

— Tu sais, p'tite soeur, je suis certain que l'heure de ta liberté approche aussi.

— Oui, Ghus, j'ai un pressentiment, je crois que tout va aller très vite maintenant. Je sens que le meilleur est à venir et qu'il n'est pas loin.

Pour le moment, c'est hélas l'heure du départ, ma bombonne d'oxygène se met à jouer les «casseuses de veillée». Elle est presque vide. Il faut rentrer.

— Salut Ghus!

— Non, Diane, au revoir et à bientôt!

— Oui, à bientôt, Ghus.

La porte s'est refermée derrière nous. Encore une fois je rentre à la maison, je retrouve la bonne odeur de la cuisine et j'aperçois ma chienne, couchée contre la porte. Une dernière fois, je m'accroupis et plonge la main dans sa fourrure chaude.

— Écoute, Gigi, je vais partir maintenant. Fais-moi une petite joie, rien qu'une!

Elle a ouvert les yeux tout à coup, s'est remise brusquement sur ses pattes, s'est secouée, puis frottée sur ma jambe. Puis avec application, elle s'est mise à me lécher les doigts. Elle m'a reconnue. On dirait même qu'elle se doute que je vais revenir bientôt.

29

Amitiés providentielles

24 octobre — 25 novembre 1985. C'est grâce à Pierrette Côté que nous avons connu monsieur et madame
Savoie chez qui nous logeons provisoirement, Yves et moi.
Ces gens accueillants et sympathiques hébergent souvent des
francophones de passage à Toronto. Originaires tous deux
du Nouveau-Brunswick, ils en ont gardé l'accent savoureux
et la légendaire hospitalité. Ils vivent harmonieusement les
jours de leur retraite; maintenant que leurs enfants sont
grands, ils sont prêts à adopter tous ceux qui se présentent.
Des gens au coeur d'or et qui m'ont immédiatement mise
sous leur protection.

Dans leur petite maison, je partage avec Yves la plus
grande des trois chambres du deuxième étage, une pièce
ornée d'images pieuses et d'un grand nombre de statues.
C'est dire que je m'y suis tout de suite sentie en sécurité.
Yves n'a pas fait de commentaires. Il ne s'est pas non plus
moqué de moi quand j'ai manifesté le désir d'accompagner
madame Savoie à la messe. De toute façon, depuis qu'il s'est
trouvé du travail, nous n'avons plus le temps de nous
disputer. Il quitte la maison très tôt le matin alors que je
suis encore au lit, et le soir il arrive si fatigué qu'il se couche
pratiquement tout de suite après le souper. Forcément,
après plus de deux ans de chômage, la réadaptation au
travail est difficile. Mais il était rudement content de
toucher son premier salaire. Enfin de l'argent gagné à la
sueur de son front! Même si le Club Optimiste n'a pas coupé

241

les vivres, mon homme est tout de même très fier d'apporter lui-même de l'eau au moulin. Il commençait à en avoir assez de cette situation de dépendance et il est satisfait de travailler de ses mains. Ne sachant combien de temps je devrai encore attendre ici, nous avons jugé plus sage de chercher un logement.

La maison des Savoie comporte un léger désavantage: il n'y a pas de toilettes au rez-de-chaussée, seulement à l'étage des chambres et au sous-sol. Comme je suis incapable de monter un escalier toute seule, Yves doit me transporter pour mes petits besoins. Les allers et venues vers les toilettes du sous-sol sont d'autant moins confortables que l'escalier très étroit m'oblige à grimper sur le dos d'Yves et à m'accrocher à son cou. C'est drôle seulement la première fois...

Nous avons trouvé un trois pièces, petit mais sans escalier, situé dans un complexe d'habitation à loyer modique où nous pourrons emménager en décembre. Principalement occupé par des personnes du troisième âge, le building offre un service d'infirmières qui pourra m'être utile à l'occasion. C'est justement en visitant un appartement que mon nouveau *beeper* m'a donné deux fausses joies. Il y avait si longtemps que je n'avais entendu ce bruit affolant que, l'espace de quelques secondes, j'ai vraiment cru que l'heure de ma chance venait de sonner. Non. Fausse alarme!

Après ma visite éclair à Montréal, j'ai été officiellement inscrite sur la liste du docteur Cooper. Depuis, je me rends trois fois par semaine à l'hôpital. Je suis à chaque fois pesée, mesurée et exhortée à engraisser. Je fais aussi quelques exercices faciles, un peu de marche sur un tapis roulant et des levées de poids légers. On a encore haussé le niveau de ma consommation d'oxygène, il m'en faut maintenant dix litres par minute. C'est le maximum que peut me fournir le condensateur et le minimum dont j'ai maintenant besoin. Je sais, il me reste peu de temps à vivre avec mon vieux coeur et mes vieux poumons. Je le lis dans les yeux des médecins, je le vois sur mon corps, sur le bout de mes doigts et sur mes lèvres.

Cela ne m'empêche pas d'avoir des projets. Je suis toujours tournée vers l'avenir. Toujours je me fixe un but comme s'il était en soi une bouée de sauvetage. En premier lieu le déménagement qui devrait se faire en principe dans deux ou trois semaines et ensuite la fête de Noël. J'irai chanter à la messe de minuit. Car en assistant à la messe en compagnie de madame Savoie à l'église du Sacré-Coeur, j'ai été si envoûtée par le son de l'orgue que je n'ai pas pu résister au désir de l'essayer. J'ai demandé qu'on me transporte jusqu'au jubé et j'ai joué quelques morceaux après la messe. J'ai chanté aussi. La musique et les chants religieux sont pour moi les plus belles des prières, j'y ai mis toute mon âme. J'étais fascinée, emportée par l'émotion. C'est de cette manière que j'ai fait la connaissance des choristes d'une des paroisses françaises de Toronto. Entre autres, Simone et Jean-Claude, un couple de Français installé ici depuis une quinzaine d'années. Ils sont devenus mes amis, je les ai présentés à Yves, ils sont devenus nos amis. Je suis sans cesse étonnée de découvrir comme la vie est bien faite et comme elle s'emploie à nous faire rencontrer nos bienfaiteurs au moment le plus opportun.

Jean-Claude est chef cuisinier dans un petit restaurant français, son horaire de travail lui laisse un peu de temps libre durant la journée, il s'est tout de suite proposé pour me transporter à l'hôpital les lundi, mercredi et vendredi. Me transporter, cela signifie également trimbaler ma chaise roulante et mes bombonnes d'oxygène comme Yves l'a fait si souvent avant lui. Il ne compte pas son temps, Jean-Claude, et il trouve en plus le moyen de me préparer de bons petits dîners avant de partir au travail. Même s'il n'en donne pas l'impression, j'ai parfois le sentiment de lui voler des heures de sommeil. Je n'aime pas être dépendante de mes amis et j'étais contente d'apprendre que je pourrais désormais bénéficier d'un service de transport relié au centre hospitalier; un autobus vient maintenant me chercher chez les Savoie.

En plus de nous dépanner pendant les premières semaines, en plus de nous faire partager leur excellente cuisine, Simone et Jean-Claude nous ont offert d'entreposer nos meubles chez eux. En réalité quand nous avons fait la connaissance de nos amis, Yves et moi ignorions si nous allions jamais revoir le mobilier de nos trois appartements californiens. N'ayant pu apporter tout ce bagage avec lui, Yves l'avait confié aux compétences d'une compagnie ontarienne laquelle, aux dernières nouvelles, avait égaré nos meubles quelque part entre San José et Toronto. Nous nous étions presque résignés à l'idée de recommencer à magasiner aux rayons des casseroles et des sommiers quand on nous a annoncé l'arrivée du camion. «Nous avons de la place au sous-sol», nous a dit Simone. «Le garage est aussi à votre disposition», a ajouté Jean-Claude. Tout devient simple quand on a des amis.

Je suis d'autre part bien entourée chez les Savoie car je ne suis pas seule à bénéficier de leur hospitalité. Jeannine vient de Sudbury et soigne des allergies à l'hôpital de Toronto. Je me suis fait une confidente de cette frêle dame de trente ans mon ainée. Sensible, délicate, Jeannine est la douceur même; jamais un mot plus haut que l'autre, jamais un reproche, elle est avec moi d'une patience angélique. Elle est si discrète que j'éprouve le besoin de la protéger, un peu comme si elle était ma jeune soeur. Ensemble nous occupons nos journées à des travaux d'artisanat. C'est elle qui m'a appris la technique des montages en trois dimensions. Il s'agit de découper trois illustrations identiques et d'en coller les motifs les uns sur les autres en terminant par les détails plus petits. Plus le motif est délicat et stylisé, plus l'effet est réussi. J'aime bien m'occuper à ces petites tâches de précision qui activent mes mains et laissent vagabonder mon imagination. Assise dans la cuisine, nous passons des heures à bavarder en découpant nos oiseaux et nos arlequins de papier. Jeannine c'est ma soeur, ma grande ou ma petite, selon que je choisis de m'abriter sous son aile ou de lui rendre quelques menus services. On ne peut s'empêcher de développer l'esprit de famille dans une maison où règne un tel climat de solidarité. Madame Savoie a mis au monde cinq garçons et deux filles qui avec femmes, maris et enfants, font de fréquentes visites à la maison paternelle. Ils viennent chacun leur tour, ils prennent de mes nouvelles, me proposent leur aide.

Je ne peux dans ces conditions me sentir triste ou désespérée, je n'ai pas le temps de me préoccuper de ma santé fléchissante. Entre mes nombreuses activités, c'est tout juste si je trouve quelques minutes pour penser que j'ai dépassé de huit mois le premier verdict des médecins. Encore trente jours et ce sera Noël et je chanterai à la messe de minuit: personne ne pourra m'en empêcher. Pour le moment je prépare fébrilement l'anniversaire de Simone. Je viens de terminer un petit montage très réussi que je compte lui offrir ce soir. Jean-Claude nous a invités à souper. C'est toujours un événement de manger chez lui, il y aura certainement quelques pièces montées dont il a le secret. Hmmm! Je sens que je vais me régaler et prendre quelques livres. Il y aura plusieurs personnes, je crois, il faut que je sois en beauté. Tout à l'heure Yves me prendra dans ses bras et me portera jusqu'à notre chambre où j'enfilerai une robe plutôt que mes éternels pantalons de cuir. Je veux être élégante, je veux qu'on oublie que je suis malade, car c'est encore pour moi la meilleure manière de ne pas y penser.

30

Prête, pas prête...

25 novembre 1985. Il est vingt heures quarante-cinq quand le téléphone sonne dans la cuisine des Savoie. Yves décroche, nous venons juste de rentrer. Yves a déposé une grosse boîte au milieu du salon, c'est notre cadeau de Noël anticipé, un téléviseur neuf encore dissimulé sous les cartons.

— C'est pour toi, Diane, me dit Yves en me tendant le récepteur.

Il n'a pas son air habituel. Je n'arrive pas à interpréter correctement les petits signes qui me révèlent ordinairement qui est au bout du fil. Qui peut bien m'appeler un lundi soir? Est-ce une mauvaise nouvelle?

— Allo?

— Ici Mel Cohen du Toronto General Hospital. Nous avons un donneur compatible pour vous. Veuillez vous présenter le plus tôt possible à l'hôpital.

Je ne bronche pas. C'est la réplique d'un scénario joué il y a plusieurs mois en Californie. J'ai l'impression d'avoir déjà rêvé tout cela avec tout au plus quelques légères variantes. Voilà pourquoi je demande sans le moindre signe d'émotion:

— Est-ce que le donneur est compatible? En êtes-vous sûr?

— Oui, me répond le responsable du prélèvement des organes.

Il m'assure que les mesures ont été soigneusement

249

vérifiées et que la taille convient, de même que la composition des tissus. Le groupe sanguin est le même.

Je raccroche. Cette fois je n'ai aucun doute. J'ai entendu parler de Mel Cohen, je l'ai même déjà entrevu lors d'une visite à l'hôpital. Yves ne m'a pas quittée des yeux durant les quelques minutes qu'a duré notre conversation. Il sait. Il attend l'orage. Car il est certain que je ne vais pas accueillir cette nouvelle sans protester.

— Ce n'est pas le moment! Pourquoi faut-il que ça arrive précisément ce soir? Qu'est-ce qu'il a lui en haut contre les téléviseurs ou les magnétoscopes? Dire que je me faisais une joie de chanter pour lui le mois prochain... Tous mes projets sont à l'eau maintenant, le déménagement, la messe de minuit, tout!

Pendant quelques minutes, je ne distingue plus rien à travers mes larmes de colère et d'impuissance. Je suis la victime d'une immense injustice qui s'amuse à saboter mes misérables petits plans. Yves n'a rien dit. Il m'a prise dans ses bras et m'a transportée jusqu'à notre chambre. Il attend. Jeannine est montée à son tour sans faire de bruit. Ils sont là tous les deux et je sens qu'ils essaient de m'aider. Mais on dirait que je suis plongée toute seule au plus noir de ma peine. Il faut que je me tire de là, il faut que je m'en sorte moi-même. Je touche le fond, je prends un ultime élan, je remonte à la surface.

— Je ne veux pas!

Je sanglote à nouveau, incapable de contrôler ma rage, puis brusquement je m'arrête. Je m'apaise. Oui toutes les paroles qu'ils me répètent, je les sais par coeur. Je n'ai tout de même pas attendu cet instant pendant si longtemps pour tout à coup le refuser et lui tourner le dos...

21 heures 15. J'ai téléphoné à Montréal chez mes parents. Je suis plus calme maintenant mais je n'ai pas pu leur cacher ma déception. Pourtant mes contrariétés m'ont paru de plus en plus futiles à mesure que je les exprimais. Je commence à réaliser ce qui m'arrive. J'ai rassemblé quel-

250

ques affaires de toilette et mon walkman dans un petit sac. Pas de valise, je viens comme je suis. Je suis prête. Mais, avant de partir, j'insiste pour qu'on prenne des photos. Avec Yves, avec Jeannine, avec monsieur et madame Savoie, je souris à la caméra. Je veux des souvenirs de ces dernières heures passées avec mon vieux coeur et mes vieux poumons.

22 heures. Nous arrivons à l'hôpital. Ici, pas d'attente interminable comme à Stanford. Nous montons directement au deuxième, à l'étage des soins intensifs et des salles d'opération. On m'installe dans une chambre à trois lits qu'on est en train de libérer pour moi. Je passe docilement la jaquette réglementaire et je m'abandonne aux mains ex-pertes des infirmières; prises de sang puis intraveineuse dans chaque poignet. Elle est gentille, Esther, elle vient de la Nouvelle-Écosse, parle quelques mots de français. Le docteur Todd, l'un des chirurgiens de l'équipe des transplantations, vient me voir. Il vient aussi me rassurer. Il m'explique comment je réagirai au moment du réveil dans deux ou trois jours. «Vous verrez, quand on vous enlèvera votre respirateur, vous aurez peur de mettre vos nouveaux poumons à l'épreuve. Vous savez, la plupart des patients réagissent ainsi.» Moi, je n'aurai pas peur! D'ailleurs le seul fait de songer déjà à cette étape me sécurise. C'est comme si le docteur Todd m'avouait que l'opération en elle-même n'est qu'une petite intervention de rien du tout. Je suppose qu'il pense très sincèrement tout ce qu'il me dit et qu'il ne se doute pas de toutes les heures qu'il passera à s'inquiéter à mon chevet.

22 heures 55. Je viens de parler à mes parents puis à Isabelle. Je suis sûre que tout se passera bien maintenant. Le docteur Todd m'a auscultée et Yves nous a laissés seuls un moment. J'ai pris une petite dose de cyclosporine et de la vitamine K comme à Stanford. «Je suis une habituée des prétransplantations», ai-je dit au docteur Todd. Il a ri. Il a eu l'air d'apprécier ma bonne humeur. Avant de me quitter, il m'a annoncé que l'opération est prévue pour minuit. Bon, parfait, je n'ai plus trop longtemps à attendre! Ensuite, Esther m'a badigeonné la gorge d'un liquide jaune qui ressemble à de l'iode, ma jaquette en est pleine, le mur en est éclaboussé. Ça m'a bien l'air d'être vrai. J'ai branché mon walkman sur de la musique douce. Je suis bien.

23 heures 40. Yves apparaît en compagnie de Jean-Claude. Je suis contente de le voir.

— Viens Jean-Claude, on va faire des photos.

— Diane, tu es une vraie «mère-photo». À propos, celles d'hier sont excellentes.

Hier, c'était le souper d'anniversaire de Simone. Je me suis bien amusée. Je crois même que j'ai un peu exagéré en jouant de l'orgue toute la soirée. Une fois partie, je ne peux plus m'arrêter, c'est comme une drogue pour moi. «Tu vas te fatiguer», me disait Simone. «Ça ne fait rien, j'aurai toute la journée pour me reposer.»

— Tu sais, Jean-Claude, Simone avait raison, hier j'ai abusé de mes forces. Ce matin à l'hôpital, je n'ai pas pu me rendre au bout de mes exercices habituels. On m'a chicanée et on m'a renvoyée chez les Savoie sans rien faire. J'étais loin de me douter que c'était le grand jour.

Jean-Claude paraît ému:

— Tu vas peut-être trouver cela bizarre mais j'ai beaucoup pensé à toi aujourd'hui, comme si je sentais qu'il allait se passer quelque chose.

— Eh bien, tu vois, ça y est et je ne suis pas plus énervée que quand je vais chez le dentiste. Je regrette seulement de ne pouvoir chanter à la messe de minuit.

— Il y aura d'autres Noël, tu sais.

— C'est vrai... Allons, Yves, prends une photo comme ça. Oui. Est-ce que tu vois la tache jaune sur le mur? Oui?

— Pas moyen de l'éviter, Diane.

— C'est pas grave, ce sera plus réaliste, je suis moi-même toute barbouillée. Est-ce que ça se voit que je vais subir une transplantation?

Je blague, je ris, je parle sans arrêt. Mais quelle heure est-il?

— Est-ce que l'opération ne devait pas avoir lieu à minuit?

— L'opération sera retardée, nous annonce Mel Cohen. Il faut prélever le foie et les reins du donneur qui seront utilisés pour d'autres greffes.

— Trois autres vies seront prolongées. Tant mieux! Viens Yves, tiens Jean-Claude, fais une dernière photo de nous deux.

31
Black out

26 novembre 1985. 24 heures 42. Yves et Jean-Claude sont auprès de moi quand on me transporte vers la salle d'opération. Ce sont mes deux gardes du corps, mes deux anges gardiens, deux des trois hommes grâce auxquels je pourrai poursuivre ce récit. Parce que dans quelques minutes, je perdrai conscience et cela durant une période de trente jours. Je ne me souviendrai malheureusement pas d'un certain degré de connaissance manifesté à quelques reprises. Pendant trente jours, je vivrai un interminable cauchemar peuplé d'images dignes des plus sinistres films d'horreur. S'il me reste des souvenirs de certains de ces rêves, la plupart se confondent — on le verra — avec des événements réels. Je pourrai les évoquer à l'occasion quand ils paraîtront correspondre à des sursauts de conscience. Pour le reste, pour ce qui concerne les faits entourant l'opération, je devrai les reconstituer à l'aide de ce qu'ont bien voulu me fournir mes trois anges gardiens.

D'abord mon père qui a tenu chaque jour une sorte de journal en style télégraphique. Papa a de véritables qualités d'archiviste: sur de grandes feuilles, il a noté de son écriture fine chacun de mes gestes dont il était témoin, l'heure à laquelle ils se produisaient ainsi qu'une foule d'autres détails recueillis lors de conversations téléphoniques avec Yves. Cinq pages sont remplies recto verso de sa petite écriture minutieuse, pages qu'il a soigneusement pliées et conservées comme des objets précieux.

Les notes de Jean-Claude complètent harmonieusement les bulletins de nouvelles de papa. Jean-Claude et
Simone ont été mes visiteurs les plus assidus pendant toute
la durée de mon séjour aux soins intensifs. Ils ont bien voulu
relayer ma famille auprès de moi et surtout d'Yves dont la
patience et la constance restent encore et toujours à
louanger. Yves, le troisième, mais bien sûr le plus important
et sans lequel le contenu de ce livre n'aurait pas le même intérêt. Yves que j'ai soumis à rude épreuve durant les trois
années qu'a duré cette aventure et plus particulièrement
pendant cette période où je flottais entre la vie et la mort.
Yves n'a pas pris de notes mais les événements restent gravés
à l'intérieur de sa mémoire aussi sûrement que si je les avais
moi-même inscrits en lettres de sang. Et c'est surtout à cette
mémoire que je dois le contenu de ce qui va suivre.

Mais à minuit quarante-deux, j'ai encore toute ma
lucidité malgré les drogues puissantes introduites dans mon
organisme au moyen des intraveineuses. Yves s'est arrêté et
parle quelques instants avec le docteur Cooper pendant que
Jean-Claude continue de marcher près de moi vers la salle
d'opération. Nous passons près du poste des infirmières et je
remarque le tableau où mon nom est inscrit à la craie. Le
nom du donneur y figure également mais je ne vois que le
mien.

— Il y a une faute, dis-je, je m'appelle Diane H-É-B-E-
R-T, pas Herbert. Corrigez-le tout de suite.

Une infirmière s'exécute aussitôt, efface le mot et le
réécrit correctement.

— C'est ça. N'oubliez pas l'accent sur le E. Bon.

Je suis satisfaite. Jean-Claude me sourit, m'embrasse
une dernière fois. Yves se penche vers moi, il porte la
médaille que je lui ai remise tantôt, la médaille que m'avait
donnée Jean-Paul Théorêt et qui ne m'a plus quittée depuis.

— Qu'est-ce que tu complotais avec le docteur Cooper?

— Tu es curieuse jusqu'au bout, Diane, le docteur
Cooper prenait Jean-Claude pour un journaliste, tu sais
celui qui voulait se faire passer pour ton frère. Je lui ai dit

que Jean-Claude est devenu comme un frère pour toi.

— C'est vrai. Au revoir Jean-Claude. À bientôt Yves.

Je l'embrasse tendrement et déjà ma vue s'embrouille. Je continue d'avancer toute seule dans le couloir, ma civière roule dans le corridor. Il faut que je demande qu'on prenne des photos, ne pas oublier d'avertir les médecins de... Une porte s'ouvre devant moi, je ne la verrai pas se refermer. Une porte s'ouvre, j'avance, je plonge dans un immense gouffre. C'est le noir. C'est le *black-out!*

* * *

Jean-Claude n'a pas à insister ou à convaincre Yves d'aller manger un morceau. Il n'a plus rien d'autre à faire qu'à attendre. C'est ce qu'il dit au docteur Cooper tantôt: «J'ai fait tout ce que j'ai pu pour accompagner Diane jusqu'ici, c'est à votre tour de faire le reste.» «Faites-moi confiance, lui a répondu le médecin, et ne restez pas ici inutilement. Allez plutôt vous reposer et vous changer les idées.» Jean-Claude et Yves reviennent vers trois heures en compagnie de Simone. Même si l'opération est commencée depuis un bon moment elle ne sera certainement pas terminée avant le matin. Yves décide donc de s'allonger sur le divan dans une petite pièce à côté de la salle d'attente, tandis que Simone et Jean-Claude montent la garde.

À six heures trente-cinq, le docteur Todd apparaît le premier.

— Tout va très bien, dit-il, tout se passe comme prévu.

Il a l'air calme et sûr de lui. Un peu plus tard c'est au tour de Mel Cohen de venir les rassurer. Le coeur et les poumons ont été prélevés à deux heures dix. L'intervention se déroule normalement. Jean-Claude s'empresse d'annoncer les bonnes nouvelles à Yves et le quitte pour aller reconduire Simone à son travail. Il revient juste à temps pour entendre de la bouche même du docteur Cooper que l'opération est satisfaisante.

Il est maintenant dix heures vingt et le docteur Cooper semble épuisé comme après une dure épreuve. Il pèse ses mots, remarque Jean-Claude dans ses notes, puis parle d'un petit problème. «Le coeur est légèrement trop gros, précise-t-il, et reste plus ou moins coincé dans la cage thoracique. Malgré tout, Diane doit revenir bientôt dans sa chambre.» Yves n'a pas paru troublé par le petit problème, il est même si content qu'il décide de monter immédiatement au dixième étage pour annoncer la bonne nouvelle aux infirmières qui me connaissent. Jean-Claude est toutefois moins enthousiaste. «Si le problème était si petit, écrit-il, le docteur n'en parlerait pas.» Pendant qu'Yves laisse exploser sa joie, Jean-Claude l'attend près des ascenseurs.

À dix heures cinquante, je suis transportée de la salle d'opération jusqu'à ma chambre des soins intensifs. Jean-Claude voit passer ma civière, aperçoit et reconnaît mes cheveux blonds. Il est à son tour rassuré. Yves revient peu après.

— J'ai vu Diane, dit Jean-Claude tout excité, on l'a reconduite à sa chambre. Tout va bien.

Mes deux amis sont euphoriques.

— Allons prendre l'air! Allons fêter ça!

— Oui, je vais téléphoner à Simone.

Mais juste comme ils s'apprêtent à entrer dans l'ascenseur, ils voient le docteur Cooper qui en sort au pas de course et qui se dirige du côté des soins intensifs, vraisemblablement vers ma chambre. Pour Jean-Claude et pour Yves, le suspense dure jusqu'à onze heures quarante-cinq, au moment le docteur Cooper revient leur annoncer:

— Arrêt cardiaque, il faut la ramener en salle d'opération.

C'est la consternation.

À treize heures, Todd vient confirmer les dires de Cooper. La pression sanguine est trop forte. Une heure plus tard, le docteur Cooper apparaît à nouveau. Cette fois il a l'air vaincu.

— Don't expect too much, attendez-vous au pire, vous

feriez mieux d'appeler ses parents.

La mort dans l'âme, Yves téléphone à ma famille. Cooper retourne à la salle d'opération. Mon nouveau coeur est enflé, il a encore augmenté de volume. Impossible de refermer la cage thoracique. Le chirurgien décide d'improviser et de laisser la cage ouverte, protégée seulement par une feuille de cellophane.

Mon état semble stable mais laisse peu d'espoir. Le moral est au plus bas. Yves consent à aller se reposer chez les Savoie, il est exténué. C'est là, dans la solitude de notre chambre, qu'il va enfin laisser son corps se libérer de toutes les tensions. Oui, il va fondre en larmes, mon grand costaud, c'est vraiment le meilleur moyen de laisser sortir la vapeur quand la pression est trop forte. Après la crise, après la douche, il revient à l'hôpital. Cooper est là. Il paraît encore inquiet mais propose à Yves de venir me voir dans ma chambre des soins intensifs.

— Parlez-lui. Essayez de la faire réagir.

Yves revêt comme il se doit le costume: le chapeau, la blouse, les couvre-chaussures toujours trop petits, le masque et les gants. Esther est à mon chevet. Aussitôt qu'elle le voit entrer, elle lui offre une chaise, un verre d'eau.

— Vous savez, dit-elle, c'est parfois difficile à supporter...

— Non, non, réplique mon impassible.

Il s'approche, je suis méconnaissable. Reliée de partout à des tubes et à des fils, je n'ai plus rien d'un être humain. Mon visage est enflé et sale. Les draps et les bandages sont tachés de sang. Yves se retourne vers Esther.

— Si votre offre tient toujours, je prendrai la chaise et le verre d'eau...

Il s'assoit près de moi et me tient la main. Je n'ai aucune réaction. Mes yeux sont fermés, mes doigts restent inanimés sous la chaleur de ses mains. Il me parle mais je n'entends pas.

— Écoute-moi, Diane, ça ne fait rien si tu ne m'entends pas. C'est absurde, je sais bien, je te parle pour

261

moi, je te parle pour me faire du bien. Je crois que le plus dur est passé maintenant, pour toi comme pour moi. Mais je sais qu'il te reste à lutter de toutes tes forces. Cooper et moi, nous avons fait tout ce qui nous était possible. Le reste te revient. Si tu m'entends maintenant, je te supplie de continuer à combattre. Il faut que tu gagnes cette bataille et tu sais que je t'en crois capable. Fais ce que tu VEUX, Diane.

Je n'ai pas réagi, je n'ai pas bougé, ni serré ni déplié les doigts. Tout ce qu'Yves a pu voir, c'est ma poitrine grande ouverte et dedans mon coeur qui battait sous le cellophane.

Non, je n'ai rien entendu ou si je l'ai fait, je ne m'en souviens plus.

32

Un seul geste

27 novembre 1985. La nuit est passablement agitée au deuxième étage. À deux heures quarante-cinq, deuxième arrêt cardiaque et retour en salle d'opération. Mon coeur est réanimé à la main par le docteur Todd. Cette fois, le docteur Cooper me pose des agrafes de métal afin d'élargir ma cage thoracique. Il décide ensuite de la refermer et de recoudre l'épiderme. Mes parents vivent à leur tour l'angoisse des allers et venues vers la salle d'opération, le passage en coup de vent des chirurgiens, les interminables heures d'attente. Un peu plus tard, une autre alerte continue à éprouver les nerfs. Quand Jean-Claude téléphone au début de la matinée, le moral est au plus bas, il y a eu un troisième arrêt cardiaque causé par des caillots de sang obstruant les conduits. À quand la fermeture éclair à l'usage des médecins? Il faut à nouveau ouvrir et nettoyer la cavité. Quant à mes poumons, ils se comportent normalement et ne donnent aucun signe d'inquiétude.

Dans la salle d'attente, le moral varie au rythme hésitant de mes pulsations cardiaques. De moyen qu'il est en fin d'après-midi, il remonte doucement en soirée, surtout après le passage de Mary, la quatrième transplantée coeur-poumons de Toronto. «Elle est si fragile et pourtant elle est là devant nous, note Jean-Claude, donc tout est possible, il faut continuer à croire et à espérer. Chaque minute passée est une minute de gagnée», ajoute-t-il.

Cette fin de journée plus calme est par ailleurs troublée par l'arrivée des journalistes. Par qui ont-ils appris la nouvelle? Le mystère restera complet. Mais ils sont là comme des nuées de guêpes, à l'affût de la dernière rumeur, guettant le passage des médecins en arpentant les corridors. Ils questionnent mes parents et font cliqueter leurs caméras indiscrètes. En apercevant leur manège, Yves voit rouge et se met en colère. Il leur ordonne poliment mais fermement de sortir. Les indésirables ne bougent pas. Il faudra la fureur du docteur Cooper et le renfort de quelques «armoires à glace» pour chasser cette bande de curieux. Jean-Claude est lui aussi étonné de leur audace. «Que pourrions-nous leur dire? écrit-il. La situation de Diane change si vite. Ce que nous leur dirions risque d'être complètement faux demain matin à la lecture du journal.» Oui, mon état de santé est loin d'être stable, mais la soirée s'annonce calme pour Yves et pour Jean-Claude qui ont décidé de passer la nuit ici et de relayer mes parents.

La salle d'attente des soins intensifs est le théâtre de perpétuelles angoisses. La famille et les proches d'autres patients sont soumis aux mêmes terribles incertitudes. Gilles, un jeune homme du lac Saint-Jean, vit également des heures pénibles. Sa femme de vingt-deux ans n'a pas repris conscience à la suite d'une intervention faite au Québec dans le but de soigner un cancer du larynx. On l'a transférée ici afin de lui prodiguer les soins de spécialistes réputés. On n'a toutefois pas pu la réanimer, son état demeure sérieux, elle est entre la vie et la mort. Gilles ne parle pas l'anglais, il est seul, il va vite se lier d'amitié avec Yves et Jean-Claude. D'autres personnes vont venir se greffer à ce petit groupe et vont partager l'épouvante et la frayeur des descentes et l'incomparable soulagement des remontées. Un rythme saccadé et imprévisible, semblable à celui auquel chaque être humain est soumis dans une vie, mais ici plus concentré dans le temps donc plus difficile à supporter. Et c'est dans le partage de ces émotions fortes que chacun puisera ses propres raisons d'espérer.

Pour l'instant, Yves est seul dans la salle d'attente quand le docteur Cooper apparaît tôt après le souper. Gilles est sorti quelques minutes et Jean-Claude arrivera plus tard dans la soirée. Le docteur Cooper semble épuisé, il s'affale dans un fauteuil et pose ses deux pieds sur la table basse où s'empilent des revues. Pour une fois, le médecin semble vouloir quitter son attitude froide et sévère. Les deux hommes bavardent simplement avant d'en venir au sujet de leurs préoccupations. Joël Cooper est surpris de la tournure des événements et avoue qu'il avait sous-estimé mes capacités de résistance. «Je ne la croyais pas si dure, si *tough*, si opiniâtre.» Yves affirme qu'il n'a jamais douté de ma ténacité.

— Maintenant, il faut la faire réagir, ajoute Cooper. Va la voir, parle-lui, demande-lui de te faire des signes. Je ne te cache pas que toutes ces interventions ont pu endommager son cerveau.

Yves est ébranlé:

— Je vais essayer.

Il se lève, suit le médecin en direction des soins intensifs. Il passe les vêtements d'usage et franchit la porte de ma chambre. Une infirmière est à mon chevet. Je suis toujours entourée d'appareils de toutes sortes, mon apparence ne s'est pas améliorée. Yves s'assoit, me prend la main.

— Diane, je suis là, je sais que tu m'entends, alors, prouve-le-moi, fais un geste. Je sais que cela va te demander un effort immense, mais prends ton temps, je ne suis pas pressé. Je vais attendre aussi longtemps que tu le voudras.

Yves répète indéfiniment les mêmes petites phrases.

— Bouge les doigts, ouvre les yeux, serre ma main, sens-tu la chaleur de ma paume?

Il est patient, Yves, il pourrait continuer pendant des heures. Mais je ne veux pas le faire attendre, je sens sa main sur la mienne, chaude et vivante, alors je serre doucement les doigts.

Il ne peut contenir sa joie:

— Elle a bougé, docteur Cooper, elle a remué les doigts,

elle m'a serré, elle a tous ses esprits!

Yves m'a dit ensuite qu'il n'avait jamais vu Cooper aussi ému.

33

Rien n'est gagné

27 novembre — 2 décembre 1985. Chaque jour mes moindres gestes sont interprétés comme des signes d'amélioration. Ainsi, jeudi j'ai ouvert les yeux pour la première fois et le lendemain mes parents ont revêtu à leur tour l'uniforme des visiteurs. «Nous l'avons vue ce matin et elle nous comprenait», écrit papa en date du 29 novembre. Mais à peine trente heures après leur visite, j'étais à nouveau transportée en salle d'opération. L'une des agrafes de métal s'apprêtait à déchirer la peau et il y avait du sang sur mes poumons. À vingt et une heures vingt, samedi, j'étais toutefois de retour dans ma chambre où j'ai passé une bonne nuit. Mon état continue donc de donner des soucis aux médecins même si je récupère très vite. Mais il est certain que ma vie est précaire. Les quatre opérations m'ont affaiblie, je ne pèse plus que soixante-dix livres. Pourtant je reste maintenant éveillée plusieurs minutes d'affilée et je donne des signes très nets de compréhension. Jean-Claude a aujourd'hui eu droit à sa première visite. Jusqu'à ce soir, il ne pouvait me voir qu'à travers la vitre, dans mon «aquarium», au milieu d'un fouillis de machines et de tubes.

Elle comprend ce que je lui dis et cherche en vain à parler. Qui pourrait se faire entendre avec un tube entre les lèvres, un dans le nez, le tout retenu par du sparadrap? Nous essayons néanmoins de communiquer; il me faut formuler des questions auxquelles elle peut répondre par un

271

oui ou un non. Je lui tiens la main et elle me reconnaît par la voix car elle a de la peine à ouvrir les yeux. Malgré le plaisir qui transparaît sur son visage, je sens que son corps ne cesse de lutter et de souffrir.

Jean-Claude a raison, je souffre et je lutte. Il me suffit de me rappeler quelques-uns de mes rêves pour admettre que j'entretiens alors un combat féroce contre la mort. Je suppose que les drogues qu'on m'administre augmentent l'horreur de mes visions. Je suis la proie de toutes sortes de monstres. Curieusement dans mes rêves, les infirmières sont mes premières ennemies; elles me veulent du mal. Ou bien elles essaient de m'empoisonner ou bien elles tentent de voler mon corps et de le transporter loin des médecins. Il est probable que leur présence continuelle à mon chevet m'incite à les choisir comme les principales actrices des scénarios de mon délire. Je distingue parfaitement leur visage dans mes songes bien que je ne puisse voir en réalité que leurs yeux au-dessus du masque protecteur. Je suppose qu'il m'a fallu transposer la douleur permanente et que j'ai cherché à personnifier mes bourreaux; mon inconscient n'a rien trouvé de mieux que d'accuser les infirmières.

Des esprits plus nuancés pourraient probablement fournir d'autres interprétations. Il est possible que je veuille m'abandonner à la mort et refuser toute aide me venant de la part des gens qui entretiennent mes souffrances. Cela se peut. Mais cette hypothèse remet en question les heures, les jours, les années pendant lesquelles je me suis tant acharnée à vivre. D'ailleurs quand Jean-Claude me répète avant de sortir de ma chambre: «Ne lâche pas, Diane, accroche-toi! Nous sommes tous avec toi...», je remue la tête en signe d'assentiment. Qui peut prétendre avec assurance que ce geste est seulement dicté par mon instinct de conservation? Chose certaine le combat est engagé. Je VEUX vivre!

34

Une lutte
au jour le jour

3 décembre. (Tiré des notes de Jean-Claude.)
*Aujourd'hui Diane ouvre grand les yeux. Enfin on peut voir
son beau regard se poser plus longuement sur ce qui l'entoure. Cela me rappelle sa réponse quand le docteur Todd
l'avait prévenue de ses difficultés postopératoires. «Vous
aurez de la peine à parler», lui avait-il dit. «Ça ne fait rien,
j'ai mes yeux, eux ils parlent! Comme c'est vrai!*

*Diane est même si réveillée et si remuante qu'on a dû
lui attacher les mains pour empêcher qu'elle ne touche aux
appareils qui l'entourent. Elle bouge beaucoup et lève le
bras vers sa poitrine; on dirait qu'elle me demande de lui
expliquer pourquoi on l'encombre de tant de tubes. J'essaie
de la calmer en lui disant qu'on pourra en reparler quand
elle sera en meilleure forme. Pour la première fois, on l'a
assise dans son lit environ dix minutes. Tout semble
nouveau pour elle.*

*4 décembre. Diane bouge beaucoup lorsque je passe
comme d'habitude ce soir en sortant du travail. Elle est
agitée. Nous devons à nouveau lui attacher les mains aux
barreaux du lit. Elle essaie d'arracher son tube. Que de
vigilance de la part des infirmières, que de patience, que de
gentillesse! Mais Diane se montre très rusée. Elle réussit à se
tourner sur le côté et avance la tête près de sa main afin
d'attraper le tube. Son cerveau fonctionne à merveille et elle
s'en sert. Je dois lui dire un peu durement (et ce n'est pas*

275

facile): «Sois calme, Diane, ne touche pas à ce tube! Tu me le promets?» La réponse est affirmative mais au même moment elle essaie de l'arracher. Je dois lui faire les gros yeux et elle me regarde avec un petit air, l'air de dire: «Oui, grand frère, mais si tu savais comme j'en ai marre de ce tube.» Comme je la comprends!*

Aujourd'hui Diane est nettement moins enflée. La semaine dernière son visage avait pris toutes les couleurs et on reconnaissait à peine son joli minois. Je lui dis qu'elle est toute belle et cela paraît lui faire plaisir. J'ai même droit à un sourire à travers les tubes!»

Premier sourire, premier mot, premier geste, je suis comme un nouveau-né. Est-ce pour cela que ma mémoire me fait faux bond?

5 décembre. Si Jean-Claude est mon visiteur le plus assidu, Yves de son côté fait pratiquement partie du personnel. Il vient me voir plusieurs fois dans la journée, s'informe de mes moindres gestes, s'enthousiasme devant mes progrès. Le docteur Cooper lui a suggéré de m'apporter quelques affaires ayant une certaine importance pour moi. «Non seulement il faut la faire réagir mais lui fournir des éléments qui auront valeur de motivation. Apportez-lui des objets auxquels elle est particulièrement attachée. Cela éveillera des souvenirs heureux et l'incitera à continuer la lutte.»

Mon grand est arrivé aujourd'hui avec des photos et des lettres. Je dors quand il s'approche. Il attend que j'ouvre les yeux. Je suis contente quand je le vois près de moi. Je remue, je frétille dans le lit. Il paraît que j'ai meilleure mine. Yves me parle et comme d'habitude il m'annonce l'heure, le jour, la date afin de me situer un peu. Je l'écoute sans manifester beaucoup d'intérêt. Il me montre ensuite les photos, des photos d'Isabelle. Mes mains ne sont pas attachées, je m'empare des photos et les repousse aussitôt violemment. «Voyons, Diane, tu ne reconnais pas Isabelle?»

J'ai des larmes dans les yeux, je secoue la tête dans l'affirmative. Je reprends les photos et les serre sur mon coeur. Yves me laisse faire, sort l'enveloppe et commence à lire la lettre de Ghus. Même geste, je lui arrache le feuillet et le mets avec les photos sur ma poitrine. Ensuite je reste immobile quelques instants. Seuls mes yeux remuent et vont d'Yves à la porte. Je regarde Yves puis la porte. Il ne comprend pas. Je libère une de mes mains qui tiennent les photos et je montre la porte. Yves continue de dire qu'il ne sait pas où je veux en venir. Alors mes yeux se mettent à lancer des éclairs: fureur, désespoir, supplication. Je montre à nouveau la porte avec mon doigt, puis je désigne Yves, puis moi. Je recommence en sens inverse. Moi avec les photos et la lettre, moi avec Yves, partir, par la porte.

C'est simple, j'en ai assez de ce lit, de cet hôpital. Je veux m'en aller!

6 décembre. Je pars. Je suis soulagée. On me transporte dans un lit qui roule. Je suis bien. Mais tout à coup, je comprends pourquoi on m'emmène, on veut me voler. C'est un complot. On me transfère en effet dans un autre hôpital où le personnel est composé uniquement d'infirmières. Elles me gardent en otage et exigent une rançon; elles veulent tout mon argent. Je leur explique alors que je n'ai pas un sou sur moi. «Laissez-moi téléphoner à Yves, il me l'enverra.»

Elles acceptent. Elles restent près de moi quand je compose le numéro. Ça ne fait rien, elles ne comprennent pas le français, je peux donc raconter à mon homme qu'on m'a enlevée. Qu'il faut vite venir me chercher! Il arrive. Il est avec un groupe de médecins. Ils ont eu la bonne idée de se faire passer pour des acheteurs de cet hôpital. Ils font semblant de s'intéresser au bon état de la bâtisse. Ils visitent. Malheureusement, ils passent à côté de la pièce où on m'a enfermée. C'est une salle de dissection où on opère les cadavres comme dans le château de Frankenstein. Je suis allongée sur une table, on veut s'emparer de mon cerveau. Rita s'approche avec une aiguille à la main...

— Yves!

Il est là, penché sur moi mais il n'a pas d'aiguille à la main.

7 décembre. Je suis fiévreuse aujourd'hui et cela inquiète les médecins. Le docteur Todd et le docteur Cooper consultent régulièrement celui qui passe le plus de temps près de moi.

— Comment la trouvez-vous? lui demande l'un des chirurgiens.

— Plus calme, plus passive mais j'ai remarqué que ses yeux sont jaunes. Est-ce qu'il n'y aurait pas quelque chose du côté du foie? hasarde Yves.

Les regards de nos proches sont souvent experts dans l'art de dépister les problèmes. Je suis à nouveau examinée sur la table d'opération. La vésicule, le foie et les poumons se portent bien; mais le pancréas est légèrement enflé, inflammation vraisemblablement causée par mon alimentation. Les médecins veilleront à soigner et à varier mes menus liquides. Pour ce qui est du coeur, il semble s'adapter à son nouvel espace, la pression sanguine est stabilisée. C'est une excellente nouvelle. Cependant, pour plus de précaution, la largeur de la cage thoracique doit être maintenue au maximum. Les médecins improvisent un système composé de fils, de poulies et de poids qui allégera mon sternum.

8 décembre. Je suis terriblement frustrée de ne pouvoir me faire entendre. Mes yeux ont beau être éloquents, ils ne réussissent pas à tout dire. Ce matin, Yves m'a apporté un tableau avec toutes les lettres de l'alphabet. J'ai tout de suite compris. Il veut que je désigne les lettres afin de former des mots. Bon. J'ai montré le F, le A, le I puis le M. J'ai battu des records de précocité, j'ai écrit: j'ai faim. Pas mal pour un nourrisson! Naturellement, je ne peux songer à m'alimenter normalement. Yves m'a apporté de petits morceaux de glaçons à sucer. À cause de l'horrible tube que j'ai dans la bouche, ce n'est pas facile mais j'y suis arrivée. D-É-L-I-C-I-E-U-X.

9 décembre. C'était prévisible: après la bouffe, les petits besoins. «Je veux aller à la toilette», ai-je écrit sur mon tableau. Yves s'est gentiment moqué de moi. «Tu as une sonde», m'a-t-il dit. Je suis furieuse. Je comprends de mieux en mieux les colères des bébés.

10 décembre. Exercices respiratoires et biopsie. On m'a ôté les fils, les poulies et les poids. Chaque machine ou appareil qu'on m'enlève est un signe de progrès. «Et les tubes? À quoi servent-ils?» ai-je encore demandé. Yves n'a pas l'air de se douter comme c'est inconfortable.

11 décembre. J'ai vainement tenté d'arracher celui du nez; peine perdue, les infirmières ont des yeux tout le tour de la tête. J'ai toutefois commencé à respirer par moi-même. Mais j'ai terriblement peur de compter sur mes nouveaux poumons. Je prends de très petites respirations qui ne rejettent pas suffisamment de gaz carbonique. Conséquence: mon sang est mal oxygéné. Le docteur Todd avait raison, c'est terriblement angoissant de compter sur de nouveaux poumons, on dirait que je ne leur fais pas confiance.

12 décembre. Biopsie: *Je suis dans le sous-sol de la maison de Simone et de Jean-Claude. Je suis étendue sur la lessiveuse, dans la salle de lavage. Mes amis sont en haut avec Yves. Le docteur Todd est près de moi. Il ne me veut pas de mal. «Vous ne sentirez rien», me dit-il.* C'est un bon rêve, je voudrais qu'il dure toujours.

14 décembre. Tous les jours, on vient me peser. C'est le moment que je redoute le plus dans la journée. On me soulève dans mon lit à l'aide d'un brancard sur lequel je dois rouler mon pauvre corps, lui qui n'a plus que la peau et les os. C'est immensément douloureux. Je rêve que je suis allongée sur le dos, bras et mains liés au-dessus de moi et qu'on s'amuse à me faire pivoter autour d'un poteau à une allure vertigineuse. J'ai mal au coeur.

15 décembre. Petit à petit on augmente le temps pendant lequel je dois respirer toute seule. Aujourd'hui, j'ai fait une demi-heure. Mais cela me fatigue énormément. Personne ne semble le remarquer. On dirait que les médecins ne voient pas les efforts surhumains que je fais. J'en ai assez!

16 décembre. Je ne veux voir personne. Vous voulez m'achever ou quoi? Vous croyez que c'est facile de renaître? Allez-vous-en! Vous aussi docteur Cooper! Mais il n'entend rien! Est-ce qu'il l'a fait exprès de m'enlever la voix? Je lui montre la porte avec mon doigt mais il fait mine de ne pas comprendre. Il ne veut pas s'en aller. Une vraie tête de mûle! Je le fusille du regard. Il me sourit.

— Écoutez-moi bien, Diane, je suis très satisfait de vos progrès. Demain, si tout va bien, nous pourrons enlever le respirateur...

OUI! Oh! J'aurais crié si j'en avais été capable. Oui, oui, enlevez-moi ce tube. Tout de suite, non? Oh! Je ferais n'importe quoi, je ferais n'importe quoi pour vous être agréable. Vous êtes gentil docteur Cooper, très très gentil...

17 décembre. Plus de tube! Enfin, plus celui-là, le plus incommodant, celui que j'ai tant de fois tenté d'arracher. C'est un grand jour aujourd'hui, il y a trois semaines que j'ai eu ma transplantation. «Son visage est rayonnant», note Jean-Claude.

18 décembre. Un rêve revient souvent: *Je suis suspendue comme une carrosserie au-dessus d'une chaîne de montage d'automobiles. Des infirmières me regardent méchamment, et refusent de me faire descendre. Arrêtez les machines, débranchez-moi, j'en ai assez!* «Journée sans problème», note Jean-Claude.

19 décembre. Papa écrit: «Elle respire par elle-même mais ne parle pas. Bizarre! Ses cordes vocales sont comme écrasées. Mais ça va bien.» Pourtant, je ne cesse de crier dans mes rêves. Est-ce que personne ne m'entend?

280

*20 décembre. Un avion nous transporte sur une île,
Yves et moi. Nous nous arrêtons pour manger dans un petit
restaurant. Un groupe de médecins et d'infirmières arrivent
à leur tour. Ils saluent Yves tout en m'ignorant. «Méfie-toi,
Yves, ils font semblant d'être tes amis mais ils me veulent du
mal.» Mon grand ne veut rien entendre, les médecins continuent de bavarder avec lui tandis que des infirmières m'en-
traînent à l'arrière, dans la cuisine. Elles m'attachent sur
une table et Rita s'avance vers moi pour me faire une pi-
qûre. Elle veut m'empoisonner. Au secours!*

— Vous avez rêvé? me demande le docteur Todd.
Je suis contente de le voir. Je ne veux pas qu'il s'en aille.
— Il y a eu un petit problème, me dit-il. Nous avons dû
vous faire une trachéotomie. Le liquide contenu dans votre
estomac risquait de remonter dans vos poumons. C'est fini
maintenant. Le danger est écarté.
Mais qu'est-ce qu'il raconte? Il est en train de me dire
que j'ai subi une cinquième intervention? Qu'est-ce que c'est
que ce tube qui me sort de la gorge?
— Calmez-vous maintenant. Dormez.
Dormir? Retourner dans cette île au milieu de ces hor-
ribles infirmières…?

21 décembre. Il paraît que je suis encore très confuse et
que mes moments de lucidité ne sont pas suffisamment
nombreux. Prescription spéciale: Je dois regarder mon
émission préférée, *The Young and the Restless*. De peine et
de misère, j'essaie de garder les yeux ouverts, de m'intéresser
à la vie des personnages sur le petit écran. «Aujourd'hui, tu
n'as dormi que quinze minutes devant le téléviseur», me dit
Yves. C'est sûr, j'ai dû fermer les yeux pendant les pauses
publicitaires.

22 décembre. Yves m'a apporté des photos d'Isabelle
collées sur un carton. Il veut décorer ma chambre. J'ai
refusé. J'ai trop peur qu'on me les vole. Je me méfie des infirmières…. D'ailleurs je ne veux pas que ma fille me voie

dans cet état. J'ai vu mon visage dans un miroir. Je ne me suis pas reconnue. Je suis affreuse, je ne m'aime pas. Qu'on me laisse dormir!

23 décembre. Papa a écrit: «Diane était assise quand nous sommes arrivés. Une garde lui avait lavé les cheveux, je les ai fait sécher.»

Je ne m'en souviens pas. Pourtant j'ai eu l'air de comprendre quand maman a parlé de Noël qui approche et de la messe de minuit. Oui, je voulais aller chanter à l'église du Sacré-Coeur avec Simone et Jean-Claude. Mais quelque chose est arrivé. Qu'est-ce que je fais dans ce lit?

35
Le réveil

24 décembre 1985. Tous ces moments de conscience évoqués dans les pages précédentes ne sont pas restés gravés dans ma mémoire. Yves, Jean-Claude et mes parents ont été témoins des premiers gestes de ma renaissance et me les ont ensuite si bien racontés que j'ai parfois l'impression d'en avoir gardé quelques souvenirs. Mais ces éclairs de lucidité demeurent aussi vagues pour moi que certains épisodes de ma petite enfance. Mon amnésie de trente jours reste un grand trou noir que seuls des rêves sont venus troubler. Quand Yves et moi nous rappelons ensemble cette période brumeuse et que j'essaie d'y mettre un peu d'ordre, il me dit souvent: «Non, Diane, tu ne l'as pas rêvé, tu l'as réellement vécu. Ce grand tube qu'on a introduit dans ton nez jusqu'à tes bronches, c'était une broncoscopie. C'est grâce à cet examen qu'on t'a ensuite fait une trachéotomie, opération qui t'a été très bénéfique.»

Bon. Tant mieux si je l'ai oublié. Je suppose que ma mémoire s'est chargée de trier les événements et a choisi de conserver ceux qui me paraissent plus agréables. C'est peut-être la raison pour laquelle je me souviens de cette veille de Noël comme de mon premier vrai souvenir, un peu comme si je m'éveillais après une longue nuit. Peut-être ai-je inconsciemment choisi cette date parce qu'elle contient les évocations heureuses d'une fête. Je l'ignore. Pourtant c'est véritablement comme si j'ouvrais les yeux pour la première fois.

285

La chambre est petite et sombre. Près du lavabo encastré, un comptoir en désordre rempli de petites bouteilles. Un mur blanc, une horloge qui marque sept heures vingt. Du matin ou du soir? Je cherche la fenêtre des yeux, il n'y en a pas. Il y a beaucoup de bruit dans mes oreilles, un glouglou continu et agaçant. Je comprends, ce sont les machines. En tournant la tête, je vois un appareil plein de boutons d'où surgit un enchevêtrement de fils. Je suis couchée dans un lit, étendue sur le dos. Je ne cherche pas à me lever. Je pense que j'en serais incapable. De toute façon je n'en ai pas envie. C'est un peu comme si je ne sentais pas mon corps. Est-ce que je suis morte? Non, je peux remuer, je peux lever la main et la porter à ma bouche. Ma main est très maigre, je ne l'ai jamais vue si petite. Mon poignet est troué, attaché à un grand fil qui suit mon mouvement. Mon bras est couvert de poils bruns. Je me souviens, c'est un effet de la cyclosporine, un effet secondaire. Ça y est, j'ai subi ma transplantation. Mon visage doit être lui aussi couvert de duvet. Oui, mes doigts touchent les poils, c'est doux, pas du tout comme la peau d'une pêche. Mes joues sont enflées aussi. Mais? Je respire, j'ai de nouveaux poumons et sans doute un nouveau coeur. La mécanique est changée alors...

Qu'est-ce que c'est que ce tube qui me sort de la gorge? Oh! Quelqu'un est assis près de moi. Ce doit être une infirmière, c'est une femme en tout cas, elle a de jolies mains, des ongles longs et bien taillés, elle prend des notes dans un cahier. Est-ce qu'elle est méchante? Est-ce qu'elle va me torturer? Je ne veux pas. Elle se retourne. Quelqu'un d'autre vient d'entrer dans ma chambre. Je ne vois que ses yeux, des yeux bruns que je reconnais tout de suite. C'est Yves. YVES! J'essaie de parler mais je n'y arrive pas. YVES! Il me sourit. De quoi ai-je l'air? Je dois être affreuse. Je touche mes cheveux, ils sont soyeux, on a dû les peigner. Oui, je lis dans les yeux de mon homme qu'il me trouve encore belle. Il s'approche de moi. Il porte une petite boîte emballée d'un papier rouge. Un cadeau? Je lui souris. Il me parle doucement:

— Joyeux Noël, Diane! J'ai pris un petit peu d'avance sur le réveillon. Je t'apporte un petit quelque chose. Si tu veux, je vais l'ouvrir.

Non. Je tourne la tête vivement de droite à gauche. Je lui fais les gros yeux. Non, je veux l'ouvrir moi-même. Il comprend. Il approche une table au-dessus de moi. Il redresse mon lit. Ça fait mal dans ma poitrine, c'est serré en dedans. Je pense: un nouveau coeur, des nouveaux poumons. Enfin! La petite boîte est devant moi, couverte de son papier brillant. Je vais la déballer. Je n'ai pas oublié comment faire. Mes gestes sont maladroits, mes mains tremblent terriblement. Vite je déchire le papier, je tire sur le carton, la boîte s'ouvre enfin. Qu'est-ce que c'est? Oh! C'est doux, c'est blanc, c'est lisse, une boule, une autre, un bonhomme, un bonhomme de neige. C'est joli, c'est ravissant. Yves le prend un instant dans sa main et le pose sur la table. J'entends une petite musique. Un air de Noël, je crois, oui, oh que c'est beau, je n'ai jamais entendu une musique aussi jolie. Mais des larmes commencent à me piquer les yeux, je suis triste tout à coup, triste et honteuse.

— Qu'est-ce que tu as, Diane? Tu pleures! Tu n'es pas contente?

Contente? Oh! Que je suis malheureuse! Je m'agite dans mon lit. Je veux parler, je veux lui dire. Les yeux d'Yves se sont assombris, il est terriblement déçu.

— Je sais, ce n'est pas grand-chose mais je l'ai choisi moi-même, j'ai pensé que ça te ferait plaisir...

Les larmes continuent de couler, j'essaie de parler à nouveau mais c'est un sanglot qui sort de ma bouche, une plainte inaudible et désespérée.

— Diane, pourquoi pleures-tu?

Je fais un effort et je réussis à articuler:

— Oh! Yves, moi, je n'ai rien pour toi.

On m'entoure de micros, on me presse de questions. L'interrogatoire est une autre épreuve à cause de ma voix fragile.

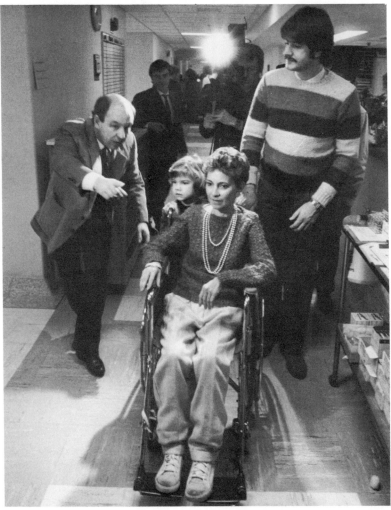

Yves et Isabelle me reconduisent à ma chambre. Cette fois je suis assise dans ma chaise roulante. Je suis incapable de faire le moindre pas.

En somme je vis les étapes d'une convalescence à peu près comme n'importe quel malade.

Sortir, j'en rêvais. Je me sentais comme une petite fille qui doit partir en vacances toute seule et qui laisse ses parents pour la première fois.

Après les saluts d'usage, après la traditionnelle photo avec les infirmières, je prendrai le bras de mon homme et je repartirai sur mes deux jambes.

Sortir, faire de petites promenades, aller voir notre logement que je n'ai même pas visité depuis qu'Yves a déménagé, oui, ça, je veux bien.

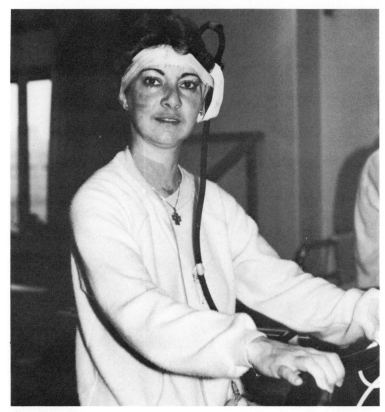

J'y reviendrai à l'occasion pour des examens de routine mais je ne m'y sentirai plus prisonnière.

Originaires tous deux du Nouveau-Brunswick, monsieur et madame Savoie en ont gardé l'accent et la légendaire hospitalité.

À Montréal, je suis même allée danser comme je l'avais promis.

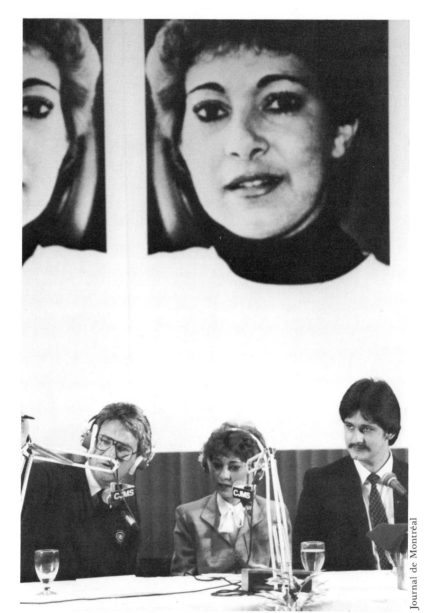

Journal de Montréal

Si j'ai accepté de faire une rentrée si remarquée, c'est avant tout pour remercier les personnes qui, de près ou de loin, ont participé au succès de ma transplantation (avec Gilles Proulx).

Quand je rencontre Ghus, c'est un peu comme si je faisais la connaissance de mon grand frère à l'âge de vingt-huit ans.

La Presse

Les premières semaines suivant notre retour à Montréal ont été des semaines de vie publique.

La Presse

Pendant un mois je ne savais plus où donner de la tête et du coeur. Je découvrais les plaisirs fugitifs de la popularité (de gauche à droite, Jean-Paul Théorêt, Yves et René Dagenais).

Les gens m'écoutent maintenant avec plus de ferveur, j'ai parfois l'impression, quand je parle au micro ou devant une foule, que mes auditeurs sont suspendus à mes paroles. Je les sens prêts à me suivre.

36

Le temps immobile

25 décembre. Un autre cadeau m'arrive le jour de Noël, celui-là de la part des médecins. Je déménage, je quitte les soins intensifs. Yves a tenté de rassembler mes affaires dans un petit sac prévu à cet effet. Bien trop petit, le sac! Dans mes moments de lucidité, j'avais demandé à mes proches toute une série d'objets indispensables: des sous-vêtements, des bas, une robe de chambre et des pantoufles, mon étui à maquillage passablement rempli et un jeu électronique qui me permettait d'écrire ce que je désirais. Tout cela, en plus de quelques cadeaux dont le bonhomme de neige musical, n'a pu entrer ailleurs que dans un gros sac en plastique vert, du genre de ceux qu'on utilise pour les ordures. Et ce qui devait arriver est arrivé. Un gardien trop zélé a ramassé le sac et l'a jeté aux poubelles. C'est, selon toute vraisemblance, ce qui a dû se passer puisque je n'ai plus jamais revu mes affaires. Comme jour de Noël, j'ai déjà connu mieux! Enfin, passons.

La chambre est très grande au onzième, éclairée par deux larges fenêtres. Je suis gâtée. Je bénéficie encore des soins continus d'une infirmière. Je ne suis pas fâchée d'avoir quitté l'équipe du deuxième. Pourtant, selon Yves, je dois beaucoup à ces femmes dévouées et patientes qui, en plus de me veiller jour et nuit, m'ont lavée et «torchée» d'une manière exemplaire. Des anges! C'est l'expression qu'il emploie pour louanger ces infirmières, Esther, Lewis, Élizabeth, Rita, celles-là même qui ont peuplé mes nuits de démons. Je dois reconnaître que mes rancunes commencent toutefois à s'estomper. Je suppose que cela disparaîtra complètement avec le temps et que je saurai les remercier comme elles le méritent. C'est vrai que mon homme a eu le loisir de se lier avec elles et d'observer de près leur compétence. Elles avaient un rôle ingrat, celui de m'empêcher d'arracher tous mes tubes, celui d'entretenir mes exaspérations. Une fois seulement, j'ai pu échapper à la vigilance de l'une d'entre elles. Résultat: une cicatrice sur ma joue droite large comme le papier collant qui retenait mon respirateur.

Ici, par contre, je suis presque traitée comme une malade ordinaire. Plus de machine à part l'appareil qui sert à mesurer la concentration d'oxygène de mon sang. Il est relié par un fil fixé à mon orteil. J'ai toujours le tube de ma trachéotomie planté dans ma gorge, sur lequel on place le masque à oxygène. Ce n'est pas trop incommodant, pas plus que celui qui me sort du nez et qui sert à m'alimenter. Non, je ne peux pas encore m'empiffrer de tourtière et de dinde comme sont en train de le faire papa, maman, Yves et ses parents. C'est pourquoi je trouve le temps si long. Vingt fois aujourd'hui j'ai ouvert les yeux et fixé la date sur le calendrier. C'est tous les jours le 25 décembre. Le temps ne passe pas.

Yves est venu me voir, puis maman, puis Jean-Claude; ils sont venus les uns après les autres. Ils n'ont plus à se déguiser en microbe, ils n'ont besoin que d'un masque. Papa est venu aussi. Je lui ai montré des lettres sur mon tableau. D-É-B-A-R-B-O-U-I-L-L-E-T-T-E, c'est long à écrire. Il a compris avant la fin. Il est gentil, papa. Ça me fait du bien, surtout sur ma bouche, mes lèvres sont comme du papier sablé. Il est parti ensuite. Trop vite! C'est long, je ferme les yeux. Ah que cette journée finisse, oui, comme Noël, j'ai déjà connu mieux.

26 décembre. La date a changé et tout est pareil. Je me sens lasse, très lasse. Où est la garde? Elle est là, près du lavabo, elle prépare ma nourriture, enfin façon de parler:

des gouttes d'une petite bouteille, d'autres gouttes et d'autres encore. Pas de quoi m'ouvrir l'appétit! De toute façon, je n'ai pas faim, rien que d'y penser, le coeur me lève. Le coeur ne lève pas, quelle drôle d'expression! D'ailleurs je ne le sens pas mon coeur, on l'a «dénervé». Le docteur Cooper m'a expliqué ça. Si je fais une crise cardiaque, je n'aurai pas mal. Tant mieux! Je mourrai sans douleur. Ah! Mais ce n'est pas vrai! J'ai vraiment mal au coeur. Manger! Pouache! Je n'ai envie de rien. Seulement de dormir.

27 décembre. Qui a changé les chiffres? Qui a changé la date? Elle ou il s'est trompé. Ça fait douze jours que je vois le chiffre vingt-sept. Jean-Claude est venu, ensuite maman, ensuite papa. Il est resté un peu mais pas longtemps. Pas assez! Quand il a voulu partir j'ai dit DÉJÀ? avec mes lèvres. RESTE! J'ai pleuré. Il n'est pas parti tout de suite mais j'ai fermé les yeux. Ensuite on m'a transportée en bas pour une biopsie et on m'a remontée à ma chambre. Papa et maman sont venus et repartis. On m'a lavée. Un lavage de chat, par petits morceaux. Les bras, le ventre, les jambes et le reste. J'aime mieux quand Yves me lave mais il n'est pas venu. Il n'était pas bien. Mes parents sont entrés et repartis. Et c'est toujours le vingt-sept, vingt-sept, vingt-sept...

28 décembre. Ça va mieux aujourd'hui. Papa et l'infirmière m'ont aidée à m'asseoir dans un fauteuil. J'ai pu voir de la neige par la fenêtre. J'ai fait des exercices avec mes jambes. Un peu plus tard, Yves est entré et je me suis assise à nouveau dans le fauteuil mais j'étais très fatiguée. Il dit que c'est normal, que c'est un effort énorme mais que je ne dois pas m'arrêter et que je devrai essayer de marcher le plus tôt possible. Il n'a pas l'air de savoir comme c'est difficile... même de rester assise

29 décembre. J'ai marché jusqu'au poste des gardes à l'aide d'un support métallique sur roulettes. Une distance de cent pieds. Mes premiers pas! Je suis contente mais exténuée.

30 décembre. L'événement du jour, mon premier bain. Un délice! C'est vraiment la chose la plus agréable qui m'est arrivée depuis longtemps, depuis ma renaissance. Je passerais ma vie dans une baignoire, le corps plongé dans l'eau tiède. J'étais folle de joie, exubérante comme un bébé. De l'eau, pure merveille; un bain, un miracle. Je suis sûre que j'apprécie mieux que n'importe qui les plaisirs les plus simples. Un peu plus et je dirais que cette sensation vaut toutes les souffrances endurées jusqu'ici. Je serai plus prudente. Vive la nature! Et vive les plombiers!

31 décembre. C'est fantastique! Je n'ai presque plus peur de respirer. Pompe mon coeur, rosissez mes poumons! Je suis vivante! Aujourd'hui, je ne veux pas dormir. Je veux me faire une beauté. J'ai demandé qu'on m'apporte ma trousse de «premiers soins»: maquillage et nécessaire de manucure. J'ai moi-même taillé et limé mes ongles. Ils poussent bien maintenant, ils n'ont jamais été si résistants. C'est un heureux effet de la cyclosporine. Avant, ils étaient mous et cassants. Je ne les rongerai plus. J'aurai de jolies mains comme en ont les vraies femmes. J'ai toujours pensé que la beauté se voit jusque dans le bout des doigts. Mes cheveux ont changé aussi, de blonds qu'ils étaient ils sont passés au brun. Parfait, ils s'harmoniseront avec mes yeux.

Les yeux c'est encore ce que j'ai de plus beau dans mon visage, mes cils sont longs et fournis, mes sourcils épais et soyeux. Le reste est par contre passablement abimé. Joues enflées, peau duveteuse, lèvres sèches et gercées. Bah! tout cela s'arrangera. J'ai assez vu de transplantés pour savoir que ces inconvénients ne sont que passagers. Pour l'instant je vais m'occuper de mes sourcils et leur faire retrouver leur jolie ligne. Quand ma visite arrivera, je serai resplendissante, assise dans mon lit, souriante.

Ensemble nous regarderons des photos et ils répondront à toutes mes questions. Je veux savoir tout ce que m'ont fait les médecins, je veux connaître chacun de leurs gestes. Je ne veux rien ignorer de ma résurrection. Je veux que papa me dise en partant: «Aujourd'hui, c'est ta meilleure journée.» Oui, je veux prendre mon élan pour cette nouvelle année qui commence demain, une année neuve comme mon coeur et mes poumons.

37

En avant, marche!

1ᵉʳ-11 janvier 1986. Chaque jour marque un progrès sensible sur le précédent. En moins de deux semaines, on me retire un à un les trois tubes qu'il me reste; ainsi je peux commencer à boire, à manger et à évacuer normalement. En somme, je vis les étapes d'une convalescence à peu près comme n'importe quel malade. On pourrait croire que le pire est passé et que le petit chemin qu'il me reste à parcourir est le plus agréable. C'est faux. J'aimerais conserver l'illusion que ma nouvelle vie offre tous les émerveillements attribués aux premières découvertes. Oui, je me sens comme une enfant devant une baignoire remplie d'eau, mais je n'ai aucune envie de parcourir un corridor en courant quand je me lève sur mes jambes. Marcher est pour moi une douloureuse épreuve. Me lever seulement et arriver à me tenir debout me paraît un acte de pur masochisme. On dirait que mes os sont fractionnés en milliers de petites pièces qui menacent de s'écrouler si je leur impose un mouvement. J'imagine l'intérieur de mon organisme comme un immense puzzle qu'on essaierait de placer à la verticale. Quel gâchis! Je vais m'effondrer... Non, ça tient. Heureusement qu'il y a le support! Maintenant, soulever une jambe lourde et tremblante, lui donner un élan pour qu'elle se place devant l'autre, la poser, cela semble facile et ça l'est mais c'est infiniment douloureux.

— Encore un petit tour, Diane, d'ici au poste des gardes, ce n'est pas loin, voyons, cent pieds...

299

— Non, Yves, je suis fatiguée.

— Allons, Diane, un tour de plus chaque jour, c'est indispensable. appuie-toi sur moi, je vais t'aider.

— Mais je n'en peux plus...

— Rien qu'un, Diane, je te ramènerai en chaise roulante.

— Non!

Je me sens comme un chien qu'on veut dresser, encore un peu et on me donnera des morceaux de sucre après chaque parcours. Je préférerais plutôt des sachets de sel, afin de rehausser la saveur de l'insipide nourriture que je dois ingurgiter chaque jour. La diète sans sel et la promenade obligatoire sont les seules contraintes que je dois supporter. Si au moins je pouvais remarquer une petite amélioration, un léger renforcement des muscles de mes jambes... Non, le premier tour est aussi difficile que le cinquième. Ensuite, je suis épuisée, je n'ai qu'une envie, celle de m'allonger.

— Je comprends ce que tu ressens, Diane. J'ai vécu les mêmes frustrations, les mêmes hésitations. Tu as l'impression de te fatiguer pour rien. Pire, tu penses que ces efforts ralentissent ta guérison. Pourtant je sais, moi, que ce n'est pas vrai. Ce qui te paraît le plus insupportable va au contraire te donner des forces. Ta lutte n'est pas finie, Diane, la pente sera longue à remonter mais la vue là-haut en vaut le coup d'oeil et la sensation de la victoire est irremplaçable.

Celle qui me parle ainsi, c'est Mary, le numéro quatre de Toronto. Elle seule peut comprendre et évaluer mes efforts. À côté d'elle, Yves a l'air d'un entraîneur sportif préoccupé seulement par la multiplication de mes performances. Nos disputes ont donc repris dès que j'ai pu récupérer un filet de voix. Oh! Ce n'est encore qu'un souffle timide, une espèce de chuchotement un peu rauque, mais il vaut mieux que tous les crayons du monde pour exprimer mes désirs et au besoin ma colère.

— Yves, passe-moi le verre d'eau là, sur la table.

— Prends-le toi-même, Diane, tu n'as qu'à tendre le bras.

300

— Je suis fatiguée, apporte-le-moi, Yves.

— Écoute, tu dois faire des efforts, c'est excellent pour toi. Tes parents t'ont trop gâtée, Diane, ils font tout à ta place, ils ne te refusent rien, ils te surprotègent. C'est très mauvais pour ton rétablissement. Tu t'es mise à compter sur eux pour des riens, pour des gestes que tu peux très bien accomplir toute seule. Tu crois qu'ils sont à ton service? Ne vois-tu pas qu'ils sont en train de te rendre paresseuse?

Je n'ai pas eu le temps de répondre car papa et maman sont arrivés à ce moment. Le verre d'eau est resté sur la table. Nous avons bavardé quelques minutes puis je me suis penchée et, quand j'ai tendu le bras pour prendre le verre, papa était près de moi. Il s'est précipité pour me l'offrir mais Yves a voulu intercepter son geste et, dans sa hâte pour s'emparer du verre, il a fait un faux mouvement et le contenu s'est déversé sur moi. J'étais furieuse.

— Tu l'as fait exprès. Tu voulais m'arroser!

— Pas du tout, je voulais que tu l'attrapes toi-même!

— Non, c'est faux! De toute façon, j'en ai assez de toi. Tu me tyrannises. Va-t-en, je ne veux plus te voir!

— Mais, Diane, tu ne comprends pas...

— C'est toi qui ne comprends pas. Disparais! Je ne veux plus rien savoir de toi!

Yves est parti en furie. Moi j'ai pleuré et j'ai toussé. Maman s'est laissée aller à quelques mots de reproches envers mon homme, mots que pour une fois j'ai entièrement approuvés. Ça n'a jamais été l'amour fou entre mes parents et Yves et j'ai toujours servi plus ou moins de tampon. Tout est dû, je pense, à la manière différente qu'ils ont de m'aimer, les uns en s'employant à combler mes désirs, l'autre en essayant de les raisonner.

Avec le souci de respecter leur modestie, j'ai donné à mes parents un rôle très secondaire dans ce récit. Bien qu'ils n'aient pas été présents à toutes les étapes de mon aventure, ils n'ont jamais cessé de m'apporter leur soutien moral et à l'occasion un appui financier. Dès l'instant où ils furent mis au courant de ma maladie, ils ont ajouté une bonne dose d'abnégation à leur sentiment de tendresse. Ils se sont privés pour moi, ont bien voulu bousculer leurs petites habitudes. Ils ont encombré leur sous-sol et leur salon de mes meubles, ont gardé et soigné mon chien, se sont passés de vacances parfois et, pendant trois ans, ils ont vécu des angoisses amplifiées par l'éloignement. Cela peut paraître naturel aux yeux de certaines gens et il m'est arrivé moi aussi d'accueillir leur sollicitude avec un brin d'indifférence. Au risque de les faire rougir, je dirai qu'ils ont été des parents exemplaires. Et c'est sûrement parce qu'ils m'ont doré la pilule que j'ai eu tant de facilité à l'avaler. Je conçois que leur comportement ait pu agacer Yves. Les témoins sont mauvais juges quand il s'agit d'amour. Je suis mal placée pour défendre qui que ce soit; j'ai trop goûté les petits soins de papa, les dévouements de maman et j'ai trop apprécié les stimulants d'Yves. Mais je dois dire qu'à ce moment, j'ai cru que mon compagnon avait dépassé les bornes, qu'il avait, sans jeu de mots, ajouté la goutte qui fait déborder le vase.

— Il a besoin de vacances, a déclaré papa, toujours diplomate.

— Qu'il s'en aille pour toujours! Qu'il ne revienne plus!

Maintenant, quand je repense à cet incident, je saisis mieux l'exaspération d'Yves. Pendant trois ans nous avons été si proches l'un de l'autre qu'il a fallu partager l'anxiété de tous les instants, depuis les premières minutes d'attente jusqu'aux heures angoissantes des soins intensifs. Je peux presque dire qu'il a vécu par procuration tant il a participé à toutes les phases de ma transplantation. Or Yves se retrouve aujourd'hui au même point que moi. Le pire est peut-être derrière mais le meilleur reste encore à gagner. La vie au onzième n'a pas le rythme palpitant du deuxième. Finie la belle complicité établie avec les infirmières, finies les conversations détendues avec les médecins. Si je suis ici traitée comme une malade ordinaire, Yves a également retrouvé son banal statut de visiteur. Plus de passe-droit, plus de privilège. C'est tout juste s'il peut encore bénéficier d'heures de visite un peu plus souples.

302

Après avoir louangé la compétence de tout le personnel de Toronto, nous avons maintenant de quoi nous plaindre. Nul ne semble tenir compte de mes besoins qui passent le plus souvent pour des caprices. Comme cette bouteille de rince-bouche qu'Yves doit aller chercher à la pharmacie parce qu'on lui affirme qu'il n'en reste plus en réserve.

— Vous ne me ferez pas croire qu'il n'en reste plus une bouteille dans tout l'hôpital?

Non, ce n'est pas un caprice! J'ai absolument besoin de cette mixture après avoir craché mes sécrétions pulmonaires. C'est le sort qu'il faut subir après une greffe de poumons: évacuer toutes ces humeurs fielleuses. Yves le sait. Il a assisté bien des fois à cette expulsion qui me vire le coeur à l'envers. Pour prendre ma défense et me faire respecter, il doit élever la voix et protester. Honnêtement, dans ces conditions, je ne peux lui en vouloir puisque je sais que ses impatiences — qu'elles soient ou non tournées contre moi — surviennent toujours dans le but de me venir en aide. Que j'en sois consciente ou non...

De toute façon, je ne suis pas rancunière. Après quelques heures passées à ruminer ma colère, je suis toute prête à lui ouvrir les bras. Il revient un peu penaud, la bouche pleine d'excuses. Tiens! N'est-ce pas la preuve de ses mauvaises intentions? Peut-être son geste était-il prémédité?

— Me promets-tu de ne pas recommencer?

— Recommencer quoi? Ah! le verre d'eau. Bon, d'accord. Je promets de ne plus te lancer de verre d'eau à la figure, mais à une condition...

— Laquelle?

— Que tu viennes faire une marche avec moi dans le couloir.

— Ah! Non! Tu recommences!

— Viens, Diane, juste un p'tit tour...

— Je te connais, après un, ce sera un autre.

— Non. Un seul, promis.

— Bon. Passe-moi le papier et le sytlo sur la tablette de la fenêtre.

303

— Pourquoi?

— Je suis fatiguée de parler. Je vais t'écrire la réponse.

Yves se retourne, étire le bras, hésite...

— Viens plutôt les chercher.

Je pense SALAUD mais je ne dis rien. Je m'assois sur le bord du lit, mes os craquent de partout. Ça fait mal. Les larmes me montent aux yeux. Je les refoule. Je pose un pied par terre, puis l'autre, je n'ai que deux pas à faire pour rejoindre la tablette. J'attrape le papier, le stylo, je reviens à mon lit, me rassois. Ma main tremble pour écrire, mes lettres sont comme celles des enfants. Yves s'approche et regarde le papier. J'ai écrit trois lettres, j'ai écrit: N O N

38

La rançon
de la gloire

17 janvier 1986. Il y a quelques jours, après sa visite de routine, le docteur Cooper m'a dit:

— Nous faisons une petite fête pour toi vendredi prochain. Si tu veux, tu pourras inviter tes chers amis...

— Mes amis?

— Oui. Tes amis les journalistes!

Il souriait. Tiens, me suis-je dit, le docteur Cooper est certainement très fier de «sa réussite» s'il consent enfin à la présenter aux médias. J'ai dû lui montrer un visage rayonnant, car il s'est empressé d'ajouter:

— Mais n'exagère pas tout de même... deux ou trois, pas plus.

— D'accord.

Bon! Il m'a toutefois paru difficile de n'inviter que trois représentants des médias; cela aurait voulu dire un de la radio, un de la télévision, un de la presse écrite. Et les autres? Ceux qui ont également suivi toutes les péripéties de mon aventure? Ne risquaient-ils pas d'être froissés? Je n'ai donc pas eu le sentiment de désobéir au docteur Cooper en invitant six journalistes, deux pour chaque média. Ce nombre me paraît infiniment raisonnable compte tenu de l'intérêt que je continue de susciter. La nouvelle de ma transplantation s'est bien sûr répandue et tout le monde brûle d'en connaître les détails. Mais je reconnais que j'ai fait preuve d'une grande naïveté, on ne divise pas ainsi le monde des journalistes. Dans ces milieux surinformés, si j'ose dire, rien ne s'ébruite plus rapidement qu'une nouvelle. Et ils sont évidemment très nombreux à m'attendre dans les couloirs du onzième.

D'une main tremblante, j'ai donné un dernier coup de brosse à mes cheveux fraîchement coupés. Ma coiffure atténue la rondeur de mes joues encore enflées. Ma nouvelle tête me plaît. Mes vêtements sont trop grands, je flotte dans mon pantalon. Le remarqueront-ils? Bah, ça ira, je suis prête!

Péniblement, en me retenant à l'accoudoir, je réussis à me dresser sur mes jambes. Tiendront-elles? J'ai terriblement peur qu'elles me faussent compagnie. C'est qu'elles ne sont pas solides, mes jambes, insensibles du genou jusqu'aux orteils, je dois porter des prothèses pour m'assurer leur soutien. La longue période d'alitement a relâché les muscles et coincé les nerfs. Si je veux marcher comme avant, je devrai les soumettre à des exercices quotidiens. Qu'importe! J'ai décidé d'aller à la rencontre des journalistes sur mes deux pattes et je le ferai. Sans appui, sans soutien. Seule!

Dès que je passe la porte de ma chambre, je les vois, au bout du couloir. Ils se tiennent à une distance respectueuse. Ils attendent. Laborieusement, je mets un pied devant l'autre. J'avance. Ça marche, ça tient. Pendant quelques secondes, ils ne bougent pas, ils sont suspendus à mes gestes, ceux qui me portent vers eux très doucement. Et tout à coup, je vois des éclairs devant moi. Non, je ne vais pas m'effondrer sous la mitraille des flashes. Je continue lentement d'avancer vers eux au milieu des lueurs des spots, dans le bruit des moteurs et le cliquetis des caméras. Je suis tremblante, hésitante; mes pas sont mal assurés. Il faut que je reste debout! La mitraille continue, je suis éblouie. Et brusquement, je comprends. Je ressens l'incomparable sensation d'être le point de mire, la vedette. Je souris d'un sourire triomphant. Je suis certaine d'être une héroïne maintenant. Cela n'a rien à voir avec la conférence de presse d'il y a trois ans, quand je dévoilais les détails de mon triste verdict. Pas de fausse humilité. Je rayonne sous les feux des projecteurs. Aujourd'hui, je viens dire aux Québécois qu'ils ont eu raison de croire en moi. J'ai mérité leur confiance. Aujourd'hui, je viens leur donner la preuve que j'ai gagné. Mes jambes obéissent en tremblant, mais j'avance, je suis vivante. Je devine l'étonnement et l'incrédulité sur les visages, je ne les vois pas, je suis aveuglée, un peu étourdie, j'approche.

Yves et Isabelle m'ont suivie de chaque côté du couloir en ajustant leurs pas à mon allure. Ils sont tout près à présent, j'arrive. Notre marche n'a duré que quelques minutes, mais je suis épuisée. «Vite, une chaise, s'il vous plaît!»

On m'entoure de micros, on me presse de questions. L'interrogatoire est une autre épreuve à cause de ma voix fragile. Ça ne fait rien. Je parle. Je suis si contente de raconter ma renaissance. Je lorgne les petits sandwichs sur les tables. C'est certainement meilleur que la nourriture qu'on me sert, j'ai envie d'y goûter. J'ai bien droit de tricher aujourd'hui, c'est ma fête après tout. Le docteur Cooper a bien fait les choses. Il est là lui aussi, entouré de son équipe de chirurgiens et des infirmières. Tous les transplantés sont présents.

Mais tout ce monde autour de moi me fatigue. Yves et Isabelle me reconduisent à ma chambre. Cette fois je suis assise dans ma chaise roulante. Je suis incapable de faire le moindre pas. Je suis lasse. Pourtant je continue de donner des entrevues, allongée sur mon lit. J'abuse.

Et je paierai très cher mes petits excès de placotage. Pendant plusieurs jours, je serai paralysée de fatigue. Mon estomac refusera toute nourriture tant et si bien qu'on remettra ça avec les intraveineuses. Colères et protestations n'y pourront rien changer. Cooper se moquera de moi:

— Tu es punie, me dira-t-il, j'avais spécifié trois journalistes...

— Mais ce n'est pas moi qui...

Bah! J'aurais beau lui expliquer, il ne comprendrait pas. Je suppose que j'aurai mérité mon sort. C'est ce que j'appellerai la rançon de ma gloire...

309

39

Dehors!

1er-13 février 1986. Sortir, j'en rêvais. Respirer l'air frais et piquant du dehors, mettre enfin à l'épreuve mes nouveaux poumons, c'était mon prochain but. Toujours, je continue de me lancer des défis.

— Quand tu auras marché ton mille, nous verrons, m'a dit Cooper.

— Un mille?

— Oui, treize tours de corridor. Treize tours et demi.

Treize tours c'est long, surtout avec des pieds insensibles et des orteils comme des guenilles. Ça ne fait rien, je l'ai fait, je l'ai marché mon mille, à petits pas décidés, debout, le corps bien droit. Il faut dire que j'ai toujours mon équipe de supporters dont Yves n'est pas le moins enthousiaste.

— Treize, Diane! Tu vas y arriver. Encore un autre, non, juste un demi...

— O.K. Une moitié seulement, mais c'est la plus difficile!

Je plisse le front, je n'écoute pas mon corps qui proteste de partout. Surtout ne pas y penser, regarder devant moi et avancer.

— Ça y est. Je l'ai fait, je suis la championne du marathon. Dans ma tête, une foule en délire me porte en triomphe. Cooper s'approche.

— Bien! tu pourras prendre congé dans deux semaines.

— Prendre congé? Vous voulez dire: quitter l'hôpital pour de bon?

— Bien sûr!

— Woh! Laissez-moi le temps de m'y habituer. Sortir, faire de petites promenades, aller voir notre logement que je n'ai même pas encore visité depuis qu'Yves a déménagé, oui, ça, je veux bien. Mais partir d'ici définitivement, c'est une autre histoire. Qu'est-ce que je fais si mes poumons s'arrêtent? Qu'est-ce que je fais si j'ai une attaque? Êtes-vous sûr de la mécanique?

Le docteur Cooper m'a couvée d'un regard protecteur, comme un artisan contemple sa dernière oeuvre. Il n'a pas eu l'air inquiet. Il connaît mes intérieurs par coeur, ce médecin, un peu comme s'il les avait tricotés.

— Tu resteras à Toronto quelque temps, nous continuerons de te suivre, n'aies pas peur.

— Peur?

Oui, j'ai peur. Je l'ai caché un peu pour ne pas perdre la face, mais la frousse me prenait à la pensée d'être loin de l'hôpital. Je me sentais comme une petite fille qui doit partir en vacances toute seule et qui laisse ses parents pour la première fois. Le chirurgien a eu l'air d'en savoir long sur la solidité des cordons ombilicaux. Il a ajouté:

— Commence doucement. Va d'abord faire une marche avec Yves.

Une MARCHE?

Pourquoi pas? La caresse du vent sur ma peau, l'air frais qui gonfle mes poumons, je l'ai dit, j'en rêvais. Mais je ne me souvenais pas que l'hiver est si froid. Et pour cause, je ne l'avais pas vu depuis trois ans. Une caresse, le vent? Plutôt des coups de fouet. Et le froid qui m'a mordu les joues et la neige qui m'a mouillé les pieds. Après quinze minutes, j'en ai eu assez et nous sommes rentrés. J'ai retrouvé et apprécié la chaleur douillette de ma chambre. Pourtant, même si je m'étais fait une image plus poétique de ma première sortie, j'ai commencé à planifier les autres. Parce que, quand on commence à goûter à l'air du dehors, si froid et si vif soit-il, ça vous a un petit goût de «revenez-y». Ghus en sait quelque chose, lui qui continue à aspirer à petites goulées le vent de la liberté. Il faudra que je lui demande s'il a eu peur quand il est sorti la première fois. La liberté pour un prisonnier c'est peut-être aussi vaste et terrorisant...

Bon. Pour sortir à nouveau, il me fallait des chaussures plus confortables que mes minces *running shoes*. Yves et moi avons visité plusieurs boutiques avant de trouver des bottes convenables. Plutôt des bottines que des bottes d'ailleurs et d'un modèle pas très seyant, noires et lourdes mais qui me tiennent les deux pieds sur terre. Aucun risque de m'envoler avec elles! Ensuite j'ai pu faire un saut à notre logement et la semaine dernière, j'y ai même passé la nuit. Oh! Pas très bravement, je l'avoue. Ma peur ne m'a pas quittée. Je n'ai pu dormir qu'en rapprochant le téléphone de mon lit. C'est stupide la peur et ça ne s'explique pas. C'est un peu comme un vidéo clip rempli de petites images catastrophiques qu'on repasse dans sa tête sans plus pouvoir l'arrêter. Mes poumons qui cessent de fonctionner, l'air qui se raréfie soudain et refuse de pénétrer dans mon nez: la perspective de mourir noyée sans une goutte d'eau. Oui, la peur de mourir! C'est incroyable, n'est-ce pas, après ce que j'ai passé? Eh bien justement, c'est sans doute parce que je suis venue près de perdre ma vie que je sens le besoin de m'y accrocher. Ce grand trou de mémoire d'un mois, c'est un peu comme si j'étais morte, non? Et depuis que j'ai ouvert les yeux, je crains encore de les refermer au cas où les mauvais rêves reviendraient. Cela passera. Je le sais maintenant. Car la peur vous lâche aussi dans les moments les plus imprévisibles.

— Ça va mieux, Diane? Est-ce que ton point est parti? Tu n'as plus de douleur?

— Non, je suis bien, Yves, continue, ne t'arrête pas...

Pour tous ceux qui ne l'ont pas deviné, il y a entre mon homme et moi de meilleurs moments que les disputes. Des moments faits pour le désir, des moments faits pour la tendresse d'où le corps et l'âme reviennent apaisés. Et c'est ceux-là que je brûle de retrouver dans l'intimité de notre appartement. Plus que quelques heures maintenant et j'aurai quitté l'atmosphère aseptisée de cet hôpital. J'y reviendrai à l'occasion pour des examens de routine mais je ne m'y sentirai plus prisonnière.

Mes valises sont bouclées, j'ai enfilé mes pantalons de cuir et mon chandail «coeur-poumons», celui sur lequel on a écrit *I left my heart and lungs in Toronto*. C'est Gaétane Bergman, une amie californienne, qui me l'a fait parvenir. Bien entendu, tous nos amis sont au courant là-bas et j'ai très hâte de les revoir. Un beau voyage en perspective, un autre projet. J'en ai la tête remplie. Pour l'instant, le plus urgent est encore de franchir cette porte. Après les saluts d'usage, après la traditionnelle photo, je prendrai le bras de mon homme et je partirai sur mes deux jambes. Ce soir nous fêterons mon congé dans un petit restaurant français de Toronto. «Au clair de la lune», c'est un joli nom pour un souper en tête à tête. Le gérant m'offrira une rose, il m'aura reconnue. Je mangerai bien, je tricherai un peu. Ensuite nous reviendrons, Yves et moi, dans notre appartement. Bien malin qui peut prédire comment la soirée se terminera.

— Tu viens, Diane? Tu es prête?

Yves a une valise dans chaque main.

— Oui, j'arrive. Te souviens-tu quand tu étais aux soins intensifs, quand tu me montrais la porte, toute encombrée de tes tubes et appareils et que tu me demandais de partir avec toi?

— Un peu… c'est vague, je crois que je m'en souviens parce que tu me l'as raconté… Pour moi, c'est plutôt comme un rêve.

— Eh bien cette fois, Diane, c'est vrai, ton rêve est en train de s'accomplir enfin.

— Peut-être mais, pour moi, c'est comme si un autre commençait…

40

Le courage de vivre

14-16 mars 1986.

— Le brouillard est trop dense, les avions ne décollent pas, tous les vols en partance de Toronto sont annulés.

— Celui pour Québec aussi?

— Tous!

Le commis au guichet de l'aéroport est formel. Il a l'air ennuyé mais pas autant que moi.

— Yves! J'avais promis à Simon d'être à Québec aujourd'hui... Qu'allons-nous faire maintenant?

Simon Bédard est un animateur de radio à la station CJRP. Lui et Christiane Cantin ont suivi toutes les étapes de mon aventure et en ont informé leurs auditeurs. Ils ont recueilli beaucoup d'argent pendant que j'étais en Californie et ont continuellement encouragé mes espoirs. Je leur dois beaucoup en plus de cette invitation que Simon m'a faite de venir fêter le succès de ma transplantation. Simon m'attend, il a organisé une série d'entrevues. Impossible de me décommander à quelques heures d'avis.

— Nous prendrons l'autobus, Diane.

Mais comme de raison, les autobus sont pleins. Bon. Il reste toujours la possibilité de se rendre en voiture mais je devine que mon homme n'a aucune envie de se taper ces huit cents kilomètres. Moi non plus d'ailleurs. La dernière fois que nous sommes allés à Montréal en auto, j'étais morte de peur. Yves avait insisté pourtant en croyant que ce petit voyage me ferait du bien et chasserait mes hantises. Oui,

319

toujours cette crainte de voir mes poumons s'arrêter sans personne pour s'en occuper. Comble de malheur, la neige s'était mise à tomber au beau milieu du trajet, nous isolant comme des habitants de l'Antarctique. C'est beau l'hiver mais c'est joliment épeurant sur une autoroute givrée quand la neige se met à coller aux vitres et à vous boucher tous les horizons. «Tu vois quelque chose devant? Tu as assez d'essence?» Et si tout à coup nous tombions en panne? Pas une maison autour! Ça doit être terrible de mourir de froid!... Mais j'ai tout de même fini par me raisonner. J'en avais assez d'avoir peur de mourir. Ça ne me ressemble pas d'être aussi froussarde. J'ai pensé que ça ne valait pas la peine d'avoir supporté l'épreuve d'un transplant pour renaître avec une mentalité de lavette. J'ai commencé à comprendre que la peur qui me tenaillait ce n'était pas celle de mourir, c'était celle de vivre. Je me suis détendue et j'ai regardé la neige tomber en essayant de ne penser à rien. Je crois que je me suis guérie enfin. J'ai trouvé la tempête magnifique et le trajet un peu moins long. Mais de là à recommencer l'expérience avec ce brouillard...

— Et si nous prenions le train?

— C'est vrai, nous pourrions dormir pendant le voyage. Tu arriverais moins fatiguée. J'espère qu'il reste des places...

Oui, la compagnie a ajouté quelques wagons et nous avons droit à deux lits superposés derrière un rideau. C'est amusant le train quand on ne l'a pris qu'une fois dans sa petite enfance. C'est reposant aussi et je ne tarde pas à m'endormir, bercée par le ronronnement des roues. Je dors comme un chat et je m'éveille en pleine forme pour le changement de train à Montréal.

Quelques heures encore et c'est un autre conte de fées qui m'attend à Québec. Simon Bédard a fait les choses en grand. Brunch en sa compagnie et celle de nombreux amis, puis trajet avec escorte de policiers jusqu'à un centre commercial où m'attendent madame la mairesse de Ste-Foy et une foule d'enthousiastes admirateurs. Émissions de radio et de télévision, je suis prise dans un tourbillon d'entrevues et de réceptions. La famille d'Yves et la mienne sont aussi de la fête et bénéficient également de la générosité de monsieur Terzini qui nous offre un souper exquis dans son restaurant *Le Café de la Paix*. Dans la soirée, ovation au Colisée où nous assistons à un match Minnesota-Québec. Ai-je déjà dit que je n'aimais pas les éliminatoires de hockey? Je suis prête à ravaler mes paroles. C'est autrement impressionnant d'être assise derrière ces costauds que de les voir patiner sur le petit écran. Je n'aime pas être passive; en général, je préfère jouer que regarder. Mais je suppose que ma piètre condition physique me forcera pendant quelque temps à garder ma place de spectatrice. De toute façon, j'admets que Stastny patine plus vite que moi.

Après la nuit au Château Frontenac, d'autres réceptions nous attendent dont une chez le lieutenant-gouverneur et son épouse. Je n'ai pas l'habitude des mondanités; malgré le superbe manteau de fourrure que CJRP m'a offert hier, je me sens un peu déplacée au milieu de ce beau monde. Mais je retrouve partout la même simplicité et la même admiration pour mon courage.

Tout cela risquerait de me monter à la tête si je ne profitais pas de mon passage à Québec pour rencontrer Nancy Desharnais. C'est une jeune femme atteinte d'une maladie semblable à l'hypertension pulmonaire. Au dire des médecins, son cas nécessite une transplantation. Elle n'aura toutefois pas à changer de province car on a déjà mis sur pied à Montréal un programme semblable à celui de Toronto. Nancy est très jeune, elle n'a que vingt-deux ans et semble très contente de me voir en chair et en os. Je suppose que ma présence saura la rassurer et entretiendra ses espoirs sur cette opération qui reste très mystérieuse pour bien des gens. En effet, beaucoup parlent de ma renaissance comme d'une véritable résurrection. Même le docteur Cooper a échappé le mot «miracle» en commentant l'heureuse conclusion de mes cinq opérations. Je suis loin de renier ma foi et de sous-estimer l'intervention divine. Bien au contraire, je crois que mon «grand chum d'en haut» a donné un fameux coup de pouce aux médecins et à mon subconscient.

Mais je n'ai pas attendu deux ans en Californie dans l'attente d'un coeur et de deux poumons sans me rendre compte que la pénurie de donneurs doit être enrayée. Tous les êtres humains peuvent contribuer à prolonger la vie de leurs semblables. D'un point de vue pratique, la transplantation n'est rien d'autre que de la récupération. Au-delà de leur crainte de voir leur corps réutilisé plutôt qu'enseveli dans la terre, les gens doivent reconnaître l'importance d'un simple geste. Signer son nom au bas d'une carte de don d'organes, c'est participer au grand cycle de l'évolution. Ces réflexions me préoccupent depuis le début, je n'ai jamais cessé de défendre ma cause. À présent que je suis sortie triomphante de mon combat contre la mort, je deviens la preuve de ce que j'avançais. Les gens m'écoutent maintenant avec plus de ferveur, j'ai parfois l'impression, quand je parle au micro ou devant une foule, que mes auditeurs sont suspendus à mes paroles. Je les sens prêts à me suivre.

Dans l'avion qui nous ramène à Toronto, Yves et moi, je médite fébrilement. Mon compagnon est épuisé. Il ne parle pas.

— C'est fantastique, Yves, je n'ai même pas eu peur quand l'avion a décollé. Je pense que je suis guérie de ma frousse. On dirait qu'une nouvelle vie vient de commencer pour moi. Pour notre retour à Montréal, on veut me faire une fête comme celle que nous avons eue ici. C'est agréable, non?

— Pour toi, peut-être... Tu sais, c'est fatigant la vie d'artiste quand on n'est pas vedette. Moi, je ne suis que le prince consort.

— C'est vrai, j'ai été traitée comme une princesse.

— Justement, j'ai entendu des gens chuchoter derrière toi. On disait que tu ressembles à Lady Diana.

— Quoi? Oh, ce doit être à cause du chapeau. Christiane m'avait dit qu'il faisait très chic, je ne pensais pas qu'il l'était à ce point. Mais je ne veux ressembler à personne, même à une princesse... juste à moi, Diane Hébert!

— Il me semble que tu commences à jouer à la vedette... Non?

— Pas du tout! Toi, tu es jaloux...

— Non, mais je trouve qu'on en fait beaucoup. Ta patience par-ci, ton courage par-là.

— Ben quoi? Je l'ai été courageuse!

— Oui mais tu ne l'es plus. Tu paniques pour un rien maintenant.

— Rassure-toi, c'est presque fini. Ce sont des réminiscences, des petits restants de cauchemars. Dans quelques jours, je serai comme toi.

— Comme moi?

— Oui, comme tout le monde, ni plus ni moins courageuse que tout le monde mais avec le goût de gagner.

— Gagner? Gagner quoi?

— ...

— Toi, Diane, tu mijotes un projet.

— Tu crois?

41

Chaque jour
comme une fête

15 mai 1986. Ce livre pourrait s'arrêter n'importe où maintenant. Pour moi, la vie se poursuit à peu près comme pour n'importe quelle jeune femme de vingt-neuf ans qui vient d'emménager.

— Fais attention, Diane, ne te fatigue pas. Ne soulève pas cette boîte, c'est trop lourd pour toi. Laisse, je vais la prendre.

— Mais voyons, Yves, je suis capable maintenant!

À présent, c'est mon homme qui doit me refréner. Si je m'écoutais, je travaillerais du matin au soir. Dans le modeste cinq pièces où nous venons de nous installer, je voudrais que tout soit déjà à sa place. La chambre d'Isabelle surtout que je veux coquette et accueillante. Ma fille ne vient en ce moment que les fins de semaine, mais je souhaite qu'elle habite avec nous en permanence. Cela ne sera toutefois pas facile, son père refuse de me la confier. Il prétend que mon état de santé ne me permet pas de m'occuper d'elle à plein temps. Mais qu'est-ce qu'il en sait? Il ne voit pas comme je m'active, je suis devenue une vraie petite femme d'intérieur.

Pas depuis longtemps cependant. Car déjà à Toronto mes activités avaient repris peu à peu: beaucoup de rencontres avec des amis et une chaleureuse petite fête chez Normand et Chantal Côté afin de fêter mon départ. Et les premières semaines suivant notre retour à Montréal ont été des semaines de vie publique. Entrevues à la radio et à la

327

télé, conférences de presse, gala et salon, parties de hockey, causeries, j'étais partout à la fois. Je suis même allée danser comme je l'avais promis. Pendant un mois, je ne m'appartenais plus, je ne savais plus où donner de la tête et du coeur. Je découvrais les plaisirs fugitifs de la popularité. On m'a gâtée; j'ai reçu une voiture et des cadeaux magnifiques, j'ai été élue «ministre de l'avenir» au Salon de la femme, j'ai eu droit à un trophée au Gala des dix femmes de l'année. J'admets que tous ces avantages ont une valeur de récompense à mes yeux, récompense à mes efforts incessants pour demeurer vivante. Pourtant si j'ai accepté de faire une rentrée si remarquée, c'est avant tout pour remercier les personnes qui, de près ou de loin, ont participé au succès de ma transplantation. Les remercier de leur appui, rendre hommage à leur générosité et faire appel à eux. Oui, j'avais encore un petit service à leur demander et je ne me doutais pas qu'ils répondraient avec autant de rapidité.

Parce que rien n'est gagné pour mes compatriotes victimes d'une affection grave dont l'état nécessite une transplantation. Même si le docteur Guerraty de l'hôpital Royal Victoria de Montréal a mis sur pied un programme semblable à celui de Toronto, même s'il n'a rien à envier à ses collègues torontois et californiens, il se bute comme eux à la rareté des donneurs. Quatre personnes attendent une intervention comme la mienne et leur chance de rester en vie dépend de cette fatalité, toujours la même. Les médecins ne peuvent prélever des organes que sur des personnes ayant accordé leur consentement. Or, la formule n'apparaît présentement que sur le permis de conduire ce qui prive la médecine d'un grand nombre de donneurs.

Je n'ai pas manqué dans mes entrevues ou lors d'apparitions en public de demander l'appui de la population du Québec afin de changer cet état de fait. Il me semble que la formule de consentement devrait apparaître sur la carte de l'Assurance-maladie. J'ai fait des démarches à ce sujet, j'ai fait circuler des pétitions. Je n'ai jamais douté que je gagnerais ma cause mais j'ignorais dans quel délai j'arriverais à mes fins.

Ce matin, un journaliste m'a communiqué la nouvelle: le gouvernement est d'accord, on pourra donner son consentement sur la carte-soleil. La ministre de la Santé n'a pas attendu ma visite ni les nombreuses pétitions dûment signées. J'avoue que j'ai été un peu décontenancée. Pendant quelques minutes, je me suis sentie démunie, comme si on m'avait volé mon projet... bon, que vais-je faire maintenant? Je n'ai pas eu de mal à trouver. Je sais qu'un vaste travail de sensibilisation m'attend.

Je connais la réticence face au prélèvement d'organes; certains craignent de souffrir après leur décès. Pourtant ils devraient comprendre qu'on ne ressent rien après la mort. Au cas où des gens l'ignoreraient, je m'empresse de préciser que les prélèvements d'organes sont toujours faits par les médecins avec un infini respect et toujours après qu'ils se sont assurés de la mort cérébrale. Il n'y a donc aucun risque de souffrance. Quant à ceux qui craignent la mutilation, ils n'ont qu'à songer aux effets auxquels est soumis leur corps après leur décès. Pour ma part, je préfère mille fois les mains gantées des médecins aux redoutables petites bestioles qui peuplent l'intérieur de la terre. Je suis sûre que le coeur et les poumons qui s'activent dans ma poitrine seraient à l'heure actuelle dans un état de décomposition très avancée si la jeune femme de trente-quatre ans qui les avait avant moi n'avait pas apposé sa signature sur une petite carte. Oui, c'est le seul signalement que j'ai de ma donneuse, mais il m'arrive de penser à elle parce que je sais qu'elle est vivante en moi. Si elle ne m'avait fait ce cadeau posthume, je serais morte, c'est certain, les médecins me l'ont dit, je n'aurais pas passé Noël. Et elle serait morte quand même. Pour RIEN!

Pourtant ce simple geste ne lui a rien coûté, c'est un cadeau d'amour qu'elle m'a offert à moi et à ceux qui ont reçu son foie, ses reins, ses yeux. Et puis non, c'est bien plus qu'un cadeau, c'est un héritage qu'elle a légué à ses semblables. Cette jeune femme avait fait son testament et nous a laissé son bien le plus précieux, sa vie. Je sais bien que cet argument n'aura pas de poids auprès des superstitieux. C'est vrai, il y en a pour croire que les testaments sont des papiers qui mettent la vie en danger...

Je reconnais que je n'arriverai pas à convaincre tout le monde. Cette question de vie ou de mort liée aux transplantations ne concerne qu'une très petite portion de l'humanité. L'hypertension pulmonaire primitive fait très peu de victimes sur cette planète. Ça n'arrive qu'aux autres, n'est-ce pas? C'est vrai. Jamais je n'avais imaginé être un jour atteinte d'une maladie aussi rare. Pourtant, cela m'est bel et bien arrivé. Mais je crois que même si mon état de santé n'avait nécessité qu'une greffe plus courante, j'aurais été tout aussi sensible à cette question.

Si j'ai tenu à raconter mon aventure en détail, ce n'est pas pour entretenir ma popularité ni pour étaler complaisamment mes problèmes conjugaux sur le papier. Yves a joué un rôle de premier plan et a participé de si près à mon expérience que je n'ai pu passer sous silence les petits conflits qui nous ont opposés. J'ai souhaité que ce livre relate le plus fidèlement possible les événements qui se sont succédés durant toute cette période. Nous les avons vécus très simplement, nous sommes des héros ordinaires. C'est peut-être cela que j'ai voulu montrer. Par contre, notre expérience n'est pas banale et nous a appris un certain nombre de choses sur les valeurs humaines, sur la confiance, sur la solidarité, sur l'amitié.

Tant mieux si ce livre peut servir à des personnes qui attendent une transplantation. J'espère ne pas les avoir effrayées en décrivant l'interminable attente ou les détails de mon infortune. Car il va sans dire que tous les patients ne traversent pas les mêmes difficultés. J'ai vu à Stanford de très courtes attentes et des rétablissements rapides, il y a autant d'histoires qu'il y a de cas. La mienne a duré trois ans et j'aimerais pouvoir affirmer qu'elle s'achève ici. Oui, je le voudrais bien mais comment savoir? Je suis loin de penser que mon transplant est une assurance-vie. Je suis consciente qu'un nouveau sursis a déclenché pour moi un autre compte à rebours. Cette fois j'ignore totalement combien de temps il durera. En ce sens, je suis désormais semblable aux autres, je ne sais ni quand ni comment je mourrai.

D'ailleurs si j'ai choisi de terminer ce livre aujourd'hui, ce n'est pas seulement à cause de ma petite victoire. Cet après-midi, j'ai reçu des nouvelles de Stanford. Comme d'habitude, il y a du bon et du mauvais. Pour commencer par le plus agréable, je dirai que depuis mon départ, cinq receveurs ont vu leurs espoirs se concrétiser. La semaine dernière, Howard, notre ami et ancien colocataire, a eu sa chance. Il aura attendu aussi longtemps que moi. Malheureusement Judy Skidmore, une autre compagne des premiers meetings, aura attendu en vain. Elle est morte le 6 mai dernier, le même jour que le numéro un de Stanford, Mary Gohlke. Cette journaliste dont j'avais publié une entrevue dans *The Gift of Life* a survécu cinq ans.

Cinq ans, c'est peut-être ce qu'il me reste. Cinq années seulement? Peut-être plus, peut-être moins... Quelle importance puisque je vis au jour le jour, puisque je savoure chaque instant? Je peux maintenant monter et descendre les escaliers, je peux marcher sans m'essouffler. Faire la cuisine, le ménage, l'épicerie sans plus compter sur personne. Je peux presque tout faire seule et c'est un plaisir dont je ne me prive pas, que je redécouvre chaque jour, que je déguste à petites bouchées gourmandes.

Avant de quitter Toronto, j'ai accompagné une dernière fois mes amis les choristes à l'église du Sacré-Coeur. Évidemment, je n'ai pas pu chanter. Selon les experts, il est peu probable que je retrouve ma voix d'avant. Ce n'est pas la moindre de mes contrariétés, j'aurais voulu louanger «mon grand chum d'en haut» à ma manière. Il ne veut pas? Soit. Je le remercierai autrement. D'ailleurs j'aime bien cette nouvelle voix un peu rauque et plus sourde, j'aime bien mes cheveux bruns et mes ongles durs. Ma physionomie a changé et me permet de croire que mon caractère a lui aussi subi quelques métamorphoses.

Mais rien n'est moins sûr. Je voudrais pouvoir dire que je ne suis plus la même. Ce n'est pas vrai. Si j'avais réellement changé, je me contenterais sans doute de rester au foyer et de m'occuper de ma maison. Or je continue encore et toujours ma campagne de sensibilisation. C'est un peu comme une mission que je me suis donnée. Pourtant aujourd'hui, j'ai mis le nez dans mes chaudrons. Tant pis si ma sauce tomate est moins bonne que celle de mon homme. Le souper sera prêt quand Yves rentrera du travail. Il n'aura qu'à s'asseoir. Aujourd'hui, nous avons quelque chose à fêter. Non, il ne s'agit pas de ma petite victoire ou des succès de Stanford. En fait il ne s'agit pas d'un événement en particulier. Je veux seulement célébrer cette journée comme si c'était la dernière. Je veux savourer chaque minute qui passe parce qu'à présent j'en connais le prix.

Table des matières

Ouvrages parus chez les éditeurs du groupe Sogides

LES EDITIONS DE
L'HOMME

ANIMAUX

* **Art du dressage, L',** Chartier Gilles
Bien nourrir son chat, D'Orangeville Christian
Cheval, Le, Leblanc Michel
Chien dans votre vie, Le, Margolis Matthew et Swan Marguerite
* **Éducation du chien de 0 à 6 mois, L',** DeBuyser Dr Colette et Dr Dehasse Joël
Encyclopédie des oiseaux, Godfrey W. Earl
Mammifères de mon pays, Duchesnay St-Denis J. et Dumais Rolland
* **Mon chat, le soigner, le guérir,** D'Orangeville Christian
Observations sur les mammifères, Provencher Paul
Papillons du Québec, Veilleux Christian et Prévost Bernard
Petite ferme, T. 1, Les animaux, Trait Jean-Claude

Vous et votre berger allemand, Eylat Martin
Vous et votre boxer, Herriot Sylvain
Vous et votre caniche, Shira Sav
Vous et votre chat de gouttière, Gadi Sol
Vous et votre chow-chow, Pierre Boistel
Vous et votre doberman, Denis Paula
Vous et votre husky, Eylat Martin
Vous et votre labrador, Van Der Heyden Pierre
Vous et vos oiseaux de compagnie, Huard-Viau Jacqueline
Vous et votre persan, Gadi Sol
Vous et votre setter anglais, Eylat Martin
Vous et vos poissons d'aquarium, Ganiel Sonia
Vous et votre siamois, Eylat Odette

ARTISANAT/ARTS MÉNAGERS

Appareils électro-ménagers, Prentice-Hall of Canada
* **Art du pliage du papier,** Harbin Robert
Artisanat québécois, T. 1, Simard Cyril
Artisanat québécois, T. 2, Simard Cyril
Artisanat québécois, T. 3, Simard Cyril
Artisanat québécois, T.4, Simard Cyril, Bouchard Jean-Louis
Bon Fignolage, Le, Arvisais Dolorès A.
Coffret artisanat, Simard Cyril
Comment aménager une salle
Comment utiliser l'espace
Construire sa maison en bois rustique, Mann D. et Skinulis R.

Crochet Jacquard, Le, Thérien Brigitte
Cuir, Le, Saint-Hilaire Louis et Vogt Walter
Décapage-rembourrage
Décoration intérieure, La,
Dentelle, T. 1, La, De Seve Andrée-Anne
Dentelle, T. 2, La, De Seve Andrée-Anne
Dessiner et aménager son terrain, Prentice-Hall of Canada
Encyclopédie de la maison québécoise, Lessard Michel

Encyclopédie des antiquités, Lessard Michel

Entretenir et embellir sa maison, Prentice-Hall of Canada

Entretien et réparation de la maison, Prentice-Hall of Canada

Guide du chauffage au bois, Flager Gordon

J'apprends à dessiner, Nash Joanna

Je décore avec des fleurs, Bassili Mimi

J'isole mieux, Eakes Jon

Mécanique de mon auto, La, Time-Life Book

Menuiserie, La, Prentice-Hall of Canada

* Noeuds, Les, Shaw George Russell

Outils manuels, Les, Prentice-Hall of Canada

Petits appareils électriques, Prentice-Hall of Canada

Piscines, barbecues et patio

Terre cuite, Fortier Robert

Tissage, Le, Grisé-Allard Jeanne et Galarneau Germaine

Tout sur le macramé, Harvey Virginia L.

Trucs ménagers, Godin Lucille

Vitrail, Le, Bettinger Claude

ART CULINAIRE

À table avec soeur Angèle, Soeur Angèle

Art d'apprêter les restes, L', Lapointe Suzanne

Art de la cuisine chinoise, L', Chan Stella

Art de la table, L', Du Coffre Marguerite

Barbecue, Le, Dard Patrice

Bien manger à bon compte, Gauvin Jocelyne

Boîte à lunch, La, Lambert-Lagacé Louise

Brunches & petits déjeuners en fête, Bergeron Yolande

Cheddar, Le, Clubb Angela

Cocktails & punchs au vin, Poister John

Cocktails de Jacques Normand, Normand Jacques

Coffret la cuisine

Confitures, Les, Godard Misette

Congélation de A à Z, La, Hood Joan

Congélation des aliments, Lapointe Suzanne

Conserves, Les, Sansregret Berthe

Cornichons, Ketchups et Marinades, Chesman Andrea

Cuisine au wok, Solomon Charmaine

Cuisine chinoise, La, Gervais Lizette

Cuisine de Pol Martin, Martin Pol

Cuisine facile aux micro-ondes, Saint-Amour Pauline

Cuisine joyeuse de soeur Angèle, La, Soeur Angèle

Cuisine micro-ondes, La, Benoit Jehane

Cuisine santé pour les aînés, Hunter Denyse

Cuisiner avec le four à convection, Benoit Jehane

Cuisinez selon le régime Scarsdale, Corlin Judith

Faire son pain soi-même, Murray Gill Janice

Faire son vin soi-même, Beaucage André

Fondues & flambées de maman Lapointe, Lapointe Suzanne

Fondues, Les, Dard Patrice

Guide canadien des viandes, Le, App. & Services Canada

Muffins, Les, Clubb Angela

Nouvelle cuisine micro-ondes, La, Marchand Marie-Paul et Grenier Nicole

Nouvelle cuisine micro-ondes II, La, Marchand Marie-Paul, Grenier Nicole

Pâtes à toutes les sauces, Les, Lapointe Lucette

Pâtés et galantines, Dard Patrice

Pâtisserie, La, Bellot Maurice-Marie

Pizza, La, Dard Patrice

Poissons et fruits de mer, Sansregret Berthe

Recettes au blender, Huot Juliette

Recettes canadiennes de Laura Secord, Canadian Home Economics Association

Recettes de gibier, Lapointe Suzanne

Recettes de maman Lapointe, Les, Lapointe Suzanne

Recettes Molson, Beaulieu Marcel

Robot culinaire, Le, Martin Pol

Salades, sandwichs, hors-d'oeuvre, Martin Pol

BIOGRAPHIES POPULAIRES

Boy George, Ginsberg Merle
Daniel Johnson, T. 1, Godin Pierre
Daniel Johnson, T. 2, Godin Pierre
Daniel Johnson — Coffret, Godin Pierre
Dans la fosse aux lions, Chrétien Jean
Duplessis, T. 1 — L'ascension, Black Conrad
Duplessis, T. 2 — Le pouvoir, Black Conrad
Duplessis — Coffret, Black Conrad
Dynastie des Bronfman, La, Newman Peter C.
Establishment canadien, L', Newman Peter C.
Frère André, Le, Lachance Micheline
Mastantuono, Mastantuono Michel
Maurice Richard, Pellerin Jean
Mulroney, Macdonald L.I.
Nouveaux Riches, Les, Newman Peter C.
Prince de l'Église, Le, Lachance Micheline
Saga des Molson, La, Woods Shirley

DIÉTÉTIQUE

Contrôlez votre poids, Ostiguy Dr Jean-Paul
* **Cuisine sage,** Lambert-Lagacé Louise
Diététique dans la vie quotidienne, Lambert-Lagacé Louise
* **Maigrir en santé,** Hunter Denyse
* **Menu de santé,** Lambert-Lagacé Louise
Nouvelle cuisine santé, Hunter Denyse
Oubliez vos allergies et... bon appétit, Association de l'information sur les allergies
Petite & grande cuisine végétarienne, Bédard Manon
Plan d'attaque Weight Watchers, Le, Nidetch Jean
Recettes pour aider à maigrir, Ostiguy Dr Jean-Paul
* **Régimes pour maigrir,** Beaudoin Marie-Josée
Sage Bouffe de 2 à 6 ans, La, Lambert-Lagacé Louise
Weight Watchers — cuisine rapide et savoureuse, Weight Watchers
Weight Watchers-Agenda 85 — Français, Weight Watchers
Weight Watchers-Agenda 85 — Anglais, Weight Watchers

DIVERS

* **Acheter ou vendre sa maison,** Brisebois Lucille
* **Acheter et vendre sa maison ou son condominium,** Brisebois Lucille
* **Bourse, La,** Brown Mark
Chaînes stéréophoniques, Les, Poirier Gilles
* **Choix de carrières, T. 1,** Milot Guy
* **Choix de carrières, T. 2,** Milot Guy
* **Choix de carrières, T. 3,** Milot Guy
* **Comment rédiger son curriculum vitae,** Brazeau Julie
Conseils aux inventeurs, Robic Raymond
* **Dictionnaire économique et financier,** Lafond Eugène
* **Faire son testament soi-même,** Me Poirier Gérald, Lescault Nadeau Martine (notaire)
* **Faites fructifier votre argent,** Zimmer Henri B.
* **Guide de la haute-fidélité, Le,** Prin Michel
* **Je cherche un emploi,** Brazeau Julie
* **Loi et vos droits, La,** Marchand Paul-Émile
* **Règles d'or de la vente, Les,** Kahn George N.
* **Roulez sans vous faire rouler, T. 3,** Edmonston Philippe
Savoir vivre aujourd'hui, Fortin Jacques Marcelle
Séjour dans les auberges du Québec, Cazelais Normand, Coulon Jacques
Stratégies de placements, Nadeau Nicole
Temps des fêtes au Québec, Le, Montpetit Raymond
Tenir maison, Gaudet-Smet Françoise
* **Tout ce que vous devez savoir sur le condominium,** Dubois Robert
Univers de l'astronomie, L', Tocquet Robert
Vente, La, Hopkins Tom
Votre système vidéo, Boisvert Michel, Lafrance André A.
* **Week-end à New York,** Tavernier-Cartier Lise

ENFANCE

ÉSOTÉRISME

HISTOIRE

INFORMATIQUE

JARDINAGE

Arbres, haies et arbustes, Pouliot Paul
Culture des fleurs, des fruits, Prentice-Hall of Canada
Encyclopédie du jardinier, Perron W.H.
Guide complet du jardinage, Wilson Charles

Petite ferme, T. 2 — Jardin potager, Trait Jean-Claude
Plantes d'intérieur, Les, Pouliot Paul
Techniques du jardinage, Les, Pouliot Paul
* **Terrariums, Les,** Kayatta Ken

JEUX/DIVERTISSEMENTS

Améliorons notre bridge, Durand Charles
* **Bridge, Le,** Beaulieu Viviane
Clés du scrabble, Les, Sigal Pierre A.
Collectionner les timbres, Taschereau Yves
* **Dictionnaire des mots croisés, noms communs,** Lasnier Paul
* **Dictionnaire des mots croisés, noms propres,** Piquette Robert
* **Dictionnaire raisonné des mots croisés,** Charron Jacqueline

Finales aux échecs, Les, Santoy Claude
Jeux de société, Stanké Louis
* **Jouons ensemble,** Provost Pierre
* **Ouverture aux échecs,** Coudari Camille
Scrabble, Le, Gallez Daniel
Techniques du billard, Morin Pierre
* **Voir clair aux échecs,** Tranquille Henri

LINGUISTIQUE

Améliorez votre français, Laurin Jacques
* **Anglais par la méthode choc, L',** Morgan Jean-Louis
Corrigeons nos anglicismes, Laurin Jacques
* **J'apprends l'anglais,** Silicani Gino

Notre français et ses pièges, Laurin Jacques
Petit dictionnaire du joual, Turenne Auguste
Secrétaire bilingue, La, Lebel Wilfrid
Verbes, Les, Laurin Jacques

LIVRES PRATIQUES

Bonnes idées de maman Lapointe, Les, Lapointe Lucette

Temps c'est de l'argent, Le, Davenport Rita

MUSIQUE ET CINÉMA

* **Belles danses, Les,** Dow Allen
* **Guitare, La,** Collins Peter

Wolfgang Amadeus Mozart raconté en 50 chefs-d'oeuvre, Roussel Paul

NOTRE TRADITION

Coffret notre tradition
Écoles de rang au Québec, Les, Dorion Jacques
Encyclopédie du Québec, T. 1, Landry Louis
Encyclopédie du Québec, T. 2, Landry Louis
Histoire de la chanson québécoise, L'Herbier Benoît

Maison traditionnelle, La, Lessard Micheline
Moulins à eau de la vallée du Saint-Laurent, Adam Villeneuve
Objets familiers de nos ancêtres, Genet Nicole
Vive la compagnie, Daigneault Pierre

PHOTOGRAPHIE (ÉQUIPEMENT ET TECHNIQUE)

* **Apprenez la photographie avec Antoine Desilets,** Desilets Antoine
Chasse photographique, La, Coiteux Louis
8/Super 8/16, Lafrance André
Initiation à la Photographie, London Barbara
Initiation à la Photographie-Canon, London Barbara
Initiation à la Photographie-Minolta, London Barbara
Initiation à la Photographie-Nikon, London Barbara

Initiation à la Photographie-Olympus, London Barbara
Initiation à la Photographie-Pentax, London Barbara
* **Je développe mes photos,** Desilets Antoine
* **Je prends des photos,** Desilets Antoine
* **Photo à la portée de tous,** Desilets Antoine
Photo guide, Desilets Antoine
* **Technique de la photo, La,** Desilets Antoine

PSYCHOLOGIE

Âge démasqué, L', De Ravinel Hubert
* **Aider mon patron à m'aider,** Houde Eugène
* **Amour de l'exigence à la préférence,** Auger Lucien
Au-delà de l'intelligence humaine, Pouliot Élise
Auto-développement, L', Garneau Jean
Bonheur au travail, Le, Houde Eugène
Bonheur possible, Le, Blondin Robert
Chimie de l'amour, La, Liebowitz Michael
* **Coeur à l'ouvrage, Le,** Lefebvre Gérald
Coffret psychologie moderne
Colère, La, Tavris Carol
* **Comment animer un groupe,** Office Catéchèse
* **Comment avoir des enfants heureux,** Azerrad Jacob
* **Comment déborder d'énergie,** Simard Jean-Paul
Comment vaincre la gêne, Catta Rene-Salvator
* **Communication dans le couple, La,** Granger Luc
* **Communication et épanouissement personnel,** Auger Lucien
Comprendre la névrose et aider les névrosés, Ellis Albert
* **Contact,** Zunin Nathalie
* **Courage de vivre, Le,** Kiev Docteur A.
Courage et discipline au travail, Houde Eugène
Dynamique des groupes, Aubry J.-M. et Saint-Arnaud Y.
Élever des enfants sans perdre la boule, Auger Lucien
* **Émotivité et efficacité au travail,** Houde Eugène

Enfants de l'autre, Les, Paris Erna
* **Être soi-même,** Corkille Briggs, D.
* **Facteur chance, Le,** Gunther Max
* **Fantasmes créateurs, Les,** Singer Jérôme
* **J'aime,** Saint-Arnaud Yves
Journal intime intensif, Progoff Ira
Miracle de l'amour, Un, Kaufman Barry Neil
* **Mise en forme psychologique,** Corrière Richard
* **Parle-moi... J'ai des choses à te dire,** Salome Jacques
Penser heureux, Auger Lucien
* **Personne humaine, La,** Saint-Arnaud Yves
* **Première impression, La,** Kleinke Chris, L.
Prévenir et surmonter la déprime, Auger Lucien
* **Psychologie dans la vie quotidienne,** Blank Dr Léonard
* **Psychologie de l'amour romantique,** Braden Docteur N.
* **Qui es-tu grand-mère? Et toi grand-père?,** Eylat Odette
* **S'affirmer et communiquer,** Beaudry Madeleine
* **S'aider soi-même,** Auger Lucien
* **S'aider soi-même davantage,** Auger Lucien
* **S'aimer pour la vie,** Wanderer Dr Zev
* **Savoir organiser, savoir décider,** Lefebvre Gérald
* **Savoir relaxer et combattre le stress,** Jacobson Dr Edmund
* **Se changer,** Mahoney Michael
* **Se comprendre soi-même par des tests,** Collectif
* **Se concentrer pour être heureux,** Simard Jean-Paul

Se connaître soi-même, Artaud Gérard
* Se contrôler par biofeedback, Ligonde Paultre
* Se créer par la Gestalt, Zinker Joseph
* S'entraider, Limoges Jacques
* Se guérir de la sottise, Auger Lucien
Séparation du couple, La, Weiss Robert S.
Sexualité au bureau, La, Horn Patrice

Tendresse, La, Wölfl Norbert
* Vaincre ses peurs, Auger Lucien
Vivre à deux: plaisir ou cauchemar, Duval Jean-Marie
* Vivre avec sa tête ou avec son coeur, Auger Lucien
Vivre c'est vendre, Chaput Jean-Marc
* Vivre jeune, Waldo Myra
* Vouloir c'est pouvoir, Hull Raymond

ROMANS/ESSAIS

Adieu Québec, Bruneau André
Baie d'Hudson, La, Newman Peter C.
Bien-pensants, Les, Berton Pierre
Bousille et les justes, Gélinas Gratien
Coffret Establishment canadien, Newman Peter C.
Coffret Joey
C.P., Susan Goldenberg
Commettants de Caridad, Les, Thériault Yves
Deux innocents en Chine Rouge, Hébert Jacques
Dome, Jim Lyon
Emprise, L', Brulotte Gaétan
IBM, Sobel Robert
Insolences du Frère Untel, Les, Untel Frère

ITT, Sobel Robert
J'parle tout seul, Coderre Émile
Lamia, Thyraud de Vosjoli P.L.
Mensonge amoureux, Le, Blondin Robert
Nadia, Aubin Benoît
Oui, Lévesque René
Premiers sur la Lune, Armstrong Neil
Telle est ma position, Mulroney Brian
Terrorisme québécois, Le, Morf Gustave
Un doux équilibre, King Annabelle
Vrai visage de Duplessis, Le, Laporte Pierre

SANTÉ ET ESTHÉTIQUE

Allergies, Les, Delorme Dr Pierre
Art de se maquiller, L', Moizé Alain
* Bien vivre sa ménopause, Gendron Dr Lionel
Bronzer sans danger, Doka Bernadette
* Cellulite, La, Ostiguy Dr Jean-Paul
Cellulite, La, Léonard Dr Gérard J.
Exercices pour les aînés, Godfrey Dr Charles, Feldman Michael
Face lifting par l'exercice, Le, Runge Senta Maria
Grandir en 100 exercices, Berthelet Pierre
* Guérir ses maux de dos, Hall Dr Hamilton
Médecine esthétique, La, Lanctot Guylaine
Obésité et cellulite, enfin la solution, Léonard Dr Gérard J.
Santé, un capital à préserver, Peeters E.G.
Travailler devant un écran, Feeley, Dr Helen
Coffret 30 jours
30 jours pour avoir de beaux cheveux, Davis Julie

30 jours pour avoir de beaux ongles, Bozic Patricia
30 jours pour avoir de beaux seins, Larkin Régina
30 jours pour avoir de belles cuisses, Stehling Wendy
30 jours pour avoir de belles fesses, Cox Déborah
30 jours pour avoir un beau teint, Zizmor Dr Jonathan
30 jours pour cesser de fumer, Holland Gary, Weiss Herman
30 jours pour mieux organiser, Holland Gary
30 jours pour perdre son ventre, Burstein Nancy
30 jours pour perdre son ventre (homme), Matthews Roy, Burnstein Nancy
30 jours pour redevenir un couple amoureux, Nida Patricia K., Cooney Kevin
30 jours pour un plus grand épanouissement sexuel, Schneider Alan, Laiken Deidre

SEXOLOGIE

Adolescente veut savoir, L', Gendron Lionel

Fais voir, Fleischhaner H.

Guide illustré du plaisir sexuel, Corey Dr Robert E.

Helga, Bender Erich F.

Plaisir partagé, Le, Gary-Bishop Hélène

* **Première expérience sexuelle, La,** Gendron Lionel
* **Sexe au féminin, Le,** Kerr Carmen
* **Sexualité du jeune adolescent,** Gendron Lionel
* **Sexualité dynamique, La,** Lefort Dr Paul
* **Shiatsu et sensualité,** Rioux Yuki

SPORTS

Collection sport: dirigée par **LOUIS ARPIN**

100 trucs de billard, Morin Pierre

5BX Le programme pour être en forme

Apprenez à patiner, Marcotte Gaston

Arc et la Chasse, L', Guardo Greg

* **Armes de chasse, Les,** Petit Martinon Charles
* **Badminton, Le,** Corbeil Jean
* **Canoe-kayak, Le,** Ruck Wolf
* **Carte et boussole,** Kjellstrom Bjorn
* **Chasse au petit gibier, La,** Paquet Yvon-Louis

Chasse et gibier du Québec, Bergeron Raymond

Chasseurs sachez chasser, Lapierre Lucie

* **Comment se sortir du trou au golf,** Brien Luc
* **Comment vivre dans la nature,** Rivière Bill
* **Corrigez vos défauts au golf,** Bergeron Yves

Curling, Le, Lukowich Ed.

Devenir gardien de but au hockey, Allaire François

Encyclopédie de la chasse au Québec, Leiffet Bernard

Entraînement, poids-haltères, L', Ryan Frank

Exercices à deux, Gregor Carol

Golf au féminin, Le, Bergeron Yves

Grand livre des sports, Le, Le groupe Diagram

Guide complet du judo, Arpin Louis

* **Guide complet du self-defense,** Arpin Louis

Guide d'achat de l'équipement de tennis, Chevalier Richard, Gilbert Yvon

* **Guide de survie de l'armée américaine**

Guide des jeux scouts, Association des scouts

Guide du judo au sol, Arpin Louis

Guide du self-defense, Arpin Louis

Guide du trappeur, Le, Provencher Paul

Hatha yoga, Piuze Suzanne

* **J'apprends à nager,** Lacoursière Réjean
* **Jogging, Le,** Chevalier Richard

Jouez gagnant au golf, Brien Luc

Larry Robinson, le jeu défensif, Robinson Larry

Lutte olympique, La, Sauvé Marcel

* **Manuel de pilotage,** Transports Canada
* **Marathon pour tous,** Anctil Pierre
* **Médecine sportive,** Mirkin Dr Gabe

Mon coup de patin, Wild John

* **Musculation pour tous,** Laferrière Serge

Natation de compétition, La, Lacoursière Réjean

Partons en camping, Satterfield Archie, Bauer Eddie

Partons sac au dos, Satterfield Archie, Bauer Eddie

Passes au hockey, Les, Champleau Claude

Pêche à la mouche, La, Marleau Serge

Pêche à la mouche, Vincent Serge-J.

Pêche au Québec, La, Chamberland Michel

* **Planche à voile, La,** Maillefer Gérald
* **Programme XBX,** Aviation Royale du Canada

Provencher, le dernier coureur des bois, Provencher Paul

Racquetball, Corbeil Jean

Racquetball plus, Corbeil Jean

Raquette, La, Osgoode William

* **Règles du golf, Les,** Bergeron Yves

Rivières et lacs canotables, Fédération québécoise du canot-camping

* **S'améliorer au tennis,** Chevalier Richard

Secrets du baseball, Les, Raymond Claude

Ski de fond, Le, Caldwell John
Ski de fond, Le, Roy Benoît
* Ski de randonnée, Le, Corbeil Jean
Soccer, Le, Schwartz Georges
* Sport, santé et nutrition, Ostiguy Dr Jean
Stratégie au hockey, Meagher John W.
Surhommes du sport, Les, Desjardins Maurice
* Taxidermie, La, Labrie Jean
Techniques du billard, Morin Pierre

* Technique du golf, Brien Luc
Techniques du hockey en URSS, Dyotte Guy
* Techniques du tennis, Ellwanger
* Tennis, Le, Roch Denis
Tous les secrets de la chasse, Chamberland Michel
Vivre en forêt, Provencher Paul
Voie du guerrier, La, Di Villadorata
Yoga des sphères, Le, Leclerq Bruno

le jour,
éditeur

ANIMAUX

Guide du chat et de son maître, Laliberté Robert
Guide du chien et de son maître, Laliberté Robert

Poissons de nos eaux, Melançon Claude

ART CULINAIRE ET DIÉTÉTIQUE

Armoire aux herbes, L', Mary Jean
Breuvages pour diabétiques, Binet Suzanne
Cuisine du jour, La, Pauly Robert
Cuisine sans cholestérol, Boudreau-Pagé
Desserts pour diabétiques, Binet Suzanne
Jus de santé, Les, Brunet Jean-Marc
Mangez ce qui vous chante, Pearson Dr Leo

Mangez, réfléchissez et devenez svelte, Kothkin Leonid
Nutrition de l'athlète, Brunet Jean-Marc
Recettes Soeur Berthe — été, Sansregret soeur Berthe
Recettes Soeur Berthe — printemps, Sansregret soeur Berthe

ARTISANAT/ARTS MÉNAGERS

Décoration, La, Carrier Diane
Diagrammes de courtepointes, Faucher Lucille
Douze cents nouveaux trucs, Grisé-Allard Jeanne

Encore des trucs, Grisé-Allard Jeanne
Mille trucs madame, Grisé-Allard Jeanne
Toujours des trucs, Grisé-Allard Jeanne

DIVERS

Administrateur de la prise de décision, L', Filiatreault P., Perreault, Y.G.
Administration, développement, Laflamme Marcel
Assemblées délibérantes, Béland Claude
Assoiffés du crédit, Les, Féd. des A.C.E.F.
Baie James, La, Bourassa Robert

Bien s'assurer, Boudreault Carole
Cent ans d'injustice, Hertel François
Ces mains qui vous racontent, Boucher André-Pierre
550 métiers et professions, Charneux Helmy
Coopératives d'habitation, Les, Leduc Murielle

Dangers de l'énergie nucléaire, Les, Brunet Jean-Marc
Dis papa c'est encore loin, Corpatnauy Francis
Dossier pollution, Chaput Marcel
Énergie aujourd'hui et demain, De Martigny François
Entreprise, le marketing et, L', Brousseau
Forts de l'Outaouais, Les, Dunn Guillaume
Grève de l'amiante, La, Trudeau Pierre
Hiérarchie ethnique dans la grande entreprise, Rainville Jean
Impossible Québec, Brillant Jacques
Initiation au coopératisme, Béland Claude

Julius Caesar, Roux Jean-Louis
Lapokalipso, Duguay Raoul
Lune de trop, Une, Gagnon Alphonse
Manifeste de l'infonie, Duguay Raoul
Mouvement coopératif québécois, Deschêne Gaston
Obscénité et liberté, Hébert Jacques
Philosophie du pouvoir, Blais Martin
Pourquoi le bill 60, Gérin-Lajoie P.
Stratégie et organisation, Desforges Jean, Vianney C.
Trois jours en prison, Hébert Jacques
Vers un monde coopératif, Davidovic Georges
Vivre sur la terre, St-Pierre Hélène
Voyage à Terre-Neuve, De Gébineau comte

ENFANCE

Aidez votre enfant à choisir, Simon Dr Sydney B.
Deux caresses par jour, Minden Harold
* Enseignants efficaces, Gordon Thomas
Être mère, Bombeck Erma

Parents efficaces, Gordon Thomas
Parents gagnants, Nicholson Luree
Psychologie de l'adolescent, Pérusse-Cholette Françoise
1500 prénoms et significations, Grisé Allard J.

ÉSOTÉRISME

* Astrologie et la sexualité, L', Justason Barbara
Astrologie et vous, L', Boucher André-Pierre
* Astrologie pratique, L', Reinicke Wolfgang
Faire sa carte du ciel, Filbey John
* Géomancie, La, Hamaker Karen
Grand livre de la cartomancie, Le, Von Lentner G.
* Grand livre des horoscopes chinois, Le, Lau Theodora
Graphologie, La, Cobbert Anne

* Horoscope et énergie psychique, Hamaker-Zondag
Horoscope chinois, Del Sol Paula
Lu dans les cartes, Jones Marthy
* Pendule et baguette, Kirchner Georg
* Pratique du tarot, La, Thierens E.
Preuves de l'astrologie, Comiré André
Qui êtes-vous? L'astrologie répond, Tiphaine
Synastrie, La, Thornton Penny
Traité d'astrologie, Hirsig Huguette
Votre destin par les cartes, Dee Nerys

HISTOIRE

Administration en Nouvelle-France, L', Lanctot Gustave
Crise de la conscription, La, Laurendeau André
Histoire de Rougemont, Bédard Suzanne
Lutte pour l'information, La, Godin Pierre

Mémoires politiques, Chaloult René
Rébellion de 1837, Saint-Eustache, Globensky Maximilien
Relations des Jésuites T. 2
Relations des Jésuites T. 3
Relations des Jésuites T. 4
Relations des Jésuites T. 5

JEUX/DIVERTISSEMENTS

Backgammon, Lesage Denis

LINGUISTIQUE

Des mots et des phrases, T. 1, Dagenais Gérard
Des mots et des phrases, T. 2, Dagenais Gérard

Joual de Troie, Marcel Jean

NOTRE TRADITION

Ah mes aïeux, Hébert Jacques

Lettre à un Français qui veut émigrer
au Québec, Dubuc Carl

OUVRAGES DE RÉFÉRENCE

Règles d'or de la vente, Les, Kahn
George N.

PSYCHOLOGIE

* Adieu, Halpern Dr Howard
* Agressivité créatrice, Bach Dr George
* Aimer son prochain comme soi-même,
  Murphy Joseph
* Anti-stress, L', Eylat Odette
  Arrête! tu m'exaspères, Bach Dr
  George
  Art d'engager la conversation et de se
  faire des amis, L', Gabor Don
* Art de convaincre, L', Ryborz Heinz
* Art d'être égoïste, L', Kirschner Josef
* Au centre de soi, Gendlin Dr Eugène
* Auto-hypnose, L', Le Cron M. Leslie
  Autre femme, L', Sevigny Hélène
  Bains Flottants, Les, Hutchison Mi-
  chael
* Bien dans sa peau grâce à la tech-
  nique Alexander, Stransky Judith
  Ces vérités vont changer votre vie,
  Murphy Joseph
  Chemin infaillible du succès, Le,
  Stone W. Clément
  Clefs de la confiance, Les, Gibb Dr
  Jack
  Comment aimer vivre seul, Shanon
  Lynn
* Comment devenir des parents doués,
  Lewis David
* Comment dominer et influencer les
  autres, Gabriel H.W.
  Comment s'arrêter de fumer, Mc Far-
  land J. Wayne
* Comment vaincre la timidité en
  amour, Weber Éric
  Contacts en or avec votre clientèle,
  Sapin Gold Carol
* Contrôle de soi par la relaxation, Mar-
  cotte Claude
  Couple homosexuel, Le, McWhirter
  David P., Mattison Andrew M.

Découvrez l'inconscient par la para-
psychologie, Ryzl Milan
* Devenir autonome, St-Armand Yves
* Dire oui à l'amour, Buscaglia Léo
  Enfants du divorce se racontent, Les,
  Robson Bonnie
* Ennemis intimes, Bach Dr George
  Espaces intérieurs, Les, Eisenberg Dr
  Howard
  États d'esprit, Glasser Dr William
* Être efficace, Hanot Marc
  Être homme, Goldberg Dr Herb
* Fabriquer sa chance, Gittenson Ber-
  nard
  Famille moderne et son avenir, La,
  Richards Lyn
  Gagner le match, Gallwey Timothy
  Gestalt, La, Polster Erving
  Guide de l'urgence-stress, Reuben Dr
  David
  Guide du succès, Le, Hopkins Tom
  L'Harmonie, une poursuite du succès,
  Vincent Raymond
* Homme au dessert, Un, Friedman
  Sonya
  Homme en devenir, L', Houston Jean
* Homme nouveau, L', Bodymind,
  Dychtwald Ken
* Jouer le tout pour le tout, Frederick
  Carl
  Maigrir sans obsession, Orbach Susie
  Maîtriser la douleur, Bogin Meg
  Maîtriser son destin, Kirschner Josef
  Manifester son affection, Bach Dr
  George
* Mémoire, La, Loftus Elizabeth
* Mémoire à tout âge, La, Dereskey La-
  dislaus
* Mère et fille, Horwick Kathleen
* Miracle de votre esprit, Murphy Joseph

ROMANS/ESSAIS

Jean-Paul ou les hasards de la vie, Bellier Marcel
Johnny Bungalow, Villeneuve Paul
Jolis Deuils, Carrier Roch
Lettres d'amour, Champagne Maurice
Louis Riel patriote, Bowsfield Hartwell
Louis Riel un homme à pendre, Osler E.B.
Ma chienne de vie, Labrosse Jean-Guy
Marche du bonheur, La, Gilbert Normand
Mémoires d'un Esquimau, Metayer Maurice

Mon cheval pour un royaume, Poulin J.
Neige et le feu, La, Baillargeon Pierre
N'Tsuk, Thériault Yves
Opération Orchidée, Villon Christiane
Orphelin esclave de notre monde, Labrosse Jean
Oslovik fait la bombe, Oslovik
Parlez-moi d'humour, Hudon Normand
Scandale est nécessaire, Le, Baillargeon Pierre
Vivre en amour, Delisle Lapierre

SANTÉ

Alcool et la nutrition, L', Brunet Jean-Marc
Bruit et la santé, Le, Brunet Jean-Marc
Chaleur peut vous guérir, La, Brunet Jean-Marc
Échec au vieillissement prématuré, Blais J.
Greffe des cheveux vivants, Guy Dr
Guérir votre foie, Brunet Jean-Marc
Information santé, Brunet Jean-Marc
Magie en médecine, Silva Raymond
Maigrir naturellement, Lauzon Jean-Luc

Mort lente par le sucre, Duruisseau Jean-Paul
40 ans, âge d'or, Taylor Eric
Recettes naturistes pour arthritiques et rhumatisants, Cuillerier Luc
Santé de l'arthritique et du rhumatisant, Labelle Yvan
* Tao de longue vie, Le, Soo Chee
Vaincre l'insomnie, Filion Michel, Boisvert Jean-Marie, Melanson Danielle
Vos aliments sont empoisonnés, Leduc Paul

SEXOLOGIE

* Aimer les hommes pour toutes sortes de bonnes raisons, Nir Dr Yehuda
* Apprentissage sexuel au féminin, L', Kassorla Irene
* Comment faire l'amour à un homme, Penney Alexandra
* Comment faire l'amour à une femme, Morgenstern Michael
* Comment faire l'amour ensemble, Penney Alexandra
* Comment séduire les filles, Weber Éric
Dépression nerveuse et le corps, La, Lowen Dr Alexander
Drogues, Les, Boutot Bruno
* Femme célibataire et la sexualité, La, Robert M.

* Jeux de nuit, Bruchez Chantal
* Massage en profondeur, Le, Bélair Michel
Massage pour tous, Le, Morand Gilles
* Orgasme au féminin, L', L'heureux Christine
* Orgasme au masculin, L', Boutot Bruno
* Orgasme au pluriel, L', Boudreau Yves
Première fois, La, L'Heureux Christine
Rapport sur l'amour et la sexualité, Brecher Edward
Sexualité expliquée aux adolescents, La, Boudreau Yves
Sexualité expliquée aux enfants, La, Cholette Pérusse F.

SPORTS

Baseball-Montréal, Leblanc Bertrand
Chasse au Québec, Deyglun Serge
Chasse et gibier du Québec, Guardo Greg
Exercice physique pour tous, Bohemier Guy
Grande forme, Baer Brigitte
Guide des pistes cyclables, Guy Côté

Guide des rivières du Québec, Fédération canot-kayac
Lecture des cartes, Godin Serge
Offensive rouge, L', Boulonne Gérard
Pêche et coopération au Québec, Larocque Paul
Pêche sportive au Québec, Deyglun Serge

ASTROLOGIE

BIOGRAPHIES

DIVERS

HISTOIRE

HUMOUR

LINGUISTIQUE

NOTRE TRADITION

Achevé   Imprimerie
d'imprimer Gagné Ltée
au Canada Louiseville

PSYCHOLOGIE

* **Esprit libre, L'**, Powell Robert

ROMANS/ESSAIS

* **Aaron,** Thériault Yves
* **Aaron, 10/10,** Thériault Yves
* **Agaguk,** Thériault Yves
* **Agaguk, 10/10,** Thériault Yves
* **Agénor, Agénor, Agénor et Agénor,** Barcelo François
* **Ah l'amour, l'amour,** Audet Noël
* **Amantes,** Brossard Nicole
* **Après guerre de l'amour, L',** Lafrenière J.
* **Aube,** Hogue Jacqueline
* **Aube de Suse, L',** Forest Jean
* **Aventure de Blanche Morti, L',** Beaudin Beaupré Aline
* **Beauté tragique,** Robertson Heat
* **Belle épouvante, La,** Lalonde Robert
* **Black Magic,** Fontaine Rachel
* **Blocs erratiques,** Aquin Hubert
* **Blocs erratiques, 10/10,** Aquin Hubert
* **Bourru mouillé,** Poupart Jean-Marie
* **Bousille et les justes,** Gélinas Gratien
* **Bousille et les justes, 10/10,** Gélinas Gratien
* **Carolie printemps,** Lafrenière Joseph
* **Charles Levy M.D.,** Bosco Monique
* **Chère voisine,** Brouillet Chrystine
* **Chère voisine, 10/10,** Brouillet Chrystine
* **Chroniques du Nouvel-Ontario,** Brodeur Hélène
* **Confessions d'un enfant,** Lamarche Jacques
* **Corps vêtu de mots, Le,** Dussault Jean
* **Coup de foudre,** Brouillet Chrystine
* **Couvade, La,** Baillie Robert
* **Cul-de-sac, 10/10,** Thériault Yves
* **De mémoire de femme,** Andersen Marguerite
* **Demi-Civilisés, Les, 10/10,** Harvey Jean-Charles
* **Dernier havre, Le, 10/10,** Thériault Yves
* **Dernière chaîne, La,** Latour Chrystine
* **Des filles de beauté,** Baillie Robert
* **Difficiles lettres d'amour,** Garneau Jacques
* **Dix contes et nouvelles fantastiques,** Collectif
* **Dix nouvelles de science-fiction québécoise,** Collectif
* **Dix nouvelles humoristiques,** Collectif
* **Dompteurs d'ours, Le,** Thériault Yves

* **Double suspect, Le,** Monette Madeleine
* **En eaux troubles,** Bowering George
* **Entre l'aube et le jour,** Brodeur Hélène
* **Entre temps,** Marteau Robert
* **Entretiens avec O. Létourneau,** Huot Cécile
* **Esclave bien payée, Une,** Paquin Carole
* **Essai sur l'Hindouisme,** Dussault Jean-Claude
* **Été de Jessica, Un,** Bergeron Alain
* **Et puis tout est silence,** Jasmin Claude
* **Été sans retour, L',** Gevry Gérard
* **Faillite du Canada anglais, La,** Genuist Paul
* **Faire sa mort comme faire l'amour,** Turgeon Pierre
* **Faire sa mort comme faire l'amour, 10/10,** Turgeon Pierre
* **Femme comestible, La,** Atwood Margaret
* **Fille laide, La,** Thériault Yves
* **Fille laide, La, 10/10,** Thériault Yves
* **Fleur aux dents, La,** Archambault Gilles
* **Fragiles lumières de la terre,** Roy Gabrielle
* **French Kiss,** Brossard Nicole
* **Fridolinades, T. 1 (45-46),** Gélinas Gratien
* **Fridolinades, T. 2 (43-44),** Gélinas Gratien
* **Fridolinades, T. 3 (41-42),** Gélinas Gratien
* **Fuites & poursuites,** Collectif
* **Gants jetés, Les,** Martel Émile
* **Grand branle-bas, Le,** Hébert Jacques
* **Grand Elixir, Le,** De Lamirande Claire
* **Grand rêve de madame Wagner, Le,** Lavigne Nicole
* **Histoire des femmes au Québec,** Collectif Clio
* **Holyoke,** Hébert François
* **Homme sous vos pieds, L',** Gevry Gérard
* **Hubert Aquin,** Lapierre René
* **Improbable autopsie, L',** Paré Paul
* **Indépendance oui mais,** Bergeron Gérard
* **IXE-13,** Saurel Pierre
* **Jazzy,** Doerkson Margaret
* **Je me veux,** Lamarche Claude